KB259861

'차이'를 '차별'로 학습하는 아이들

2006 좋은 방송을 위한 시민의 비평상 수상집

방송문화진흥회 엮음

국립중앙도서관 출판시도서목록(CIP)

‘차이’를 ‘차별’로 학습하는 아이들 : 2006 좋은 방송을
위한 시민의 비평상 수상집 / 엮은이: 방송문화진흥회. --
파주 : 한울, 2006
    p. ;   cm

ISBN   89-460-3559-5 03070

326.76-KDC4
384.55-DDC21   CIP2006001546

발간사

초등학교 1학년 교실에서는 더듬더듬 숨을 고르며 책을 읽거나 똘망한 눈을 크게 뜨고 문장을 받아쓰는 아이들을 쉽게 볼 수 있습니다. 그러다가 고학년이 되면 훨씬 부드럽게 읽고 쓰는 모습을 보게 되는데, 이제 중학교를 졸업하는 이 사업은 어떤가 하는 생각을 해봅니다. <시청자의 방송 읽고 쓰기>를 격려하기 위해서 시민의 비평상을 시행한지 올해 9회를 맞았습니다. 공모를 시작할 때면 언제나 걱정이 앞서다가도, 여러분들의 참신하고, 박력있는 글을 접하게 되면 기분이 매우 좋습니다. 오늘도 좋은 글들을 앞에 두고 발간사를 쓰게 되니 마음이 한층 가볍습니다.

이번에 수상을 하게 된 한 비평문에서 '톺아보기'라는 단어를 보게 되었습니다. 자주 접하지 못했던 '찬찬히 살펴보다'라는 뜻의 이 단어를 보는 순간 <좋은 방송을 위한 시민의 비평상>과 참 잘 어울린다는 생각을 했습니다. 신선하면서 새롭고, 천천히 가면서도 알차게, 방송을 바르게 읽고 쓰려고 했던 첫 취지를 되새기게 됩니다. 그리고 우리 방송을 '톺아본' 여러 시민들의 힘과 성숙된 모습을 이번 수상작들에서도 느끼게 되었습니다. 더욱 알차게 이 사업을 추진해야겠다는 다짐을 하면서 이 작은 책 한 권이 방송을 만들고 보는 모든 분들에게 도움이 되었으면 합니다.

관심을 갖고 참여해 주신 모든 분들께 감사드리며, 특히 수상하신 여러분들께 축하 인사를 전합니다. 점점 높아지는 수준 때문에 고심하시는 심사위원들에게도 감사드리며, 늘 좋은 책으로 시민들의 의견을 모아주시는 출판 관계자분들께도 고마운 마음을 전합니다. 10주년을 맞이하는 내년에 대한 기대감과 더 열심히 방송문화 발전에 기여하겠다는 약속으로 발간사를 마칩니다.

2006. 7.

방송문화진흥회 이사장

차례

'차이'를 '차별'로 학습하는 아이들
EBS 유·아동 프로그램의 캐릭터 분석을 통해 본 성평등 교육의 현주소

이선옥

1. 아이들의 친구 EBS

EBS는 아이들에게 남은 유일한 공중파 방송이며 아이들의 아침을 배려하는 유일한 공영방송이다. EBS가 방영하고 있는 대표적인 유·아동 프로그램은 <딩동댕 유치원>, <만들어 볼까요>, <아빠랑 나랑 부비부비빠빠>, <똑똑 노리하우스>, <모여라 딩동댕>, <뽀롱뽀롱 뽀로로>, <토끼가 까꿍>, <바나나를 탄 끼끼>, <Go! Go! Giggles>, <몽몽 인형극장> 등이 있는데, 모두 아이들의 절대적인 사랑을 받고 있다. 때로는 놀이 친구로, 때로는 선생님으로 인지능력과 학습능력이 아직 발달하지 않은 아이들을 함께 키워주고 있는 것이 바로 EBS의 유·아동 프로그램이다.

다양한 영상매체와 정보의 홍수 속에서 아이들에게 어떤 것을 보여주고 들려주어야 할지 고민하는 엄마의 처지에서 공신력 있는 방송사의 프로그램은 신뢰할 수밖에 없다. EBS 또한 이런 부모들의 기대에 부응하기 위해 다양한 유·아동 프로그램을 계속 발굴하고 제작하는 노력을 보여 온 것도 사실이다.

EBS는 나처럼 사교육을 하지 않는 엄마들에게 유용한 학습지가 되어 주었고, 바쁜 아침시간에 아이를 봐주는 보모가 되어주기도 했다. 또한 EBS의 캐릭터들은 아직 친구라는 존재를 모르는 아이에게 친구라는 소중한 존재를 인식시켜 주는 역할까지 맡아 주었다. '방귀대장 뿡뿡이'나 '짜잔형', '뽀로로', '뚝딱이' 등 EBS의 토종 캐릭터들은 국내 캐릭터 시장을 장악하고 있는 일본만화의 주인공들과 견줘 전혀 뒤지지 않을 만큼 아이들의 큰 사랑을 받고 있다.

내 아이의 절반은 EBS가 키웠다고 해도 과언이 아니다.

EBS에서 방영되는 특집 또한 유익한 프로그램들이 많은데, 이들이 전해주는 다양한 정보는 아이의 당황스러운 질문이나 행동에 어떻게 대처해야 하는지 고민하는 어른들에게 멘토의 역할을 해주기도 한다.

특히 2005년 6월에 방영된 성교육 특집 3부작 <아이들이 사는 성>은 부모와 아이들에게 시기적절하고 유익한 프로그램이었다. 잘못된 성의식을 만화로 풀어내어 성문제를 재미있고 친근하면서도 직접적으로 접근한 이 프로그램은 어른인 나도 크게 공감하면서 재미있게 보았다. 아이를 키우는 부모라면 누구나 한 번쯤 고민해 봤을 아이들의 성교육 문제에 대해 주제별로 나누어 제작한 이 프로그램은, 훌륭한 성교육 지침서로 많은 보육기관에서 다시 보여주었을 만큼 아이들과 부모들에게 호응이 좋았다.

특히 2부에서 다룬 성차별과 성역할에 대한 이야기는 씩씩한 용사가 되어야 하는 것이 부담스러운 왕자와, 얌전하게 행동하는 것이 불편한 공주를 주인공으로 함으로써 성역할과 성의식이 사회적으로 학습되고 길러진다는 문제의식을 효과적으로 부각시켰다. 또 이런 현실을 바꾸려고 노력한 흔적도 엿보여 반가웠다. 물론 여자 같은 왕자, 남자 같은 공주 등 이분법적인 단순한 설정이 진부한 것이나, 왕자와 공주처럼 현실감 없는 대상으로 표현한 점은 아쉬웠다.

하지만 아이들의 성장과정에 꼭 필요한 부분인 성 관련 주제를 참신한 내용과 기법으로 제작 방영한 EBS의 노력은 높이 평가받아 마땅하다.

그러나 그 노력과 업적에 대해 높이 평가하면서도 EBS도 잘 깨닫지 못한 비교육적인 모습에 대해 지적하지 않을 수 없다. 특히 성역할에 대한 관습적이고 습관적인 차별은 아이들의 성역할에 대한 학습과 교육면에 무신경하고 무관심한 EBS의 모습을 드러낸다.

2. 교육방송의 비교육적인 자기모순

어린 아이들은 주입식 교육보다는 일상에서 자연스럽게 학습되는 경험과 모델링이 중요하다. 놀이나 경험, 좋아하는 대상을 통해 자연스럽게 받아들인 생각은 아이의 인식체계에 남아 성인이 된 후에도 영향을 끼치기 때문에 유아기부터 올바른 성의식을 키우는 것은 아주 중요하다.

그런 면에서 우리나라 공중파 방송국 가운데 유·아동 프로그램을 거의 유일하게 방영하고 있는 공영방송인 EBS가 어느 정도로 '차별'에 무감각하고 무신경한지 한번 짚어볼 필요가 있다.

우선 성역할에서 관습적이고 정형화된 분리를 하고 있는 프로그램 캐릭터들의 문제를 들 수 있다. EBS 유·아동 프로그램에서 아이들에게 가장 큰 영향을 끼치는 것은 프로그램의 주요 캐릭터들이다. 앞에서 말한 바 있는 '방귀대장 뿡뿡이'나 '짜잔형', '뽀로로', '뚝딱이', '빙고 형', '동이 누나', '웅이 형' 등 EBS 프로그램의 캐릭터들은 아이들에게 절대적인 우상이요 친구다.

그러나 EBS의 캐릭터들을 살펴보면 늘 여자어른은 먹여주고, 놀아주고, 무언가를 만들어주고, 돌봐주는 캐릭터(뚝딱이 엄마, 동이 언니)인 반면, 남자어른은 문제를 해결하고 궁금증을 풀어주는 해결사(뚝딱이 아빠, 짜잔형, 빙고 형)로 그려진다. 또한 엄마는 앞치마를 두르고 요리를 하거나, 할머니와 함께 시장을 다녀오는 존재이지만, 아빠는 전문적인 자기 일을 가진 존재로 그려진다(뚝딱이네 집). 아이들의 궁금증을 해결해 주는 캐릭터도 에디슨을 흉내 낸 할아버지(궁금해요 펑퐁)이다.

　어른들에 대한 묘사는 이 정도이지만, 아이들이 친근하게 좋아하고 모방하기 쉬운 형, 누나, 언니 오빠, 그리고 동일시하기 쉬운 친구들 캐릭터에 이르면 그 분리는 더 심각해진다.

　<방귀대장 뿡뿡이>를 이끌어가는 '짜잔형'은 아이디어를 생산하고 '뿡뿡이'의 도움을 얻어 놀이를 개발하는 역할을 담당한다. 반면 뿡뿡이의 여자친구인 '뿡순이'는 독자적인 캐릭터의 특성이 없이 그저 순이라는 여자아이의 이름을 단 뿡뿡이의 보조 캐릭터로 공손히 인사하는 캠페인의 모델로 등장한다. 뿡순이는 얌전하고 다소곳하며 부끄러움을 많이 타는 캐릭터로 만들어졌다. 방귀도 '꽃방귀'를 뀌며 분홍색 꽃무늬 옷을 입고 있다.

　'뚝딱이'는 천방지축 말썽꾸러기이고 실수연발이지만 미워할 수 없는 개구쟁이 캐릭터인 반면, 여자인 '뚝순이'는 꽃보다 별보다 마음이 예쁜 미소 짓기 선수이고, 잘 토라지고 때론 잘난 척도 하는 아이로 묘사한다. '뚝칠이'라는 남자친구 캐릭터는 박식한 척척박사로 그려진다.

　<모여라 딩동댕>을 진행하는 두 캐릭터 '웅이 형'과 '동이 언니' 역시 '형은 멋지고' '언니는 예쁜' 법칙에 충실하며, <부비부비 빠빠>의 남자아이 '빠빠'는 개구쟁이이고 여자아이 '뿌뿌'는 수다쟁이이며 거울보기를 좋아하는 공주병 캐릭터로 묘사한다.

　EBS가 제작한 프로는 아니지만 <뽀로로>의 캐릭터들도 이런 분리에 익숙하다. 뽀로로 친구들 가운데 유일한 여성 캐릭터인 '루피'는 섬세하고 부끄러우며 친구들에게 맛있는 음식을 해 주는 모범소녀다. 반면 나머지 친구들은 모두 남자인데 장난꾸러기이거나 든든한 맏형이거나, 천재적인 발명가의 모습을 지녔다. 이들에게 루피는 보호해야 할 대상이며 루피는

곧잘 이들의 놀림과 보호를 함께 받는다.

남자는 개구쟁이에 씩씩하고 멋지거나, 여자는 수다쟁이이고 귀엽거나 예쁜 틀로 정형화된 캐릭터는 EBS의 거의 모든 유·아동 프로그램에서 일관되게 볼 수 있는 모습이다.

그러나 더욱 큰 문제는 정형화된 캐릭터뿐 아니라 그 안에 담겨진 가부장적인 남성우월주의이다.

공개방송인 <모여라 딩동댕>에서 '뚝딱이 아빠'는 궁금한 모든 것을 해결해 주는 만능해결사다. 번개 파워로 악당을 물리치는 정의의 용사 또한 슈퍼맨을 패러디한 '번개맨'이라는 남자영웅이다. 반면 딩동댕 유치원의 여자 캐릭터들을 보면, '신나라'는 밝은 미소를 지녔지만 변덕쟁이이며, '공주'는 약한 척, 예쁜 척, 있는 척을 하는 공주병이다.

정의감이라는 사회적인 성격을 가진 유일한 여성 캐릭터인 '안깜찍'은 '미남'이 앞에서는 숙녀가 된다는 여성적인 결함(?)을 갖고 있다.

<똑똑 노리하우스>의 다섯 요정들도, '마로'라는 장난꾸러기 남자요정이 리더이다. 세상에서 제일 예쁜 여자 요정 '누리예'는 귀엽지만 공주병 증세가 있고 외모 꾸미는 것을 좋아하는 캐릭터로 묘사된다.

<기글스>의 세 요정 가운데서 리더 역할을 하는 맏이 '스타리다(starrida)' 또한 남자아이 캐릭터로 정의롭고 남을 배려할 줄 아는 장난꾸러기이다. 여자아이 캐릭터인 '플러리나(Flurrina)'는 의협심이 강하나 예쁜 척을 하는 단점을 지녔다.

유아 한글, 수학, 음악 프로그램인 <바나나를 탄 끼끼>의 진행자인 원숭이 '끼끼'도 모두 남자이며, <궁금해요 핑퐁>의 모르는 게 없는 호기심 마을의 박사님 또한 '에디손' 할아버지이다.

이들 프로그램의 캐릭터를 살펴보면 알 수 있듯이, 정의롭고 박식하며 해결책을 제시하거나 그룹의 리더역할을 하는 것은 모두 남자 캐릭터이다.

남자는 신뢰할 수 있고 정의로우며, 지식이 많고, 문제를 해결하는 능력과 조직을 리드하는 능력이 뛰어난 우월하고 중요한 존재로 그려지는 반면, 여자는 상냥하고 온순하며 마음이 예쁘거나 변덕쟁이이고, 정의의 용사가 해결해 주기를 기다리거나, 문제해결의 주체가 되지 않는 보조적이며 종속적인 캐릭터로 그려진다.

<아이들이 사는 성 2부>에서 '여자답게, 남자답게'라는 우리 사회의 성차별적인 관성을 극복하고 아이들에게 올바른 성역할을 학습하게 하겠다는 EBS가 정작 자신의 프로그램에서는 얼마나 '관습적'으로 '성차별'을 행해 왔는지 반성해야 할 부분이다.

또한 과도한 모성성의 강조와 도식적인 접근도 바로잡을 필요가 있다. 물론 아직도 여성들이 대부분 육아를 전담하는 현실에서 돌봄 중심의 엄마 역할은 어느 정도 이해하지만, 일하는 엄마들이 늘어나고 다양한 형태의 가족 구성이 늘어나는 사회의 현실을 반영하려는 노력도 필요하다. 그러나 프로그램 속의 엄마들 모습은 여전히 전업주부이며 지극한 모성성을 벗어나서는 존재하지 않는다.

<아이들이 사는 성 2부>에서도 아이 곁에서 목숨을 버리며 아이를 끝까지 지킨 존재는 결국 엄마였다. 엄마의 모성성만을 강조하는 것 자체가 우리 사회가 여성에게 가하는 암묵적인 강요이다. 이제는 모성성만이 아닌 다른 능력과 품성을 겸비한 엄마의 모습이 필요한 시대이다.

또한 성역할에 대한 고정관념을 깨는 방법에서도 여자다운 남자, 남자다운 여자라는 식의 이분법적인 접근은 바람직하지 않다.

여자아이가 남자아이처럼 되는 것이 평등한 것이 아니라 사람은 누구나 양성성을 다 가지고 있고, 그 가운데 가장 편하고 자연스럽게 체화된 특성이 자신의 모습임을 받아들이도록 지지해 주는 것이 어른들과 사회의 역할이다.

'누구다운' 것은 애초에 없으며, 누구도 아이들에게 어떤 특성을 강요하지 않아야 한다는 생각이 교육의 중심이 되어야 한다.

도식적이고 이분법적인 접근은 또 한 번 성역할에 대한 고정관념을 강화할 수 있다.

3. '차이'를 '차별'로 학습하는 아이들, 공존을 위한 교육이 필요하다

번개맨처럼 정의의 용사가 되고 싶었던 나의 딸아이는 "여자는 번개맨을 할 수 없다"는 남자친구들의 말에 상처를 받았다. "왜 번개맨은 꼭 남자만 할 수 있냐"고 항변했지만 "텔레비전에 그렇게 나온다"는 한 마디에 저항할 근거를 잃고 단지 '여자'라는 이유로 원치 않는 '뚝순이'의 역할을 맡아야 했다.

자신의 능력이 아닌 성별 때문에 좌절을 겪은 아이는 친구들보다는 자신의 성을 원망했다. '내가 남자였으면 번개맨을 할 수 있었을 것'이라는 아이의 원망은 '여자'라는 이유로 부반장만을 해야 했던 내 어린 시절의 원망을 그대로 반복하고 있었다.

'여자'이기 때문에 겪는 차별과 좌절, 열등감 등을 21세기에 자라는 우리의 아이들이 여전히 겪고 있는 현실을 보면서, 어른들의 편견이 아닌 TV프로그램을 통해 먼저 차별을 자연스럽게 학습하는 아이들의 문제가 심각하다는 것을 깨닫게 되었다.

여성과 남성이 생물학적으로 다른 점은 신체적인 '차이'이다. 그러나 이 신체적 차이를 이유로 사회적으로 다르게 대접하는 것을 우리는 '차별'이라고 한다. 남성성과 여성성이라고 불리는 것은 남성 중심 사회에서 권력을 가진 남성들이 여성들에게 사회적으로 부과한 것일 뿐, 생물학적 성과 사회적 성은 무관하다.

<GO! GO! Giggles>의 캐릭터를 소개하는 EBS의 글[1]에 보면, 7살 여자

아이와 남자아이의 보편적인 성격과 행동을 나타내는 캐릭터라는 설명이 나오는데, 이 표현이 적절치 못한 이유도 아이들에게 필요한 것은 그 단계에 적합한 발달을 도와주는 캐릭터이지 성별 보편성을 나눠 정형화시킨 캐릭터가 아니기 때문이다.

과연 7살 아이들의 성별 보편적 특성이란 것이 존재하는가? 그렇다면 그것은 타고난 것인가 학습된 것인가? 정형화되고 차별적인 유아프로그램을 통해 학습되고 강화된 특성은 아닌가? 아이들의 교육을 담당하는 EBS라면 마땅히 물어야 할 질문이다.

우리 아이들이 온갖 종류의 차별이 없는 세상에서 살아가기 위해서는 나와 '다름'을 '차별'하지 않고, 다양한 '차이'로 인정하는 성숙한 인식이 필요하다. 내가 아는 모든 것은 유치원에서 배웠다는 말도 있듯, 유아기 때 체득한 습성이나 관습은 생득적인 것처럼 아이에게 체화된다. 어릴 때부터 성인지적 감수성에 대해 자연스럽게 학습하는 것이 정말 필요한 까닭이다.

우리가 성차별에 대해 민감해야 할 이유는 성차별이 자연스럽게 다른 분야의 차별과도 연결되기 때문이다. 우리 사회에 나타나고 있는 다양한 차별의 모습인 이주노동자 문제, 혼혈인 문제, 성소수자 문제 등을 대할 때 '차별'을 학습하고 자란 아이들이 이들을 차별할 확률은 더 높을 수밖에 없다.

아이들의 우상이며 아이들에게 절대적인 영향력을 가지고 있는 '교육방송'인 EBS가, 부디 '차별'을 관습적으로 받아들여 재생산하는 아이들에서, '차이'를 '존중'하고 '인정'하는 인권 감수성을 지닌 아이들로 자랄 수 있도록 더 관심을 기울이고 변화하길 기대해 본다.

---

1) EBS의 <GO! GO! Giggles> 홈페이지.

다큐멘터리는 감수성 혁명 中
지상파 다큐스페셜 톺아보기

봉지욱

1. 반갑다, 친구야

작년 여름이었다. 좀 더 정확히 말하면 '삼순이를 모르면 간첩'이란 소문
이 들리기 시작한 7월 무렵이다. 확실한 간첩이었던 나는 한꺼번에 섭렵한
후 왕따를 피하리라 마음먹었다. 몇 편을 연속으로 보다 피로한 눈을 좀
쉬려고 마우스를 만지는데 일이 벌어졌다. 우연히 클릭해서 들어간 곳.
그곳은 어느 다큐멘터리스트의 블로그였다. 대수롭지 않게 여기고 나올
수도 있었으나 필연이었던 것일까. 함초롬하게 내걸린 게시판의 글들이
손목을 붙들었다.
'다큐멘터리'라는 단어조차도 생경하던 때였으나, 제작 에피소드들을 읽
다보니 시나브로 작품이 궁금해졌다. 그때 본 다큐가 MBC <이제는 말할
수 있다>였다. 제목 정도는 어디서 들은 듯한데, 무슨 내용을 담고 있는지
는 잘 몰랐다. 정말 놀라웠다. 보도연맹, 제주 4·3 등 학교에서 배우지 못한
우리 역사가 거기에 있었다. 어느 나라님 덕에 유명해진 말이지만, 그것은

'충격과 공포' 그 자체였다. 이후 무식한 나는 똑똑한 다큐와 친구가 되어 한 수 배우기로 다짐했다.

새로운 친구 덕에 소소한 고민도 생겼다. MBC <내 이름은 김삼순>은 저녁 10시에 방영되는 수·목 드라마였다. 매주 수요일 같은 시간에 KBS에서 <환경스페셜>을 한다. 주말 저녁 8시에도 사정은 비슷하다. 그때나 지금이나 김삼순 같은 강적이 브라운관을 장악할 때면 다큐냐 드라마냐, 배움이냐 간첩이냐의 사이에서 선택을 해야만 한다. 아주 가끔은 친구를 모른 체하기도 하지만, 여전히 우린 친구라 믿는다.

"왜냐고? 친구 아이가!"

우리의 만남도 어느새 1년이 다 되어 간다. 그래서 1주년을 기념 삼아 내 친구에 대해서 이야기해보려 한다. 일단 최근 이 녀석의 눈에 띄는 변신부터 말해야겠다. 무뚝뚝한 입에서 쉴 새 없이 수다가 쏟아지는가 하면, 사막같이 건조한 눈에서 우박 같은 눈물이 떨어지기도 한다. 예쁜 남자가 대세라는 걸 알아차린 걸까? 남성미를 과시하며 외모에 전혀 신경 쓰지 않던 친구가 갑자기 멋을 부리기 시작했다. 증상을 종합하니 병명(病名)은 하나다. 내 친구는 지금 질풍노도의 시기, 즉 사춘기를 겪고 있다.

2. 사춘기의 감수성으로 ─ '다큐야? 드라마야?'

동생에게 전화가 왔다. "형, 돈 좀 있어? 급해!" "갑자기 왜?" 이유인즉, 총학생회장이 당선 공약이었던 최신형 PDA 염가 공급을 실천에 옮겼는데 그게 선착순이란다. 못내 당황스러웠다. 예부터 총학생회장이라 하면 강인한 운동권의 이미지가 아니던가! 아차, 돌이켜보니 대학에서 최루탄 냄새가 없어진 것이 오래다. 비단 대학뿐일까.

바야흐로 참여 민주주의의 시대다. 좌우로 나뉘어 뚜렷한 이유도 없이 서로를 미워하던 때는 갔다. 국가나 이념보다 개인의 삶과 생각이 더욱 중요시되는 포스트모던(Post-Modern)한 세상이다. 여기에 디지털 혁명이 더해져 시너지 효과를 일으킨다. 모든 분야에서 다양성이 미덕으로 되어 가고 있다.

그래서일까? 다큐멘터리에도 일약 변화의 '광풍(狂風)'이 불고 있다. '다큐'하면 으레 지루하고 딱딱한 이미지가 떠오른다. 그래서 다큐는 매번 비인기 종목으로 분류되는 모양이다. 시청자가 보지 않는 방송프로그램에 존재 의미가 있을까? 방송의 공영성을 내세워도 왠지 뜨악하다. 스스로 존재의 위기감을 느꼈기 때문이리라. 요즘 지상파 다큐는 확실히 예전과는 다르다. 시청자를 맞이하는 문턱을 낮추려는 다양한 실험이 곳곳에서 진행 중이다. 나는 이것을 다큐멘터리의 '감수성혁명(感受性革命)'이라고 부르고 싶다.

혁명은 크게 두 방향으로 진행되고 있다. 먼저 소재(素材)의 확장이다. 군홧발이 민초를 짓밟던 기간이 길었던 탓인지, 그간의 다큐는 잘못된 역사를 바로 잡고 감춰진 진실을 드러내는 데 거의 모든 역량을 집중했다. 하지만 이내 소재 발굴의 한계에 봉착한다. 비슷비슷한 내용을 다루는 다큐가 쏟아지면서 '진실'보다 '식상함'이 먼저 다가온다. 상투성과 엄숙주의에 갇혀 재미도 진실도 잃어버린 다큐를 시청자가 선택할 리 없다. 이제 시청자는 자신의 삶에 직접 맞닿으면서도 드라마 김삼순만큼 맛깔스러운 다큐를 원한다. 그것이 트렌드다. 만남, 이별, 죽음, 고독 같은 개인적인 것들이나 사랑, 웃음, 공포, 마음 같은 추상적인 것들 때로는 소리, 빛, 맛, 냄새 같은 감각적인 것들이 드라마를 넘어 다큐의 소재로 등장하기 시작했다.

소재의 확장이 이뤄진 대표 작품

KBS스페셜

방영일자	제목	소재	생활밀착형
05.05.07	새 놀이터 프로젝트 〈아이들을 유혹하라〉	아이들 놀이터	O
05.05.21	〈마흔 남자 이야기〉	중년 남성의 삶	O
05.09.18	HD영상포엠 〈간이역〉	사라져 가는 간이역	X
05.10.16	〈한국야구 백년, 사상최대의 프로젝트 백년드림팀 평가전〉	야구 100주년 기념	X
06.01.15	특집 다큐 〈마음〉 6부작	인간의 마음	O
06.03.18	옴니버스 테마 다큐 〈나무이야기〉	나무와 삶	X

MBC스페셜

방영일자	제목	소재	생활밀착형
05.05.26	보도 다큐 〈사별〉	죽음과 가족	O
05.09.15	추석특집 다큐 〈하늘의 선물〉 2부작	눈과 비 그리고 서민생활	O
05.09.18	감성다큐 〈러브레터〉	추억의 편지	O
05.10.23	HD뮤직다큐 〈하루〉	서민들의 하루살이	O
06.02.26	〈행복한 부부, 이혼하는 부부〉 2부작	부부 관계	O
06.03.23	〈모차르트〉 2부작	모차르트 250주년 기념	X

SBS스페셜

방영일자	제목	소재	생활밀착형
05.10.16	〈유언-죽음을 기억하라〉	죽음을 준비하는 자세	O
06.01.18	〈웃음에 관한 특별보고서〉	웃음과 성공의 관계	O
06.02.12	대한민국 영양 보고서-〈혼자 밥 먹는 사람들〉	도시인의 식생활	O

EBS스페셜

방영일자	제목	소재	생활밀착형
05.08.04	〈감성시대-공포의 비밀〉	공포의 과학적 탐구	X
05.12.16	〈일상의 미스테리-소리〉	소리에 대한 고찰	O
06.02.24	〈부부이야기〉	부부 관계	O

지상파 다큐스페셜 소재 분류

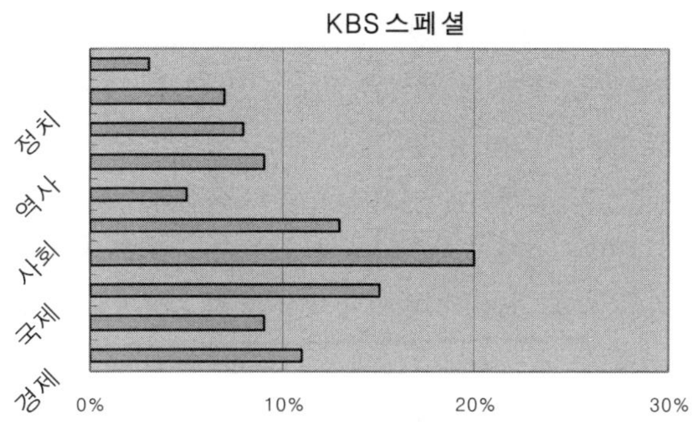

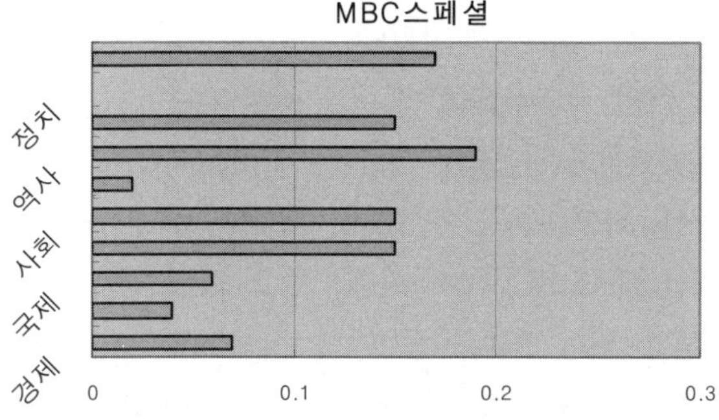

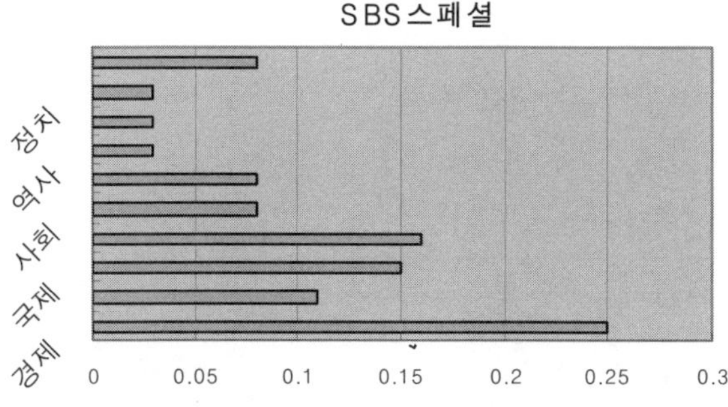

조사 기간 2005.05~2006.04

도표를 보면 방송사마다 선호하는 소재가 다른 것을 알 수 있다. KBS는 다큐 왕국답게 비교적 다양한 소재를 고루 다루며 특히 국제, 문화와 관련된 아이템을 많이 다뤘다. SBS는 경제와 관련된 소재가 많았고, MBC는 역사 관련 소재에 방점을 찍었다(EBS스페셜은 작품 수가 적어 도표에서 제외).

공통적으로 보이는 특징은, 분야를 막론하고 '생활밀착형' 소재가 증가하고 있다는 것이다. 거대 담론이 아닌 일상적 삶과 직결되는 질박한 소재, 연예나 스포츠 같은 가벼운 소재가 늘어나는 추세다. 또 세계화 시대답게 국제적인 이슈가 다큐의 소재로 많이 다뤄지고 있음을 알 수 있다.

다음은 표현(表現)의 확장이다. 소재 선택에만 몰입하다 보면 어떻게 표현할 것인가에 대한 고민을 소홀히 할 수 있다. 다큐에 진실이 담겼다면 그것의 전달력은 표현의 효율성에 달렸다. 가족, 역사 같은 뻔한 소재나 사랑, 마음 같은 추상적인 소재를 다룰 땐 표현 방법이 더더욱 중요하다. 내레이션을 과감히 배제하고 인터뷰만으로 구성하거나(MBC <가족>), 가수가 참여해 내레이션도 하고 노래도 부르는가 하면(KBS <김윤아의 제주도>), 있지도 않은 사실을 제목으로 내세워 시청자의 호기심을 자극하는 페이크(fake) 형식을 차용하고(KBS <한국야구 백년, 사상최대의 프로젝트>), 마음의 메커니즘을 보여주기 위해 과학적인 실험을 벌이고 마임이스트(mimeist)를 활용하는(KBS <마음> 6부작) 등 도처에서 다채로운 형식적 실험이 진행되고 있다.

표현의 확장이 이뤄진 대표 작품

KBS스페셜

방영일자	제목	표현상 특징
05.04.03	<김윤아의 제주도>	유명 여가수의 내레이션, 상징적 이미지 활용
05.09.18	HD영상포엠 <간이역>	유려한 화면 구성, 민요의 활용
05.10.16	<한국야구 백년, 사상최대의 프로젝트	한국 최초의 페이크(fake) 다큐

	백년드림팀 평가전〉	
06.01.15	특집 다큐 〈마음〉 6부작	과학적 실험, 3D 등 볼거리 풍성
06.03.04	〈전쟁을 생산한다-민간군사기업〉 2부작	상징적 이미지 활용
06.05.14	5·18 기획 팩션 드라마 〈오월의 두 초상〉	드라마 형식 다큐

MBC스페셜

방영일자	제목	표현상 특징
04.01.20	인터뷰 다큐멘터리 〈가족〉	내레이션 없이 인터뷰만으로 구성
05.02.06	설날특집다큐 〈출가〉	주제, 배경 음악을 자체적으로 작곡
05.10.23	HD뮤직다큐 〈하루〉	뮤직다큐, 다양한 카메라 구도 활용
06.03.23	〈모차르트〉 2부작	뮤직다큐, 상징적 이미지 활용

SBS스페셜

방영일자	제목	표현상 특징
05.09.11	〈나는 가요-도쿄 제2학교의 여름〉	철저한 사실주의적 접근

EBS스페셜

방영일자	제목	표현상 특징
05.08.04	〈감성시대-공포의 비밀〉	과학적 실험, 3D 등 볼거리 풍성

　얼마 전, 웰빙을 테마로 한 다큐 KBS <생로병사의 비밀>이 해외 방송사에 팔렸다고 한다. 시대의 트렌드를 잘 포착한 다큐는 해외에서도 통한다는 증거다. MBC <행복한 부부, 이혼하는 부부>는 뜨거운 성원 속에 재방송되면서 많은 이들의 공감을 이끌어냈다. KBS <마음>은 시청자들의 열렬한 요구 속에 책으로도 출간되었다. 이렇듯 '감수성혁명'은 다큐와 시청자가 가까워지는 소통로 역할을 톡톡히 하고 있다. 그렇다면 혁명의 끝은 과연 어디일까? 그것은 아무도 모른다. 드라마와 다큐, 픽션과 논픽션이 만나는 경계 어디쯤에서 정해질 거란 것밖에는.

3. 성숙한 어른이 되기 위하여 — '초심(初心)을 잊지 말자, 친구야'

EBS국제다큐멘터리페스티벌(EIDF)에서의 일이었다. 작품 시사 후 감독과 대화할 시간이 있었다. 인상 깊은 작품 중 하나인 <부탄의 오지학교>를 연출한 도지 왕축 감독이 연단에 올랐다. "돌아오는 길에 주인공이 하는 행동이 부자연스럽게 느껴지는데, 혹시 감독이 시킨 것 아닙니까?" 나름 도발적인 질문에 태연히 답을 한다. "사실 주인공이 갑자기 그런 행동을 하는 바람에 카메라에 못 담았습니다. 이야기 흐름에 중요할 것 같아서 한 번 더 해달라고 요청했어요" 듣고 보니 그럴 듯하다. 의미심장한 장면인데 놓쳐서야 되겠는가!

이런 고민은 KBS 전우성 PD에게도 있었다. 그는 '그림 만들기' 선수다. 상징적인 이미지를 창조해 내레이션을 보강하거나 때로는 깔끔하게 대체해버린다. 그의 작품 KBS스페셜 <추성훈 혹은 아키야마>에서의 일이다. 재일교포 이종격투기 선수인 추성훈의 어머니는 아들의 경기 때마다 빨간 끈을 가지고 다닌다. 아들이 K-1데뷔전을 승리로 이끈 날 글러브에 감았던 의미 있는 끈이기 때문이다. 작품 후반, 추 선수의 경기가 시작됐다. 그런데 경기장에 응원 온 어머니는 좀처럼 그 끈을 가방에서 꺼내지 않는다. 고군분투하는 아들의 모습을 지켜보는 어머니의 절박한 심정은 내레이션 없이 그 끈 하나로 오롯이 설명될 수 있었다. 즉, 좋은 그림이었던 것이다. "어머님, 끈 곧 꺼내실 거죠?" 하지만 마지막까지도 끈은 나오지 않았다. 전 PD는 당시의 집착을 '참을 수 없는 가벼움'이라며 반성했다[2].

다큐멘터리 전반에 감수성 바람이 불면서 소재와 표현, 두 측면에서 다양한 실험이 진행되고 있다. 웃음, 사랑, 마음 등의 감성적인 이미지가 소재로 채택되는가 하면 시사, 역사, 휴먼 등의 전통적 단골 소재가 파격적인 방법으로 그려지기도 한다. 그런데 이 과정에서 전에 없던 문제점들이 나왔다.

---

2) 전우성 PD의 ≪PD연합회보≫ 기고문 중 발췌.

시청률을 의식한 가벼운 소재 선택, 억지스러운 이미지 만들기, 부자연스러운 삽화 삽입, 클로즈업 남발, 과도한 컷 분할 등이 다큐를 다큐스럽지 않게 만들고 있다.

특히 소재 면에서 감성다큐의 터줏대감이라 할 수 있는 '휴먼다큐'가 가장 문제다. 일단 휴먼다큐가 너무 많다. 디지털 시대, 감성 시대 운운하면서도 과학이나 예술을 다룬 다큐는 좀처럼 찾아볼 수 없다. 과학은 EBS <E=MC²을 아십니까?> 같은 계기물이 전부고, 예술은 KBS <도자기>, MBC <모차르트> 같은 기획물이 드물게 나오는 정도다. 비교적 제작이 쉽고 돈이 덜 들면서도 시청률이 잘 나오는 휴먼다큐에만 치중하는 현실이 안타깝다.

요즘의 휴먼다큐는 왜 그리 친절한 걸까? 도무지 시청자가 끼어들 틈이 없다. 오랜 인기작인 KBS <인간극장>도 내레이션 밀도가 상당하다. '기쁘고 슬프고 웃기는' 지는 시청자가 판단할 일이다. 하나의 다큐를 보고 모든 사람이 똑같은 감정을 느껴야 할 필요는 없지 않은가? 주인공의 속마음까지 예단해버리는 전지전능한 내레이션. 말로써 모든 것을 설명하려 할 때, 시청자는 감상의 자유를 뺏겨버린다. 또 전달력을 극대화한답시고 남발되는 클로즈업은 시청자로 하여금 객관적인 판단을 불가능하게 만든다. 연출자가 의도한 대로 느끼게 만들 수 있는 위험성이 내포되어 있는 것이다.

최근 MBC <네 손가락의 피아니스트, 희아>의 선전에서 보듯 우리 휴먼다큐는 외국에서도 인정받는 수준이다. 비법은 주인공의 디테일한 삶을 자연스럽게 포착하는 데에 있다. BBC나 NHK 등의 세계 일류 방송사도 못하는 것을 우리는 어떻게 할 수 있을까? 내 생각은 이렇다. 전통적으로 한국인은 손님을 집에 머물게 하는 데에 인색하지 않다. 연출진이 주인공의 집에서 먹고 자고 하는데 친해질 수밖에 없다. 그래서 시간이 흐를수록 주인공은 자신의 삶에 끊임없이 개입하는 카메라와 친구가 되어 간다. 대개 시청률이 잘 나오는 휴먼다큐는 이런 수준에 오른 작품이다. 카메라를 향해 스스럼없이 이야기하는 주인공을 보는 시청자는 마치 자신을 향해 이야기를 하는 듯한 혹은 주인공 옆에서 직접 듣는 듯한 착각을 일으킨다. 그만큼 주인공과의 거리가 좁혀지는 것이다.

문제는 그 다음이다. 긴장의 거리가 없어진 연출자와 주인공은 때론 모종의 합의를 하기도 한다. 연출자는 극적인 요소를 살리기 위해 주인공에게 특정 장면을 재연해줄 것을 요구하거나, 특정 행동을 지속해줄 것을 요구한다. 이 경우 대개 주인공은 좀 더 잘 나오고 싶은 마음, 아니면 연출자와의 친밀감 때문에 협력하게 된다. 다큐가 진실을 잃어버리고 한 편의 픽션 드라마로 전락하는 순간이다. 꾸며지고 조작된 것은 다큐가 아니다.

다큐멘터리란 기본적으로 '사실을 기록하는 장르'이다. 그러나 완벽하게 사실적인 다큐란 불가능하다. 현실을 카메라에 담는 순간, 그것은 이미 현실 그 자체는 아니기 때문이다. 그래도 연출자는 '참을 수 없는 가벼움'이 '참을 수 있는 무거움'으로 승화될 때까지 긴장의 끈을 놓지 말아야 한다. 그래야 다큐에 진실다운 진실이 생긴다. 기본과 상식을 지킬 때 비로소 '감수성혁명'도 의미를 갖는다.

4. 그날이 오면

"내 친구 어디가 그렇게 좋아요?" 그녀의 친구가 면접관처럼 던진 질문이다. 머리를 긁적여보지만 선뜻 대답이 떠오르지 않는다. 어느새 발개진 얼굴. 순간의 번뇌는 스스로에 대한 의심으로까지 이어진다. '외모? 성격? 나한테 잘해줘서? 그런데 내가 애를 좋아하긴 하는 걸까.' 하지만 늘 그렇듯 머릿속과 현실은 지독한 엇박자다. 연출된 미소를 머금은 가운데 살포시 날리는 식상한 멘트.

"하늘만큼 땅만큼, 머리부터 발끝까지 다 좋아요."

그때도 비슷한 느낌이었다. 누군가 내게 다큐가 왜 좋으냐고 물었다.

사람에 대한 질문이 아닌데도 마땅히 할 말이 없었다. 왜 그랬을까? 생각해 보니 그동안 나는 정말이지 받기만 했다. 친구와 놀면서 울고 웃고 감동 먹고 덤으로 삶의 지혜와 생활의 정보까지 얻었다. 주고받는 미덕 속에 우정이 두터워지는 법인데 난 아무것도 주지 못했다. 내가 무엇을 해줄 수 있을까? 먼저, 친구의 무엇이 좋고 싫은지 톺아보고 싶었다. 애정과 관심 이 없다면 불가능한 일이다. 1주년을 자축하며 친구에게 곰살맞은(?) 잔소리 를 늘어놓은 데는 그런 이유가 있다.

사춘기의 풍부한 감수성으로 무한한 상상력을 펼치는 친구의 모습이 대 견스럽다. 하지만 감수성에 치우친 나머지 때론 '사실을 통한 진실 추구'라 는 본분(本分)을 잊기도 하는 것 같아 걱정된다. 결국 고갱이는 마음가짐이 다. 초심만 잃지 않는다면 사춘기의 방황도 옹골진 열매를 맺는 자양분으로 승화될 수 있다. 끝으로 모든 시청자와 절친한 벗이 되어 당당히 세상을 바꿔나갈 녀석의 앞날을 그려본다.

> 그날이 오면, 그날이 오면은
> 시청자 일어나 더덩실 춤이라도 추고
> 시청률 뒤집혀 삼순이보다 재밌는 다큐가 와 주기만 할양이면
> 나는 커다란 TV를 만들어 둘쳐메고는
> 이렇게 외치겠소이다
> 친구야, 노~올자.[3]

---

3) 심훈의 시 「그날이 오면」 패러디.

TV 도시, 노인 시민을 출산하다

<올드미스 다이어리>의 노년 캐릭터를 중심으로

서지민

1. 들어가는 말: 노인과 TV

얼짱, 몸짱 열풍에 이어, 올해 방송이 주목하는 것은 동안이다. '누가 더 젊어 보이는가?'1), '어떻게 젊어 보이게 만들 수 있는가?'2)가 방송이 시청자에게 제시하는 화두이다. 예쁘다거나 멋지다는 말처럼 어려 보인다는 말이 사람들이 듣고 싶은 말이 되었고, TV에 나온 연예인을 칭찬하는 말로 나이를 짐작할 수 없는 아름다움이라는 수식어가 자주 사용된다. 하지만, 어리게 보인다는 말은, 예쁘다는 말이나 멋지다는 말을 들을 때처럼 마냥 좋지만은 않다. 어려 보인다는 것은 더 이상 어리지 않다는 사실을 잘 숨기고 있다는 말을 포함한다. 어려보이고자 하는 노력, 늙지 않으려는 발악에는, 존재하되 유령처럼 사회 언저리를 떠돌기만 하는 노인이 되는 시간을 유예하고 싶은 현대인의 욕망이 들어있다. 이러한 욕망, 나이 들었

---

1) <대한민국 최고의 동안을 찾는다>(SBS, 2006.1.30).
2) '동안 클럽'(MBC, <일요일 일요일 밤에>).

다는 진실을 은폐하는 행위의 이면에는 방송이 형성한 노년의 이미지가 자리 잡고 있다.

TV뉴스와 시사 프로그램에서 노인은 저출산과 관련된 경제 수치를 사용해서, 혹은 부양과 관련된 자녀의 폐륜을 고발하면서 등장한다. 이들 프로그램에서 노인은 사회의 구성원이 아닌, 사회 문제로 인식되고 있다. 게다가, 시청자들에게 고정된 이미지를 형성시키는 드라마와 시트콤은 부정적인 노인의 이미지를 형성하는데 중추적 역할을 하고 있다. 시트콤과 코미디 등에 노인이 등장하는 경우는 거의 없지만, 이들 장르를 통해 드물게 형성된 노인의 이미지는 대부분 괴팍하거나, 무기력한 이미지 등 부정적으로 고정되는 것이 대부분이다. 드라마의 경우, 노인의 등장 빈도는 여타 장르에 비해 상대적으로 많은 편이지만, 드라마 속에 등장하는 노인은 가족 구성원의 일부로서, 희미한 존재감만 있을 뿐이다. 드물게 이들이 활동 주체가 되는 경우에도 부정적인 이미지를 형성하는 것이 대부분이었다.

TV가 노인에 대해 가지는 반감에도 불구하고, 현실에서 TV는 노인들의 일상에서 큰 비중을 차지하고 있다. 시청자 주권을 선언한 TV 시대의 도래에도 불구하고, 노인들만큼은 TV가 만든 도시의 시민으로 받아들여지지 않았었다. TV가 시청자들의 일상을 담으려는 다양한 시도와 노력을 해왔음에도 불구하고, TV 속에서 노인의 일상과 삶은 철저히 무시당했었다. 통계 수치와 경제 지표가 노인들을 잉여 인간 취급하고 있다면, TV는 일년에 한두 편, 시사 프로그램에서 고발하는 노인문제를 제외하고는, 급변하는 사회에서 변해가는 노인들의 삶의 모습, 그들의 목소리를 담는 노력을 게을리해 왔다. 이러한 방송 현실에서, <올드미스 다이어리(이하 올미다)>는 세 할머니 캐릭터를 통해, 일상적인 노년의 모습을 자연스럽게 담아냈다. 거기에 한 발 더 나아가, 긍정적인 노년의 삶을 제안하고 있다는 점에서, TV 시티에 노인 시민을 출산한 최초의 프로그램이라고 평가할 수 있을 것이다.

2. 일상 속 할머니의 탄생

TV 속에서 현실에 존재하는 자연스러운 노년의 모습을 찾는 것은 불가능했었다. 그런 방송 상황에서 시트콤 올미다는 주변인에 머물러 있던 노년의 모습을 현실감 있게 그려냄으로써, 방송이 담아내야 할 노년의 모습을 한 단계 진화시켰다. 시트콤 속에는 주인공 미자의 할머니인 영옥과 그녀의 여동생들 영숙, 혜옥이 등장하는데, 이들은 비록 주인공의 할머니로 설정되어 있을지라도, 주인공과 분리된 에피소드 속에서, 늙은 독신 여성의 모습을 건강하고 현실적으로 표현했었다.

세 할머니는 이전까지 TV에 등장하던 노인들과 뚜렷한 차별점이 있다. 앞서 언급한 바와 같이, 이전까지 TV가 담아내는 노인은 다양성을 상실한 일부분이 부각된 극적인 모습이었다. TV에서 그들은 사회와 단절된 채, 죽을 때를 기다리는 무기력한 모습, 거추장스러운 존재, 극복해야 할 대상, 그리고 향수를 자극하는 주변인이었다. 시청자는 일상 속에서 젊은이들과 마찬가지로 느끼고 생각하고 사회와 교류하는, 활동하는 주체로서의 노인의 모습을 찾아보기 힘들었다. 간혹, 이들이 활동 주체가 될 경우는, 치매나 병에 걸려, 젊은이들의 고통을 형성하거나, 며느리를 구박하는 잔인한 시어머니로 착한 며느리의 대척점에 서거나, 사사건건 참견하는 젊은 사람을 성가시게 만들거나, 고집불통에 독단적인 성격으로 성장한 자식들을 벌벌 떨게 만드는 모습으로 묘사되는 것에 그쳤었다. 이들이 긍정적인 이미지로 묘사되는 드라마도 있었으나, 이 경우, 노인은 세상사에 달관된 현학적인 이미지로 젊은이들에게 깨우침을 주는 존재, 가족을 위해 헌신하는 존재, 혹은 어린 시절 추억 속의 순수한 시골 외할머니와 같은 이미지로 그려짐으로써, 역시 다면성을 가진 인간의 모습을 표현하기에는 한계가 있었다.

그러나, <올미다> 속에 등장하는 세 할머니는 지극히 평범한 할머니들로, 노년의 무기력함, 괴팍함, 고집스러움 등의 부정적 이미지와 더불어,

가족을 걱정하는 모습, 세월이 주는 현명함 등의 긍정적 요소를 모두 가지고 있다. 극적으로 부정적이지도 긍정적이지만도 않은 할머니라는 세대를 떠난 그저 평범한 소시민의 모습을 담고 있는 것이다. 그러나 이러한 모습이 그간 TV에서 외면당했었기에, 이들의 등장은 시청자들에게 신선함을 안겨주었다. <올미다>는 이들을 철저하게 현실에 기반을 두고 표현하고 있다. 새로운 노년의 모습을 담기 위해, 젊은이들의 옷차림이나 유행을 마냥 따라하도록 만들어 억지웃음을 유발시키지도 않고, 이들의 화려한 연애를 보여주지도 않는다. 노화의 모습을 자연스럽게 반영하면서도, 그간 TV가 놓치고 있었던 노인들의 감수성과 생활을 그려내는 것이 <올미다> 속의 세 노인이 돋보였던 이유였다.

1) 노인, 노화를 이야기하다.

세 할머니는 노화를 겪고 있고, 자신들의 노화를 하나의 과정으로 담담하게 받아들인다. 둘째 할머니 영숙은 관절염에 시달리고, 막내 할머니 혜옥은 치매 증상에 가까운 건망증을 겪고 있다. <올미다>는 할머니들의 노화 증상을 무시하지 않고 담아내지만, 이에 과도하게 집착해 서글프거나 인생이 끝난 것처럼 처량하게 다루지 않는다. 영숙의 관절염과 혜옥의 건망증이 가족의 관심이 필요한 불편한 증상이기는 하지만, 이는 늙어감에 따라 겪어야 하는 자연스런 불편함일 뿐, 그들의 생활 전체를 뒤흔들 만큼의 의미를 형성하지는 않는다. 관절염으로 고생해서 봉사 활동에 빠질 수는 있지만, 이런 모습은 늙고 젊고를 떠나, 몸이 불편한 날 일을 하지 않으려는 사람들의 모습처럼 묘사된다. 관절염으로 고생하는 영숙보다 더 나이든 할머니인 영옥이 봉사 활동에 참가하는 모습을 보여줌으로써, 노화가 노인들의 무기력함으로 묘사되는 것을 방지해 주는 것이다.

육체적으로 노화를 겪고 있지만, 세 할머니는 사회와 지속적으로 소통한다. 노인정, 노인대학, 봉사 활동 등에 활발하게 참여하는 모습을 보여줌으로써, TV에서 형성했던 집안이나 공원에 모여 있는 소극적인 노년의 이미지를 깨고 있다. 사회 활동이 아니더라도 그녀들은 자주 외출을 하고, 사람들과 끊임없이 접촉한다. 할머니들이 세상과 활발하게 접촉하는 것과 달리, 젊은 미자 삼촌 우현의 활동 범위는 거의 집 밖을 넘지 않는다. 노화과정 속에서도 활발하게 사회와 접촉하는 그녀들의 모습은 노인을 사회 속에서 소외시켰던 것이, TV드라마와 젊은 사람들의 고정 관념에 불과하다는 것을 보여준다. 동시에 그녀들의 모습은 적당한 역할 모델을 제시받지 못하던 노인들에게도 건강한 삶의 대안을 제시한다.

2) 노인, 감정을 이야기하다

그녀들이 육체적 변화를 겪어가는 과정이 일상 속에서 전개되는 것과 마찬가지로 그녀들의 정서의 표현도 현재를 바탕으로 전개된다. <올미다>는 노인들이 겪는 정서적 변화 또한 과장하지 않는다. 그녀들이 가지는 특징은 그들의 정서가 남녀노소를 떠나 지극히 평범하다는 것이다. 보편적인 성격을 표현하는 등장인물이지만, 이전까지 TV에서 보편적인 정서를 가진 노년이 표현되는 것이 드물었기에 세 자매는 특별하게 느껴진다. 기존의 드라마 속의 노인들의 정서는 과거와 추억을 기반으로 형성되었지만, 세 자매의 정서는 현재를 기초로 형성된다. 그간 TV는 아름다웠던 시절, 혹은 추억이라는 미명하에 노인들의 지나간 시간에 주목했었다.

그러나 <올미다>는 노인들의 현재에 주목한다. 더 이상 젊지 않다는 이유만으로 그들의 시간이 젊은 시절로 회귀한다고 믿는 것은 젊은 사람들의 착각일 뿐이다. 비록, 주름지고 몸이 약해졌다 할지라도, 박제가 아니라 여전히 살아 숨쉬는 존재이기에, 노인에게도 현재는 유의미한 것이다. <올미다>는 이 사실을 놓치지 않았다. 세 자매 역시 기존에 TV드라마에 출연했던 노인들처럼 젊은 시절을 회상하기도 하지만, 그들의 정서는 과거를 기반으로 형성되는 것이 아니라, 현재에 대한 반응으로 형성된다. 혼자 사는 할머니들의 방이면 흔히 등장하는 죽은 배우자의 사진조차 이들의 방에서는 찾아보기 힘들고, 이 사진을 하고 하는 넋두리는 찾아볼 수 없다. 오히려, 영감 따라 죽어야지를 중얼거리던 영옥 할머니는 남편의 환영을 보자, 두려움에 떨며 귀신을 멀리 쫓아버린다.

<올미다> 속의 직접적인 대사를 통해서도 언급한 바 있지만, 몸이 늙었다고 해서, 마음까지 늙지 않는다는 것을 할머니들의 사소한 일상의 경험들을 통해서 보여주고 있다. 현우가, 세 할머니를 위해 현철의 사인을 받아주었을 때, 세 할머니는 모두 시큰둥하게, 기왕 받을 것이면 젊은 연예인의 사인을 받아다 주었으면 하고 불평한다. 미자가 신기해하자, 영옥과 영숙은 늙었다고 늙은이들만 좋아하는 것이 아니라고, 늙어도 보는 눈이 다르지 않다고 이야기한다.[3] 이 짧은 신을 통해, 그 동안 우리 사회에 형성되었던 노년의 이미지와 노년의 실제 사이의 차이점이 드러난다. 노인은 세상 변화와 무관하게, 시대에 뒤떨어진 그들의 젊은 시절의 생각을 가진 채, 그대로 늙어갔을 것이라고 생각했던 이미지를 세 할머니는 통쾌하게 뒤집는다.

또, 노인정에 나타난 할아버지가 자신을 좋아한다고 착각하고 그를 향해 애정을 표현하던 영옥 할머니의 모습[4]은, 사랑과 연애 감정이 청춘의 전유물인 것처럼 묘사하던 TV와 젊은 세대를 비웃고 있다. 이 에피소드는 젊음이 지나가더라도 사랑하고 사랑을 받고자 하는 인간의 근원적인 욕구는 변화하지 않는다는 것을, 파격적이지 않은 설정으로 담담하게 묘사했다. 드라마에서 노년의 사랑을 다룰 때, 자식들의 눈을 두려워하는 몰래 데이트의 형태나, 자식들의 반대에 강경하게 맞서는 극적인 요소를 강조했었다. 반면 <올미다> 속의 세 할머니의 만남은 젊은 사람의 눈치를 보지도 않는다. 노년에도 새로운 만남은 자연스러운 것이라는 것을 에피소드 전반을 거쳐서 표현하고 있다.

---

3) '아빠와 함께 한 하루'(2005.5.13).
4) '그는 당신에게 반하지 않았다'(2005.6.8).

3) 노인, 우리에게도 내일은 있다

노인은 곧 죽음을 맞이할 사람이 아니라, 살아 숨쉬며, 내일도 살아있을 존재이다. 그럼에도 불구하고, 사회에서는 그들의 오늘과 내일에 주목하지 않고, 노인을 과거에 묶여있는 유령 같은 존재로 취급해 왔었다. 신문 오늘의 운세에서 빠지는 것에 대해, 영옥은 자신이 한창 나이이며, 아직도 미래가 있는 사람이라는 것을 이야기한다. 심지어 그녀는 신문 "오늘의 운세"에 애정운이 빠진 것에 대해 항의 전화를 한다.[5] <올미다>는 이처럼 외면당했던 노인들의 현재와 미래에 주목한다.

그들은 '쌍문동 쓰레빠'로 대변되는 영옥 할머니를 통해, 노년에게 역할을 부여한다. 어른들이 겁내는 불량 청소년을 선도하는 영옥 할머니의 모습에서, 시청자는 어른이 어른 역할을 하지 못하는 사회를 바라본다. 그녀는 어른이 애들을 겁내면 세상이 끝난 것이라고 말한다. 노년층이 가진 지식은 우리 사회에서 낡은 것 취급을 받을지라도, 그들이 가지고 있는 지혜와 사회의 중심으로써의 역할은 필요한 것이다.

쓰레빠를 던지면서 청소년들을 선도하지만, 그녀가 영웅 심리에 부합하는 인물이라거나, 세상 무서운 것을 모르는 막무가내 할머니는 아니다. '살짝 외롭던 날'[6]의 에피소드에서 남학생을 괴롭히는 여학생을 혼내고 학생의 어머니로부터 감사인사를 받던 영옥이지만, 집 앞에 쓰러진 술 취한 남자는 그가 이성을 잃은 상태란 것을 알기 때문에 두려워한다. 그녀는 결코 영웅 심리에 빠진 할머니가 아니라, 어른의 역할을 담당하고 있을 뿐이다.

잉여 인간 취급을 당하고 무기력하게 표현되었던 노인들에게 그들이 이 사회의 질서를 바로잡을 역할과 의무가 있다는 것을 <올미다>의 영옥은 이야기하고 있다. 할 일이 있다는 것, 사회의 구성원으로서 해야 할 일이 있다는 것은, 노인들의 존재 이유를 뒷받침해 준다. 그러나 기존의 방송에

---

5) '말하지 않아도'(2005.8.12).

6) '살짝 외롭던 날'(2005.5.19).

서는 이 부분을 간과하거나, 과도하게 강조해, 억지스러운 캐릭터를 설정하고, 젊은 사람과 노년 모두의 공감을 이끌어 내기 힘들었었다. 젊은 사람과 노인들 모두에게서 공감을 이끌어 내면서도, 살아있는 노인의 모습을 그려 냈다는 점은 <올미다>가 보여준 미덕이었다.

3. 노인 시민, 성장은 가능한가?

<올미다>는 사실적인 노인의 모습을 표현함으로써, TV 도시에서 자리 잡지 못하고, 유령처럼 떠돌기만 하던 노인 시민을 출산했다. 그러나 어렵게 태어난 노인 시민이 TV 도시 속에서 중추적인 시민으로 성장하기 위해서는 아직도 많은 문제점이 남아 있으며, 이러한 문제들은 새로운 시각으로 노인을 표현한 <올미다>에서도 발견된다.

7월 27일 방송된 '너에게만' 편은 노인 캐릭터의 표현에 있어, <올미다>가 가진 한계점을 드러내는 사건이었다. 시부모의 뺨을 때리는 며느리라는 자극적인 설정은 이전까지 <올미다>가 가진 미덕이었던 인위적이지 않은 노인 캐릭터이라는 표현의 맥락을 벗어나는 것이었다. TV뉴스나 시사고발 프로그램, 혹은 단막극 등에서 표현되는 극적인 상황의 설정을 매일같이 방영되는 일상의 프로그램 속에 도입했을 때, 시청자가 겪게 되는 불편함과 불쾌함은 너무나 당연한 것이었다.

노인문제를 담아내고 싶었던 제작진의 의도가 자극적인 하나의 설정으로 인해, 긍정적인 부분은 사라지고, 지나치게 확대된 면이 없지는 않지만, 평일 저녁 가족이 보는 시간대에 방송된 것을 감안한다면 시청자와 여론의 질타는 충분한 이유를 가진다. 일상적 이야기 속에서 세세한 대사와 인물 묘사로 편안하게 전달할 수 있었던 노인문제를, 이전까지 그러한 방식으로 잘 끌어오던 프로그램마저 그런 자극적인 이야기를 도입한 것을 통해, 앞으로 노인 캐릭터를 다루게 될 어떤 프로그램도 극적인 이야기가 주는 유혹에서 자유로울 수 없을 것이라는 점을 알 수 있다. 이러한 이야기는 시청자를 자극할 수는 있지만 방송에서 어렵게 등장한 노인이라는 시민 계층을 퇴보시키는 결과를 초래할 것이다.

여론의 질타 이후, <올미다>에서 노인 캐릭터는 위축되었다. 이전까지 독립된 에피소드 속에서 각자의 목소리를 당당하게 내던 세 할머니가, 사건 이후, 미자의 결혼, 부록의 실직 등 가정 내에서 가족들과의 관계에 대해서 목소리를 내는 경향이 강해졌다. 이는, 여론의 질타 후, 성장점을 찾아가기 위해 노력하기 보다는 안전하게 피해가려는 제작진의 태도는 노인 시민의 성장을 방해하는 또 하나의 난관을 보여준다.

4. 나오면서: 노인이 되는 것이 두렵지 않은 그 날까지……

오래도록 젊고 싶은 것이 우리의 욕망이다. 늙는 것이 두려운 이유는, 죽음이 멀지 않았다는 인식 때문이기도 하지만, 더 이상 아무것도 할 수 없을 것 같기 때문이기도 하다. TV는 이러한 이미지를 끊임없이 생산함으로써 시청자들에게 젊음에 대한 끝없는 열망을 형성했다. 하지만, 살아있는 한 누구도 완전히 끝난 것은 아니고, 그것이 우리가 TV 도시가 노인에게 주목해야할 이유이다. 아무것도 끝나지 않은 여전히 건재하는 건강한 노인을 방송에서 자주 보여주고, 어엿하게 사회에 존재하는 노인을 소외시키지 않는 것, 그것이 고령화 사회를 대비하는 방송의 모습일 것이다.

<올미다> 속의 할머니들 같은 유쾌한 인물들을 보면서, 젊은이들은 노인을 좀 더 이해할 수 있게 되고, 저렇게 늙어갔으면 하는 생각을 하게 된다. 노인들은 TV 속에서 타인의 이야기가 아닌 자신들의 이야기를 보면서 비로소 진정한 TV 시티의 시민이 된다. 성장이라는 과제가 남아있지만, <올미다>의 세 할머니 캐릭터는 TV 시티 속에 진정한 노인 시민을 탄생시켰다는 점에서 오랫동안 주목받아야할 것이다.

스타다큐멘터리의 조건

미셸 위와 비의 경우

소미연

1. 다큐멘터리의 영역 확장 및 힘

다큐멘터리가 흔해졌다. 각 방송사마다 사명을 걸고 '스페셜'에 역량을 쏟아 붓기도 하고 특집다큐나 해외의 명작들도 곧잘 방영된다. 영화관에서 독립 상영되는 다큐멘터리들도 늘었다. 몇 년 전부터 한 방송사에서는 다큐멘터리만 하루 종일 틀어주는 파격을 보여주기도 했다. 현대 사회의 빠르고 가벼운 느낌과 역행하는 다큐멘터리의 때 아닌 '질주'는 아마도 다큐멘터리의 힘, 즉 진실이 주는 힘 때문일 것이다. 영화만큼 화려하진 않지만 다큐멘터리가 다루는 것들은 사실이다. 덮여 있던 진실이다. 그래서 잔잔하게 시작해서 사람의 감정을 극단으로 끌어가는 힘을 얻는다. 이러한 다큐의 강점에 최근엔 다양한 촬영기법과 편집, 소재의 고리타분함을 깨는 파격 등이 어우러졌다. 그리하여 KBS의 '사랑'이나 '마음'과 같이 과학적이면서 독특한 주제의 다큐멘터리가 나오기도 하고, MBC의 '행복한 부부, 이혼하는 부부'와 같이 우리 삶에 밀접한 주제들이 따뜻하게 다가오기도 한다.

또한 이들은 애니메이션이나 실험이라는 적극적인 도구들을 이용해 눈길을 끌기도 했다.

그럼에도 불구하고 우리는 다큐멘터리에 대해 지루하다는 편견을 갖고 있다. 다큐멘터리에는 메시지에 대한 강박관념이 있지 않은가, 생각한다. 어찌 보면 현재 다큐멘터리가 보여주는 다양한 변주들은 이런 환경에서 비인기장르로 굳어져가던 다큐멘터리의 살아보고자 하는 변신이었을지도 모른다. 그렇게 다큐멘터리는 고리타분함을 벗고 '재미'의 추구라는 작은 양보를 통해 자신의 장르적 힘을 알릴 기회를 얻는다. 영역의 확장이다.

하지만 모든 변화의 시작이 그러하듯이 이러한 움직임 역시 기존의 관점과의 충돌과 견제 속에서 부침하고 있는 것으로 보인다. 경성 다큐와 연성 다큐가 공존하면서 성장하고 있는 현 상황이 그러하다. 고민이 없지 않을진대, 그 고민의 사이에서 교묘한 변종의 등장이 눈에 띈다. 바로 스타다큐멘터리다. 해외에서는 다양하게 제작되어 왔지만 우리나라 공중파에서 대중적 스타에 대한 다큐멘터리가 제작된 것은 작년 가수 '비'의 다큐멘터리가 처음이 아닐까 싶다.[1] 이러한 스타다큐멘터리는 스타를 중심으로 펼쳐지는 휴먼다큐의 형식을 띤다. 어찌 보면 당연한 일이다. 사람이 중심이 되지 않고 그 스타의 '노래' 혹은 '드라마'가 중심이 된다면 그것은 홍보물이 된다. 스타의 상품성에 주목하면 경제다큐, 혹은 보도다큐가 된다. 그리하여 스타다큐멘터리는 그 스타에 깊이 있게 천착해 알려지지 않았던 모습들을 보여주며 인간적 고뇌를 함께 살핀다. '인간냄새'를 지향한다. 감춰진 스타의 순간들을 들추고 감동과 정서적 감흥의 효과를 주는 것이 스타다큐다.

무엇을 이야기하고 싶기에 스타를 하필 '다큐멘터리'로 만들겠다는 생각을 한 것일까. 그리고 이 '스타다큐멘터리'라는 말에서 방점은 스타에 있는 것일까 다큐멘터리에 있는 것일까. 무엇이 어디에 편승한 것인가. 그것이

---

1) 2005년 케이블 음악채널에서 가수 유승준의 다큐멘터리가 방영된 적이 있다.

뭐 그렇게 중요하느냐고 묻는다면 이렇게 대답해야하겠다. 연애에서 누가 누구를 더 좋아하는가가 때로는 주도권 싸움에서 승자를 결정짓기도 하는 것이라고.

2. 스타다큐, 누구를, 왜?

스타라고 다 다큐멘터리의 주인공이 될 수 있을까. 그렇지는 않다. 우리나라에는 워낙 드물지만 해외에서도 제대로 된 스타의 다큐가 그렇게 많은 편은 아니다. 그럼 누가 주인공의 자격을 얻는가. 일단의 대중이 그들에 대해 궁금증을 가질 수 있는 정도의 대중성은 있어야 할 것이다. 또한 깊이 파헤칠 만큼 그 인물에 대한 이야깃거리가 많아야 한다. 이룬 것이 없고, 자신만의 개성적인 스토리가 없다면 다큐멘터리로 이야기를 끌어나가기가 힘들어진다. 이러한 이야기 없이 자신의 음악이나 영상만으로 다큐멘터리를 만들면 위에서 언급했듯이 '홍보영상'으로 둔갑해버린다.

해외에서도 자신의 음악세계가 확실한 메탈리카, 마돈나 등의 아티스트들이 자신에 대한 다큐멘터리를 갖고 있다. 마돈나의 다큐멘터리에서는 그녀의 일에 대한 강박과 카메라 노출증을 볼 수 있고, 메탈리카의 다큐멘터리는 멤버들의 충돌과 마약복용, 고민들을 강도 있게 다루면서 멤버들의 인간적인 모습을 드러낸 수작으로 꼽힌다. 스타다큐가 지향해야 할 점을 보여준다.

누구를 주인공으로 하는가의 문제는 '왜' 다큐멘터리를 만드는가와도 상통한다. 또한 이 '왜'는 다큐멘터리기에 짚고 가야할 점이기도 하다. 그 사람에 대한 '다큐멘터리'를 보는 것이 시청자에게 어떤 의미인가 하는 점을 생각해봐야 하는 것이다. 스타 자체만을 보여주기 위한 것인가, 혹은 스타를 통해서 다른 말이 하고 싶은 것인가. 왜 하필 다큐멘터리라는 장르가 선택되었는가에 대한 물음에 대한 답도 할 수 있어야 한다.

그렇다면 우리 방송에서의 스타다큐멘터리는 얼마만큼이나 위의 조건들을 충족시켰을까. 스타다큐멘터리로서 이른바 기획의도에 얼마나 가까운 결과물을 내놓았을까.

3. 미셸 위 - 다큐멘터리로서 부족한 이유

미셸 위의 다큐멘터리는 주로 MBC에서 많이 쏟아냈다. <미셸 위, 나흘간의 도전>, <파워풀 원더풀 뷰티풀 미셸 위>, 그리고 인터뷰 형식으로 이루어진 <미셸 위의 도전과 사랑>이 그것이다. 이보다 앞서 SBS스페셜에서 <미셸 위 열풍>을 다루었다.

SBS의 <미셸 위 열풍>편은 그야말로 '열풍'에 초점을 맞춘다. 왜 인기가 있는지, 얼마나 인기가 있는지, 얼마나 골프를 잘 치는지를 보여준다. 미셸 위와의 인터뷰는 거의 없고 시합 후 기자회견을 편집한 인터뷰가 중간 중간 있다. 완성도 측면에서 혹평을 받을 정도는 아니지만 이것을 보고 나서 미셸 위라는 사람이 어떤 사람인지를 알 수는 없다. 애초에 인간적인 접근을 시도했다고 보이지 않는다. <미셸 위 열풍>에서는 '미셸'보다 '열풍'에 초점을 맞추었다. 보도물에 가깝다.

MBC의 <미셸 위, 나흘간의 도전>은 미셸 위를 나흘 동안 따라다니며 행보를 기록한다. 골프 치는 모습을 궁금해 하는 시청자들에게는 다소 반가운 다큐멘터리일 수도 있겠다. 골프장에서의 스윙, 하루 일과 등을 자세하게 따라가며 보여준다. 그러나 나흘 동안 무엇을 했는지는 알 수 있었지만 나흘 동안의 모습을 통해 그녀를 더 깊이 알 수는 없었다. 이 역시 미셸 위와의 인터뷰도 없이 '레터맨 쇼'의 화면을 편집해서 쓰거나 기존의 기자회견 장면을 재활용하는 등 새롭거나 깊이 있는 취재력이 보이지 않았다.

이보다 앞서 방송된 <미셸 위의 사랑과 도전>은 김은혜 앵커와의 인터뷰로만 엮어져 있다. 개인적인 얘기는 나머지 세 편에 비해 많은 비중을 차지하나 어색한 인터뷰가 자연스럽지 않았고, 미셸 위가 직접 하는 말에만 의존해야 한다면 그녀의 다양한 모습을 볼 수 없음은 당연하다. 제목에서 가리키는 '그녀의 사랑'이 고작 배우 '장동건'이었음은 이 프로그램이 애초에 시청자가 아닌 미셸 위를 위한 프로그램이라는 생각마저 들게 한다.

<파워풀, 원더풀 뷰티풀 미셸 위>에서는 미셸 위가 왜 대단한지를 끊임없이 얘기한다. '그녀가 주목을 받는 이유가 화려함 때문은 아닐 것이다'라던가 '그녀는 시작부터 특별하다'라고 강조한다. 왜 이 사람이 언급할 가치가 있는지에 대해 이야기하고 있다는 점이 의미심장하다. 그것은 말하지 않으면 시청자들이 모를 수도 있다고 느끼기 때문이 아닐까. 보는 것만으로는 느낄 수가 없기 때문이다. 그러나 다큐멘터리는 왜 이 사람에 대해 이야기해야만 하는지를 내레이션으로 반복하기보다 시청 후 시청자 스스로 느낄 수 있어야 한다.

4. 그렇다면 왜 이러한 문제들이 생겨났을까

미셸 위는 골프 엘리트다. 미셸 위에 대해서는 선망의 눈길이 많다. 나이가 어린 데 비해 골프를 잘 치고, 미국인이지만 한국말도 잘한다. 한국에 대한 애착도 있다. 키도 훤칠하게 크고 예쁘장한 얼굴도 이슈가 됨직하다. 하지만 이슈가 되는 것과 다큐멘터리의 주인공이 되는 것은 다르다는 생각이다. 물론 어린 나이에 남자 대회에 도전하는 정신이나 소녀다운 명랑함도 보기에 나쁘지 않다. 하지만 우리가 뉴스나 신문에서 볼 수 있는 것 이상의 깊이 있는 취재가 나온 적이 있던가. '스타'가 '다큐멘터리'를 잠식한 것이다. 그녀의 인생이 보이지 않는다.

반드시 1등 경험이 있어야만 하는 것은 아니지만 아직 1승조차 이루지 못한 미셸 위가 이렇게 많은 다큐의 주인공이 된 것은 이슈를 만들어내고자 하는 방송사의 성급함 때문이라는 생각이다. 일찍이 이런 적이 있었던가.

신장극복 스토리의 김미현, 최초의 우승과 눈물의 내조 스토리 박세리의 경우에도 이렇지 않았다. 이번 SK 오픈 컷 통과가 작은 사건은 아닐 테지만 그것은 다큐가 제작되고 나서 한참 후의 일이다. 또한 2003년 SBS 오픈 당시 박세리가 컷오프를 통과해 공동 10위에 올랐을 땐 국내대회고 코스가 짧다는 이유로 평가절하 되었다는 사실을 돌이켜볼 때 미셸 위의 이 같은 다큐멘터리 제작은 지나친 감이 있다. 그녀의 골프인생에 대해 말하더라도 아직 채 정상에 오르지 못했다면 그 고뇌와 노력의 의미는 아직 빛나기 전이기 마련이다.

아직 채 아물지 않은 나무랄 데 없는 인생을 드러내다 보니 미셸 위의 다큐멘터리는 위인전과 같은 허무함을 준다. 그녀의 성공과 삶에 대해 진지하게 고민하고 탐색한 흔적이 없다. 기존에 보였던 이미지와 다를 바가 없는 얕은 고민. 홍보비디오와 다를 바가 없는 것이다. 또한 그녀의 삶을 표현해낸 방식 역시 문제가 있었다. 미셸 위라고 해서 왜 고민이 없었겠는 가마는 실제로 몇몇 다큐에서는 타 방송이나 스포츠뉴스 등에서 빌려온 인터뷰를 대신해서 사용했고, 추가적인 인터뷰는 '열심히 하겠습니다' 류의 기계적인 멘트들뿐이다. '떡볶이와 족발을 좋아한다'는 친근한 인터뷰가 있기는 하지만 기존에 다 방영된 적이 있던 그야말로 '친근한' 인터뷰를 재활용한 것에 불과하다. 이는 어쩌면 미셸 위의 다큐멘터리가 다작이 가능했던 이유이기도 할 것이다. 고뇌는 와 닿지 않고 한없이 대단하고 우리와는 아주 다르다. 그 안에는 그 사람의 삶이 없고 인생이 없다. 그저 부럽고 감탄할 만하다.

다큐가 반드시 보는 사람에게 교훈을 주고 인생을 가르쳐야 하느냐고 묻는다면 그것은 아닐 수도 있다. 하지만 내면을 드러내어 깊이 있게 천착하지 않는다면 다큐멘터리라는 장르여서는 안 된다. 다른 방식들이 있다. 내용물에 맞는 옷을 입어야 하는 것이다.

5. 비-왜 다큐멘터리인가

비의 다큐멘터리는 국내에서 두 번 만들어졌다. KBS스페셜의 <밀착취재, 비 아시아를 넘어서>(2005년 10월 30일)와 2006년 3월 9일 방송된 <비를 만든 7명의 사람들>이 그것이다. 얼마 전 미국 ABC사에서 비와 관련된 다큐멘터리를 만든다고 하여 화제가 되기도 했다. 왜 '비'일까.

왜 비가 주목받는가에 대해서는 복합적으로 생각해 볼 수 있다. 물론 미국에서의 성공적 공연이 ABC사의 눈길을 끌었을 터다. 비는 아시아 전역을 바탕으로 다양한 지역에서 꽤 영향력을 갖고 있고, 비판과 호평이 엇갈리는 가운데 미국 데뷔전도 치렀다. 하지만 위의 두 다큐멘터리가 방영될 당시에는 이러한 '신화'가 채 만들어지기도 전이었다. 그렇기에 스타다큐가 기본적으로는 인물다큐라는 점을 다시 한 번 떠올릴 필요가 있다. 비라는 인물 자체가 흥미롭기 때문이다.

비는 어린 시절 가난으로 어머니를 잃었다. 집안 사정이 좋지 않아 당뇨를 제때 치료하지 못해 돌아가신 것이다. 이와 관련해 비는 시상식(2004년 가요대전)에서 '어머니께 약속했던 대상을 드리게 되었다'며 울먹이기도 했다. 그는 또한 가슴 아픈 가족력과 선명하게 양립하는 독기와 열정을 갖고 있다. 그는 천재가 아니다. 연습벌레다. [2]

그의 무명시절에 대한 에피소드도 유명하다. 크리스마스 때 밥을 못 먹고 혼자 배를 움켜쥐고 연습을 하던 그에게 'god'의 김태우가 빵을 사다줬는데 그것을 아직도 잊지 못한다는 에피소드는 가슴 저린 사연으로 후에 타 프로그램에서 종종 회자된다. 보아가 기업형이라면 비는 자수성가형이다. 그래서인지 눈에서는 빛을 뿜고, 어려운 시절을 딛고 일어선 '인간신화'가 된다. 이러한 모습에서 사람들은 화려한 가수 비가 아닌 인간 정지훈을 보고 삶을

---

2) 다큐멘터리엔 박진영이 이렇게 말하는 부분도 있다. "당분간 비는 정상의 자리에 머무를 것입니다. 후발자가 비를 따라오려면 2배 이상의 노력을 들여야 할 텐데 연습량으로 보면 비 이상 하기가 힘들 테니까요"

느낀다. 다큐멘터리는 이러한 부분들을 잘 드러내고 있다.

<밀착취재, 비 아시아를 넘어서>는 아시아의 한류스타라는 측면에서 시작하지만 이러한 그의 인간적인 면모들을 놓치지 않는다. 어머니에 대한 추억을 그리며 눈물을 글썽이는 모습도 있다. 정상에 우뚝 선 그의 현 모습이 노력과 집념의 결과라는 사실을 시청자들은 말해주지 않아도 볼 수 있다. '노력하면 안 되는 일이 없구나', '혹은 지금의 비도 참 어려울 때가 있었구나' 싶은 생각이 든다. 감동은 거기서 시작된다.

<비를 만든 7명의 사람들>은 여기서 한 발 더 나아간다. 비를 지금까지 있게 한 7명을 한 명씩 짚어가며 재미있게 다룬다. 3) 물론 그 중에는 실질적으로 도움을 줬다기보다는 상징적인 의미로 들어가 있는 사람들(예-오미희)도 있고, 그에게 도움을 준 정도의 편차가 심하기도 하다. 하지만 그들 모두 '어려운 시절'을 딛고 올라선 비의 현재를 빛내주는 장치로서는 손색이 없다. 이들은 각자 자신의 자리에서 본 인간 '비'에 대해 이야기한다. 이러한 다중적 장치는 복잡다단한 한 사람의 캐릭터를 입체적으로 보여주도록 작동한다. 많은 이들이 이 다큐멘터리를 보면서 새로운 비를 발견했고, 그의 이야기에 함께 눈물을 흘렸다.

사실 2005년 KBS스페셜의 <비-아시아를 넘어서>의 경우 '홍보용'이 아니냐는 논란의 대상이 되기도 했다. KBS스페셜이 정통성을 저버렸다는 비판도 있었다. KBS드라마 출연 직전에 방영돼 그 시점이 미묘했던 것이다. 물론 드라마 촬영장면이나 내용 일부분에 대한 소개도 다큐멘터리 안에 포함되어 있다. 하지만 그 '괘씸죄'를 떠나서 작품 자체로서 본다면 전체적인 맥락에서 볼 때 비의 인생을 이해함에 있어 드라마로의 진출은 필수불가결한 부분이다. 그런 의미에서 다룰 가치가 없는 것은 아니다. 무엇보다 적어도 왜 다큐멘터리인지, 혹은 왜 이 사람을 이야기하는가에 대해 대답을

---

3) 그 7명은 다음과 같다. 가수 겸 제작자 박진영, 고등학교 은사 김철홍, 안무 정성탁, god의 김태우, 헬스트레이너 고관장, 방송인 오미희, 그리고 그의 어머니.

할 수 있다는 점에서 비의 다큐멘터리는 스타와 다큐멘터리의 성공적 결합이었다.

6. 확장과 변절의 딜레마

왜 다큐멘터리인지, 그에 대한 대답을 할 수 있는가. 그곳이 비와 미셀 위의 다큐멘터리가 갈리는 지점이다. 미셀 위의 다큐는 스타만 보고 다큐멘터리라는 형식을 차용한 결과이고 그것은 끊임없이 주인공이 왜 대단한지에 대한 의식을 주입시키면서 이끌어나가야 하는 과정이다.

하지만 비의 다큐멘터리는 다르다. 그 사람의 인생을 보면 그 안에 우리들의 삶이 녹아있고 스타의 생활을 따라다니며 보여주는 단순함을 넘어 다큐멘터리 스스로 우리에게 하고픈 말을 독립적으로 해내고 있기 때문이다.

사람들은 스타에 대해 항상 궁금해 하지만 만약 그것이 다큐멘터리라면 쇼 프로그램에서는 볼 수 없는 '다큐멘터리적' 진실을 기대한다. 더 깊이 있는 취재와 드러나지 않았던 면모의 발견을 원한다. 다큐멘터리는 스타에 대한 궁금증, 알고자 하는 물음에 대한 성실하고 효과적인 답변이어야 한다. 깊이 파헤쳐 덮여있던 내면을 밝혀내지 않는다면, 구태여 다큐멘터리일 필요가 없다. 스타의 얼굴을 보여주는 것이 목적이라면 예능 프로그램이나 드라마라는 적절한 장르가 있다. 연예정보 프로그램들도 많다. 적어도 '다큐멘터리'라고 머리말을 달았다면 그런 이유를 보여야 할 것이고 시청자들도 그것을 기대한다. 콩은 콩자루에 담고 팥은 팥자루에 담아야 하는 것이다.

존재의 이유를 갖고 뻗어나갈 때에는 확장이지만 그렇지 않다면 변절이다. 왜 그 인물이어야 하는지, 왜 다큐멘터리어야 하는지에 대답을 하지 못한다면 다큐의 확장이라 보기 어렵다. 그러면 무엇이 확장인가. 자신의 정체성을 지키면서 뻗어나간다면 그것은 확장이다. 다큐멘터리가 자신의 강점을 유지하는 가운데 재미를 추구하며 자신의 세를 '스타'의 영역에까지 확장하는 것은 그래서 긍정적이다. '스타'와 '다큐'라는 멀기만 한 것 같던 두 요소의 결합은 우리에게 색다른 재미를 준다. 그리고 그것은 가수 '비'의 다큐멘터리가 방증해 주고 있다.

'가족주의'의 굴레를 넘어 외친다, 굿바이 솔로
KBS <굿바이 솔로>, 혼자 밥을 먹어야 하는 사람들의 이야기

이대범

1. '가족주의'의 굴레에 갇힌 TV드라마 속 '가족'

"가족이 그렇게 좋으면 왜 지금껏 그렇게 살아왔는지 한 마디 설명이라도 해야 되는 거 아닌가?(김영하, 「오빠가 돌아왔다」 중에서)" TV드라마는 그 어떤 장르보다 소재적 측면은 물론이고, 주제적 측면에서 '가족'을 이야기하고 있지만, 이 질문에는 답하지 못했다. 그리고 또 다시 습관적으로 '가족'을 이야기한다. '혈연=가족'에 위반되는 출생의 비밀과 이복남매 간의 사랑이라는 진부한 소재를 끌어들이면서 말이다.

그간 TV드라마에서 가족을 다루는 방식은 하나의 고정된 담론 즉, '정상 가족'[1]을 상정하고 그것을 고수하기 위해 '가족주의'를 부각시켰다. 그러

---

1) 사랑과 결혼이 별개의 영역에 놓였던 시절, 결혼은 사회적 신분과 혈통의 순수성을 지속하기 위해 개인의 의지라기보다는 가문과 가문의 협상의 결과물이었다. 그러나 자본주의의 발달과 함께 부르주아들은 결혼과 사랑을 중심으로 하는 새로운 세계관을 확립했다. 그것은 사랑은 결혼에 의해서 완성되며, 그것은 단 하나이면서 영원성을 전제로 한다는 것이다. 이 테두리에서 확립된 것이 '정상 가족'이다.

기에 '가족'이라는 틀에서 어긋나 있는 가족 구성원들의 개별적 상처는 '가족주의'라는 이름 아래 마땅히 제거되어야하는 것으로 인식되었다. 그 곳에 개인(가족 구성원)은 없다. 단지, '가족'만이 있을 뿐이다. 그러나 많은 드라마는(대부분의 아침드라마와 MBC <인어공주>, KBS <가을동화>, KBS <겨울연가> 등이 대표적 예이다) 이러한 사실을 숨기려 했다. 그리고 '가족' 을 무기로 '쿨'하게 갈등을 해결하는 것처럼 포장했다. 그러나 <굿바이 솔로>의 영숙의 말처럼 "뜨거운 피를 가진 인간이 언제나 쿨 할 수 있을까? 절대로 그럴 수 없다고 본다, 나는."

그러나 최근 TV드라마는 '혈연=가족'의 상투적인 규정에서 벗어나 새 롭게 '가족'을 규정하려 한다. 그 대표적인 예로 MBC <안녕! 프란체스 카>, SBS <불량가족>을 들 수 있다. 이 두 드라마는 혈연에 연연하며 눈물샘을 자극하는 기존의 '가족주의' 드라마와는 다르다. 밝고 경쾌한 분 위기를 이끌어가면서 새로운 '가족'을 말하려 한다. 그러나 '혈연=가족'의 공식이 성립하지 않는다는 점을 제외하면, 정확하게 말하면, 이들이 가족 공동체를 형성하고 나서부터는 다른 드라마와 마찬가지로 '가족주의'를 바탕으로 가족 구성원의 상처를 제거하는 방식을 그대로 답습한다. 그러기 에 대안으로 제시된 이 두 드라마에서도 개인(가족 구성원)의 상처는 '가족주 의' 함몰된다. 혈연에 의한 것이든 아니든, TV드라마 속 가족은 화목한 '정상 가족'이 가지고 있는 '가족주의'의 이데올로기 틀을 벗어나지 못하고 있다.

2. 혼자 밥을 먹어야 하는 사람들

질러 말하자면, <굿바이 솔로>는 '가족'에 관한 이야기이다. 그러나 <굿바이 솔로>는 '가족'보다는 '개인(가족 구성원)'을 이야기한다. <굿바 이 솔로>는 여타 드라마에서 볼 수 있는 인물과 인물 사이의 갈등을 혈연과 가족을 내세워 '가족주의'로 해결하지 않는다. 그저 여러 인물들이 살아가는 관계를 통해 그들이 서로 소통하는 과정을 보여준다. 이러한 사실은 노희경에 있어서 적어도 전작 <꽃보다 아름다워> 이후에 더욱 두드러진 특징이다.

'가족'을 서사구조의 중심에 두는 드라마에 자주 등장하는 공간은 가족 구성원이 소통할 수 있는 거실 또는 주방(식탁)이다. 가족들은 그곳에 모여 자신의 이야기를 하기도 하고, 가족 간의 갈등을 표출되기도 그리고 해결되기도 한다. 그러나 <굿바이 솔로>에 등장하는 7명의 주인공들은 가족은 있으나 가족에 구속되어 있지 않다. 그래서 그들에게는 가족이 함께 할 수 있는 식탁이 없다. 대신 그들에게는 (미영할머니)식당이 있다. 그들은 그곳에서 각자의 상처를 곱씹으며 혼자서 밥을 먹는다.

3. 그(들)는 왜 혼자 밥을 먹어야 했을까

언론에 노출된 <굿바이 솔로>는 '스타 작가 노희경'을 전면에 드러내는 것 이외에 '7명의 주인공'이라는 점을 강조했다. 적지 않은 수인 7명이 주인공이기도 하지만, 이들은 모두 '가족'을 가지고 있기에 드라마의 주인공의 수는 주목의 대상이 되기에 충분했다. 이 가족들의 일면을 살펴보면, 문제가 없는 가족이 없다. <굿바이 솔로>가 '가족'에 중심을 뒀다면, 진부했을 것이다. 왜냐하면, <굿바이 솔로>에 등장하는 7가족은 그간 여타의 가족을 다루는 TV드라마에서 볼 수 있었던 '가족'의 전형적인 모습을 총체적으로 보여주고 있기 때문이다. 아버지와 형에게 버림받은 사생아 민호, 가난에 찌든 부모가 부끄러운 지안, 부모가 농약 먹고 자살한 호철, 부모가 반대하는 남자와 함께 하기 위해 스스로 가족을 버린 미리, 남편의 매를 참지 못해 딸을 버리고 도망가야 했던 미영, 약값 구하는 것에 지쳐 차라리 병든 어머니가 죽기를 원했던 영숙, 자기를 위한다면서 이 남자 저 남자

만나는 어머니가 미운 수회. 이러한 7개의 파란만장한 '가족' 이야기는 그 어떤 하나의 이야기만으로도 충분히 시끌벅적하고 복잡하게 꼬이는 '가족' 드라마 한 편을 완성할 수 있었을 것이다. 그런데, 이러한 이야기가 7개나 있다.

그러나 <굿바이 솔로>의 구조는 예상을 깨고 의외로 단순했다. <굿바이 솔로>는 '혼자 밥을 먹어야 하는 사람들의 이야기'였던 것이다. 그 구조가 단순할 수 있는 이유는 서사구조의 중심이 '가족'에 있지 않고 밥을 혼자 먹어야 하는 '사람들'이라는 개인(가족 구성원)에 있었기 때문이다. 그들은 '가족'을 복원시키는 것에 목표를 두지 않았다. 단지, 그들은 자신의 상처를 보고자 했다. 그리고 이 단순한 내러티브 구조 안에서 7명의 주인공들은 개별자로 존재하는 것이 아니라, 자신의 상처로 인해 '가족'으로부터 거리를 두고 있는 하나의 인물로 소급된다. 결국 언론이 부산하게 떠들었지만, <굿바이 솔로>의 주인공은 7명이 아니라 한 명이었다.

7명의 주인공들은 혼자 산다. 여기서 혼자 산다는 것은 '가족'에서 떨어져 독립했다는 의미가 아니다. 그들은 '가족'이라는 어휘가 형성하는 의미망에 일정한 거리를 두고 있다는 것이다. 이들은 모두 '가족'이 가지고 있는 '사랑'의 테두리에서 벗어나 있다. 혈연적으로 생긴 것이건, 법적으로 생긴 것이건, 이들에게서는 확실하다고 믿어 왔던 '가족의 사랑'이라는 테두리를 찾을 수 없다. 그들 각자가 하나쯤 가지고 있는 상처는 그들이 혼자일 수밖에 없는 지금의 상황을 설명한다. 그러나 그들은 '가족'의 테두리에 멀어지지 못하고 그 주변을 어슬렁거린다. 자신에게서 떼고 싶어도 뗄 수 없는 것이 가족이다. 매달 한 번씩 어머니를 찾아가는 민호지만, 그들의 만남은 철저하게 개별적인 공간(각자의 자동차 안)에서 전화기를 사용해 소리로만 이뤄진다. 그리고 민호 모는 묻는다, "밥은 잘 먹어?" 그리고 민호는 자신을 만나서 아무 말 없는 (가짜)아버지에게 "밥은 먹고 살아요 아버지 맘엔 안 들겠지만, 전 하루 세 끼 밥 먹고 살면 그걸로 만족해요"라고 말한다. 또한 자기를 위한다며 이 남자 저 남자 만나는 어머니가 싫지만, 수희는 또 다른 남자를 소개하는 어머니를 만난다. 그리고 수희 모는 말한다. "수희야, 밥 먹으러 가자. 어? 엄마가 맛있는 거 사줄게, 밥 먹으러 가, 어?" 이렇듯 7명의 주인공들은 모두 '가족'과 함께 밥 먹기를 강요받는다. 그러나 이들은 밥 먹기를 강요하는 사람들과 함께 식탁에 앉지 않는다. 그냥 혼자 밥 먹기를 고집한다. '가족'은 그들의 상처를 치유하는 공간이 아니라 제거하는 곳이기 때문이다. 그들의 상처는 그들 스스로 풀어야 하기 때문에 그들은 혼자 밥 먹기를 고집한다. 그리고 한 곳으로 찾아든다.

4. 그(들)는 어디서 밥을 먹을까

"할머니, 밥"이라고 외치면서 그들은 미영할머니 가게로 들어온다. 그들은 그곳에서 아침과 저녁 끼니를 해결한다. 그곳에는 듣지도 말하지도 못하는 미영할머니가 있다. 6명의 주인공은 끼니를 때우면서 미영할머니와 대화를 시도한다. 대화는 수신자와 발신자 사이에 끊임없는 자리바꿈을 전제로 한다. 이러할 때, 그들의 언어가 명령이나 복종이 아닌 대화가 되는 것이다. 이런 점을 고려한다면, 미영할머니는 대화의 적임자가 아니다. 듣지도 말하지도 못하는 미영할머니에게 대화를 한다는 것은 넋두리나 명령에 지나지 않는다. 그러나 이것은 대화의 일반 방식에 있어서이다. 주인공들은 자신만의 이야기를 하고 싶어 한다. 그것은 자신만이 가지고 있는 상처를 드러내는 것이다. 그들에게 할머니는 그냥 밥집 할머니가 아니었다.

"사람 믿기 싫었어. 엄마도 지안이도 아버지도 형도 미리도 다 날 버리고, 그때 정말 살기도 싫었어. 근데, 할머니가 있었어. 내가 깽판치고 돌아다녀도 밥 주고, 내가 술 먹고 뻗어도 밉다고 안하고, 웃어주고… 아, 세상에 이런 사람도 있구나, 너무 좋았어. 나한테 할머닌 그냥 밥집 할머니 아니야. 할머니

한테 나는 그냥 손님 아니잖아, 안 그러냐?(필자강조)"

"그는 거짓말을 아주 잘한다. 때론 거짓말을 하는 그조차 진실로 착각할 만큼." 그들의 일상적 대화에는 '거짓말'이 내포되어 있다. 자신의 상처, 자신의 결핍을 숨기기 위한 거짓말, 자신을 처지를 이해해 주지 못하는 세상에 대한 거짓말. 이들은 이것 때문에 고민하고, 병원에서 치료를 받는다. 그러나 미영할머니 앞에 있는 그들은 포장하지 않은 날것으로 존재한다. 그곳에서 그들은 거짓말을 멈춘다. 미영할머니는 수신자의 기능(초반에는 그들의 입을 보면서 이해하는 것처럼 보인다. 그러나 사실 미영할머니는 일부러 입을 닫고 있었다. 그러기에 그의 귀는 언제나 열려 있는 상태였다)은 가지고 있으나 발신자의 기능은 매우 제약적이다. 그는 그저 고개를 반복적으로 끄떡거리거나, 맞춤법에 어긋난 몇 개의 어구를 통해 자신의 의견을 전달할 수 있을 뿐이다. 그러기에 6명의 주인공들은 고해성사를 하듯 할머니 밥집을 찾는다. 그리고 마치 대답 없는 거울 앞에서 자신을 들여다보듯, 거짓말로 가려진 자신을 껍데기를 벗어버리면서 상처를 들여다본다. 그리고 그곳에서 때로는 눈물을 흘리기도 하고, 화를 내기도 하면서 자신의 상처를 치유받는다. 그것은 다른 TV드라마에서 '가족주의'라는 전체적 구조에 의해 개인적 희생을 강요받으며 드러내지 못했던 지점이다. 그러나 <굿바이 솔로>에서는 '가족주의'에 의해 함몰될 수 있는 지점을 건드려 제시하고 있다. 얼핏 보면, 미영할머니와 6명의 주인공들이 맺는 관계가 새로운 가족의 일면을 보이는 듯하지만, 이 드라마에서 중요한 것은 미영할머니 자신이 가지고 있는 상처가 그들에 의해서 드러나고 치유되고 있다는 사실이다, 주인공들 또한 미영할머니를 통해서 그들의 상처가 치유 된다는 것이다. 이것은 그들의 맺는 관계가 자신을 있는 그대로 드러내면서 서로가 거울 관계를 맺고 있다는 것을 말한다. 그러기에 <굿바이 솔로>가 '가족주의'에 빠지지 않고, 개인의 문제에 집중할 수 있었던 것이다. 거울 앞에서는

'가족'이 보이지 않는다. 단지 그 앞에 서 있는 개인이 보일 뿐이다. "우린 남에게보다 늘 자신에게 더 가혹하다. 당연히 힘든 일인데 자신을 바보 같다고 미쳤다고 미워하고, 남들도 욕한 나를 내가 한 번 더 욕하고, 그것도 모자라 누군가는 가슴에, 누군가는 몸에 문신을 새기기도 한다. 그렇게 자신을 괴롭히면서 우리가 얻으려 하는 건 대체 뭘까? 사랑? 이해? 아니면 죄책감에서 벗어나는 것?(미리)"

5. 그(들)는 언제까지 그렇게 혼자 밥을 먹어야 하는 것일까

일반적 인식 체계에서 '당연한 사랑'이라고 생각했던 '가족'의 사랑은 이들에게 결핍의 근거지이다. 이들은 그 결핍의 부분을 채우기 위해 거짓말을 한다. 자신은 '혼자'이나 스스로 '혼자'가 아님을 강조하기 위해 스스로 결핍된 사랑을 채운다. 그것이 거짓이건 사실이건 간에 말이다. 그러나 그들만이 가지고 있었던 비밀들을 미영할머니 앞에서 이야기하고, 즉 타자 앞에서 발화하면서 자신이 '혼자'를 가리려 했다는 것을 발견하게 된다. 그리고 자신이 진정한 '혼자'라는 것을 깨닫게 된다. 진정한 '혼자'이기에, 혼자서는 할 수 없는 것을 알게 되는 것이 아닐까. 그러기에 자신이 스스로가 '혼자'라는 것을 아는 사람이 "굿바이 솔로"를 외칠 수 있을 것이다. 드라마가 끝난 지금 7명의 주인공들은 한 목소리로 "굿바이 솔로"를 외친다. 그들은 지금 자신이 혼자라는 사실을 알고, 혼자서 할 수 없는 것들을 알았기에, '함께' 살아갈 수 있는 것이다. 민호는 이렇게 말한다. "할머니, 나 매일 매일 기도해, 이 세상 모든 상처받고 힘든 사람들에게, 등 뒤에서 안아줄 사람, 단 한 사람이라도 있기를. 할머니, 나는 행복해. 할머니도, 행복해?" 이것이 <굿바이 솔로>가 '가족주의'에 함몰되지 않으면서도 이 시대의 '가족'을 이야기할 수 있었던 근거이다.

연민을 넘어 성찰의 장(場)으로
국제시사 프로그램 MBC <W>에 관한 고찰

김우성

1. 우리/그들, 항구적인 이분법의 구조

사회는 끊임없이 개인에게 이름을 부여한다. 월드컵을 응원하는 나에겐 '한국인'이라는 이름을, 수업을 듣는 내겐 '학생'이라는 이름을 붙인다. 사회가 붙인 이름을 나와 함께 공유하는 이들을 나는 '우리'라 일컫는다. 자연히, '우리'라는 말은 내가 속하지 않은 집단, 즉 '그들'을 상정한다.

나 자신을 어떤 '우리' 속에 포함하느냐에 따라 똑같은 '타인'이라도 대하는 태도가 달라진다. 예컨대 전라도인과 경상도인은 한국을 응원하면서 서로 부둥켜안을 수 있지만, 지역감정이 첨예한 이슈를 두고 서로를 적대시할 수 있다. 여기엔 상대방을 '우리'로 인식하느냐, 아니면 '그들'로 인식하느냐의 차이가 놓여 있다.

'우리/그들'의 구분은 단지 같은 '이름'을 공유할 때만 이루어지는 것은 아니다. 인간은 '공감'을 불러일으키는 상대방을 우리로 여기는 반면, 그렇지 못하는 상대방을 '그들'로 대한다. TV드라마 주인공에 대한 감정 이입은

대표적 예다. 처음엔 모두 똑같은 비중으로 다가서는 드라마 속 인물들은, 드라마가 진행되면서 감정 이입의 정도에 따라 우리/그들로 나뉜다. 그리고 그것이 인물들에 대한 나의 태도를 결정한다. 예컨대 '우리 편'이 실수하거나 못된 짓을 해도 시청자는 관대하게 넘어가지만, 감정 이입이 되지 않은 '그들'이 못된 짓을 했을 때 시청자는 화를 낸다.

드라마에서의 이런 구분에 따른 태도 변화는 그리 위험하지 않지만, 그것이 현실에서 벌어질 때 때로는 위험한 결과를 빚는다. 최근 하인스 워드가 유명해지면서 다시 조망되고 있는 '혼혈인 문제' 역시 이에 속한다. 순혈 민족인 한국인에게 혼혈인은 언제나 '우리'에 속할 수 없는 그들이었다. 지금은 다니엘 헤니, 데니스 오 등 혼혈 연예인이 많아지는 추세이지만 불과 3년 전만 해도 배우 이유진은 "혼혈이라는 사회적 편견"이 무서웠다며 힘들게 자신이 혼혈임을 고백했다. '우리'를 유난히 강조한 만큼 '그들'을 배타적으로 대한 한국인의 태도가 낳은 결과다.

일 년 전 신설되어 지금까지 꾸준히 방영된 MBC의 <W>는 이 점에서 주목할 만하다. "편당 제작비가 평균 5,000만 원선으로 만만치 않고 사람들이 국제 뉴스에 큰 흥미를 갖지 않아 시청률이 가장 큰 걱정"이라던 한홍석 책임 PD의 우려와 달리 W는 지난해 말 민주언론운동시민연합이 선정한 올해의 좋은 프로그램(시사교양부문)으로 뽑히는 등 현재 정규 국제시사 프로그램으로 온전히 자리 잡았다.

2. 한국인의 시선으로 '그들'을 바라본다는 것

국제시사 프로그램은 사회의 병폐 현상을 고발하여 시정하려는 의도를 지닌 국내 시사고발 프로그램과 다르다. 그것은 성격상 우리가 아닌 '그들'을 보여줌으로써 '우리'의 위치를 재정립하고, '우리'의 시선을 변화시키려는 의도를 지닌다. "폭넓은 세계관과 국제 감각을 키울 기회를 제공하고 아울러 국제적 사안에 대해서 정확한 판단을 내릴 수 있는 근거와 자료를 제시"한다는 <W>의 기획의도는 이에 부합한다.

이런 기획의도는 하나의 문제의식에서 출발한다. 지금까지 대부분의 국제 뉴스가 서구 언론의 시각에서 자유롭지 못했다는 것. 따라서 국제적인 사안들을 더 이상 서양의 시선이 아닌, '우리'의 시선으로 보겠다는 것.

실제로 현재까지도 국내 언론사의 국제뉴스 보도는 양적인 면에서 절대적으로 부족할 뿐만 아니라 보도되는 것마저 우리의 것으로 부르기 힘들다. 지난해 5월 방송영상산업진흥원에서 발표한 「글로벌 시대 텔레비전 국제 보도 분석」에 따르면 지난 3년간 보도 건수는 74% 가량 늘어났지만 보도 시간은 거의 늘지 않았다. 이는 곧 대개의 경우 국제 뉴스를 단신 취급하고 있음을 의미한다. 더욱이 이렇게 보도되는 것마저 강대국, 특히 미국의 시선에서 재생산되는 것들이다. 예컨대 지난 걸프전을 통해 미국의 CNN을 중심으로 구축된 글로벌 텔레비전 네트워크는 세계를 '친미' 대 '반미'라는 이항대립 구도로 만들었다. 물론, 우리의 텔레비전 보도도 예외가 아니었다. 또한 상대적으로 약한 국가에 속하는 나라에 대한 편견까지 고스란히 '우리'의 것으로 받아들였다.

이런 시점에서 <W>의 건재함은 놀랍고, 환영할 만하다. 실제로 <W> 는 '우리'의 시선이라 불릴 만한 것을 획득하고 있다. 직접적으로 이는 '그들' 속의 우리를 다루는 'Wide Korea'란 코너에서 확인할 수 있다. '베트남 국제결혼 논란', '기미가요 강제 3년, 정신질환에 시달리는 도쿄교사들', '한류 열풍, 미국상륙현장을 가다' 등 이 코너는 그 누구보다 우리에게 가장 관련 깊은 사안들을 심도 있게 다룸으로써 한국인이 세계 속에서 어떻게 자리매김하고 있는지를 인식시켜 준다.

또한 <W>는 서구를 비판적으로 바라봄으로써 서구의 시선에서 탈피한다. '백인만의 미국 건설 신나치주의', '반이민법 철폐 시위', '불타는 파리, 분노의 현장을 가다' 등 <W>는 기존 언론의 국제 보도에서 쉬이 찾아보기 힘든 서구에 대한 비판적 태도를 견지하며 주체적인 시각을 확립한다.

3. 우리/그들의 재구조화, 그리고 그 한계

이러한 <W>의 성공은 '우리'의 외연을 한국인으로 제한함으로써 얻어진 효과다. 하지만 시청자가 W를 볼 때, 우리란 하나의 틀이 모호해지는 순간이 있다. 그 순간은 특히 'W-Special'에서 자주 목격된다. 사실 이 코너는 <W>가 밝힌 기획의도에서 가장 먼 곳에 위치해 있다. 'W-Special'은 'World Issue'처럼 서구를 비판하며 '우리'만의 시각을 보여주지 않는다. 또한 'Wide Korea'처럼 그들 속에 섞인 '우리'에 관한 이야기를 하지도 않는다.

제작진은 이 코너의 목표를 "동시대를 살아가는 세계인들의 삶의 양식에 대해 보다 근원적인 성찰을 할 수 있도록 기여하는 것"이라 말했다. 보다 근원적인 성찰이란 무엇을 의미하는가. 이는 국적을 떠나 세계 시민으로서, 인류 보편적인 가치에 기대어 성찰함을 의미한다. 따라서 이 코너를 바라보는 시청자는 다른 코너처럼 '한국인'이라는 테두리 안에 갇히지 않는다. 인간이라면 누구나 가지고 있는 최소한의 심성, 이에 기반을 두어 'W-Special'은 시청자에게 어떤 '하나의' 윤리적 태도를 취하게끔 한다.

2006년 5월 5일 방영된 '필리핀, 환각에 빠진 아이들'을 보자. 이 아이템은 필리핀에서 거리를 방황하는 아이들을 다룬다. 아이들은 가난과 가정 파탄 등의 이유로 거리로 내몰렸고, 현실 도피 차원에서 본드를 불며 환각 속에서 살아간다. 이를 바라보는 시청자는 위기에 빠진 아이들이 안타깝고, 그들을 구원하고 싶은 마음이 절로 생긴다. 이때 이러한 마음은 우리가 한국인이라 생겨나는 것이 아니다. 그 아이들도 우리와 똑같은 인간이기에 생겨나는 것이다. '대지를 빼앗긴 사람들', '사라지는 아이들, 우크라이나 신생아 밀매 사건' 등의 아이템 역시 인간의 보편 심성에 호소함으로써 시청자의 윤리적 태도를 결정한다.

<W>는 바로 이 부분에서 문제점을 드러낸다. 윤리적 태도 형성에 지대한 영향을 끼치는 요소 중 하나는 시청자의 시선, 그리고 시청자를 인도하는 카메라의 시선이다. 상대방을 어떻게 바라보는 가에 따라 우리가 취하는 태도가 달라지기 때문이다.

2006년 5월 12일 방영된 '죽음을 부르는 가뭄, 케냐'에서 카메라의 시선을 상기해 본다면, 이는 더욱 명확해진다. 가뭄 때문에 빚어진 우물 전쟁을 다룬 이 아이템에서, 카메라는 꼬마 아이의 상처를 훑고, 삐쩍 마른 여성의 몸을 보여준다. 이런 카메라의 시선은 무엇보다도 우리에게 '연민'을 불러 일으킨다. 하지만 연민은 변하기 쉬운 감정이다. 케냐의 사태에 대해 내가 그 무엇도 할 수 없으리라고 믿는 순간 연민은 무고(無故)함을, 즉 자신의 안전함을 확인하는 수단으로 전락한다. 카메라가 먼 곳의 이야기, 즉 케냐인의 상처를 말하는 동안, 소파에 비스듬히 누워 바라보는 시청자는 안타까움을 연발하면서도 자신의 안락함을 즐길 수 있기 때문이다.

프로그램 진행자 최윤영의 의상에 대한 논란은 이 점에서 쉬이 지나치기 힘들다. 시청자가 프로그램을 보며 막 샘솟은 '연민'이란 감정을, 자신의 무고함을 확인하는 데 허비할 가능성은 언제든지 있지만, 적어도 프로그램이 이 가능성을 확대시켜서는 안 된다. 그런데 케냐에서 돌아와 카메라가 최윤영을 비치는 순간, 우리가 마주치는 것은 상대적 안락함의 극대화다. 진행자란 프로그램을 이끌어가는 해설자이기도 하지만, 동시에 시청자를 대표하는 사람이다. 그렇기에 진행자의 화려한 의상은 '우리'가 '그들'과 달리 안전한 곳에 있다는 것을, 그들이 빈곤한 것과는 달리 우리는 부유하다는 것을 확인시키는 하나의 악독한 표지일 수 있다. 이처럼 문제는 기존의 논란에서처럼 의상의 선정성에 있는 것이 아니라, 우리의 무고함을 극대화하는 의상의 화려함에 있다.

보다 근본적인 문제는 한국인이라는 기존의 틀을 허물고 새로운 '우리/그들'의 이항대립을 구축하는 방식에서 드러난다. 바로 <W>가 드라마에서처럼 감정적 소구를 통해 시청자의 공감을 이끌어낸다는 것.

브라질 농민들의 애환을 다룬 '아마존의 비극, 토지를 빼앗긴 사람들'(2006년 3월 31일 방영)은 한 예다. 정부기관을 불법 점거한 농민들이 등장하며 이야기는 시작된다. 프로그램에 따르면 이들은 대지주들에게 대지를 빼앗기고 현대판 노예와 다름없는 삶을 살고 있다. 끊임없이 음악이 흘러나오는 가운데 카메라는 이들이 사는 열악한 환경을 비춘다. 정부의 대책을 잠시 언급하는 진행자의 멘트 후에, <W>는 농민들을 위해 애쓴 도로시 수녀의 죽음을 둘러싼 이야기를 펼친다. 마지막엔 음악을 배경으로 버려진 땅을 일구는 농민 가족의 행복한 모습을 클로즈업·슬로모션으로 담아낸다.

<W>는 끊임없이 음악을 사용하고 피해 사례를 집중적으로 보여줌으로써 시청자의 농민에 대한 감정 이입을 시도한다. 농민은 '우리'고, 대지주·정부는 '그들'이다. 여느 드라마와 다를 바 없는 이런 메커니즘 하에, 시청자는 정부의 무능과 대지주의 악독함에 분노한다.

그러나 이런 분노는 연민과 마찬가지로 변하기 쉬운 감정이다. 이 감정으로 우리가 무엇을 할 수 있는 가라는 물음에 직면했을 때 <W>는 아무런 대답도 내놓지 않는다. 그리하여 시청자의 무능함은 곧 무고함으로 연결될 여지를 남긴다.

비단 이 아이템뿐만이 아니다. 과다한 음악사용과 피해 사례에의 집중은 다른 사례에서도 쉬이 발견된다.

4. 무능함과 무고함의 덫에서 벗어나기 위한 제언

그렇다면 어떻게 해야 무능함과 무고함의 덫에서 벗어날 수 있는가. 다시, 이 코너의 기획의도를 상기해보자. "동시대를 살아가는 세계인들의 삶의 양식에 대해 보다 근원적인 성찰을 할 수 있도록 기여하는 것". 성찰이란 '깊이 생각하는 행위'다. 시청자의 생각하는 행위를 이끌어내는 데 과도한 감정 이입 기제는 불필요하다.

물론 <W>의 영상은 그 강렬함으로 우리의 뇌리에 각인되고, 이를 통해 시청자가 뭔가를 기억한다는 것은 좋다. 하지만 시청자가 오직 영상만을 기억하는 게 문제다. <W>의 방식으로는 다른 형태의 이해와 기억이 퇴색된다. 감정적 소구를 통해 형성된 '우리/그들'의 구조, 그리고 이 구조가 끌어오는 연민과 분노는 한 순간일 뿐, 시청자가 채널을 돌리는 순간 소멸될 연약한 것에 지나지 않는다.

따라서 <W>는 사안에 관련한 정보 전달에 보다 충실할 필요가 있다. 지나친 감정 이입을 배제하고 상황을 둘러싼 다양한 맥락을 짚음으로써 시청자의 성찰을 유도할 필요가 있다. 앞서 언급한 '아마존의 비극, 토지를 빼앗긴 사람들'의 경우, <W>는 진행자가 잠깐 짚고 넘어간 정부의 대책을 보다 상세히 알려줘야 한다. 또한 대지주의 입장 역시 화면에 담아 시청자에게 보여주어야 한다. 두 번이나 방영된 나치주의 관련 방송('백인만의 미국건설 신나치주의', '젊은 파시스트들의 외국인 사냥')도 마찬가지다. 두 편에서 <W>는 파시스트가 증가하는 원인을 진행자의 멘트로 딱 한 번 언급할 뿐이다. 그 원인에 파시스트의 저(低)교육 상태, 가난 등이 있다면 <W>는 이에 대해 충분히 언급해야 한다.

CG를 이용한 통계나 자료 제시에도 인색하면 안 된다. '기미가요 강제 3년, 정신질환에 시달리는 도쿄교사들', '태국 정국 어디로 가나' 등 몇 편을 제외하고 근 몇 달간 <W>는 통계나 자료를 제시하는 화면을 보여준 적이 없다. 통계 등 구체적 자료는 관련 사태의 중요한 정보를 요약적으로 제공함으로써 성찰의 장(場)을 마련한다. 그리고 사례에만 집중해 자칫 사례를 둘러싼 맥락을 잃기 쉬운 TV의 단점을 효과적으로 보완한다.

과도한 음악사용도 자제해야 한다. '죽음을 부르는 가뭄, 케냐'의 경우,

인터뷰를 제외한 거의 모든 화면에서 음악이 흘러나온다. 음악으로 치장된 화면은, 케냐인이 겪는 구체적인 고통의 원인을 뭉그러뜨리고 이것을 실제 맥락에서 벗어나 보편적인 것으로 환원시키는 효과를 낳는다. 즉, 음악은 케냐인의 실제 현실을 추상화하여 오직 분노나 연민과 같은 감정만을 남긴다. 이는 곧 무고함과 무능함의 덫으로 가는 지름길이다.

이러한 방안들은 모두 성찰의 장을 마련하기 위함이다. 감정적 소구가 사안을 둘러싼 특정 역사적·정치적 맥락들을 옅게 만들어 시청자로 하여금 그 무엇에도 쓰이기 힘든 감정만을 불러일으키는 반면, 이런 방안들은 그 맥락들을 온전히 보존하여 시청자에게 더 심층적인 사고 행위를 가능케 한다.

물론, 이것이 세계에서 벌어지는 다양한 사안들에 대해 우리가 무엇을 할 수 있는 가에 대해 직접적으로 대답하지는 않는다. 하지만 이런 태도야말로 그 질문에 답할 수 있는 시청자를 만든다. 또한 올바른 윤리적 태도를 지닌 시청자를 만든다. 그리고 이 태도를 <W>가 견지할 때, 비로소 <W>는 국제 뉴스의 불모지라 할 수 있을 우리나라에서 훌륭한 선구자 역할을 해낼 수 있을 것이다.

농촌 드라마에 농촌은 없다?

KBS 1TV <대추나무 사랑 걸렸네>의 미덕과 한계

이용운

1. 글을 시작하며

우리들은 모두 태어나서 자란 고향에 대한 그리움을 안고 살아간다. 특히 40~50대 이상의 한국인이라면, 지금은 그 모습조차 찾아볼 수 없이 변해 버린 옛 고향에 대한 향수가 마치 첫사랑의 기억처럼 마음 한편에 자리 잡고 있을 것이다. 이촌향도의 물결 속에서 떠나온 고향이 어느새 개발이라는 미명하에 제 모습을 잃어버렸음을 실감했을 때, 순식간에 사생아라도 되어버린 듯한 쓸쓸하고 서글픈 심정에 사로잡혔던 것은 나 혼자만의 기억은 아닐 것이다. 심지어 도시에서 나고 자란 친구들조차도 자신의 고향이 예전의 모습을 잃었다며 안타까워하는 것을 보면, 우리들 모두가 어느새 잃어버리고 만 '고향'이라는 추억의 이미지는 어쩌면 이제 꿈속에서나 볼 수 있는 것이 아닐까 하는 생각이 들기도 한다.

그런 면에서 KBS 1TV에서 만 15년 이상 방영되어 온 <대추나무 사랑 걸렸네>(이하 본문에서는 편의상 <대추나무>로 지칭함)라는 농촌 드라마의 존재는 더할 수 없이 소중하고 감사하게 느껴지는 것이다. 과거 22년이라는 오랜 기간 방영되었던 MBC TV <전원일기>의 종영 이후 현재로서는 유일하게 그 명맥을 잇고 있는 농촌 드라마라는 점에서, <대추나무>는 도시민들의 고향에 대한 향수를 충족시켜주는 동시에 우리 농촌의 현실을 이해할 수 있도록 만들어 주는 단 하나의 프로그램이라 해도 과언이 아니다. 더구나 농촌을 소재로 다루는 정보 프로그램들이 결코 적지 않게 존재함에도 불구하고 그 대부분이 지역 특산물 홍보 차원에 그치고 있다는 점을 감안한다면, 유일한 농촌 드라마로서의 <대추나무>의 가치와 중요성은 아무리 강조해도 지나치지 않을 정도다.

이처럼 중장년층 및 노년층의 고향에 대한 그리움을 충족시켜 주는 동시에, 전 세대의 도시민들에게 농촌에 대한 '이해의 창'을 제시해 주는 것은 이 프로그램만이 지닌 보기 드문 미덕이다. 그러나 최근의 <대추나무>를 들여다보면 과연 그러한 미덕이 제 빛을 발하고 있는가에 관한 의문이 생겨나는 것이 사실이다. 농촌 현실과 사회적 인식의 변화 속에서 제 갈 길을 찾지 못한 채 종영된 <전원일기>의 행보를 뒤쫓는 것은 아닐까 하는 걱정이 들기도 하며, 사실인지 소문인지 확인할 수 없는 종영 이야기까지 심심찮게 들려온다. 유일한 농촌 드라마로서의 <대추나무>의 미덕과 한계, 그리고 바람직한 대안 고찰의 필요성은 바로 이런 걱정으로부터 시작된다.

2. <대추나무 사랑 걸렸네>의 미덕: 우리 마음속 고향의 이야기

<대추나무>는 김포와 강화를 거쳐 충북 진천군의 농촌 마을 '호암중리'의 이야기를 담아내고 있기도 하지만, 드라마 속에서 재현되는 이야기들은 어느 특정한 고장이 아니라 우리들 모두가 그리워하는 어린 시절 고향의 그것이다. 즉, 단순히 농촌을 배경으로 한 드라마가 아니라 이제는 꿈속에서나 볼 수 있는 고향의 이미지 그 자체를 재현하고 있다는 것이야말로

이 드라마의 특징이자 장점이다. 4대가 한 가족을 이루고 살아가는 '박덕보' 일가를 비롯해 드라마 속 배경인 호암중리 사람들은 순수하고 정 많은 우리 고향의 사람들을 떠올리게 한다. 그들은 때론 욕심에 사로잡히기도 하고 사소한 일 때문에 사이가 틀어지기도 하지만, 가족과 이웃 간의 정을 잊지 않고 오순도순 살아간다. 예를 들면, 시장에서 나물을 팔기 위해 애쓰는 며느리들을 본 시아버지가 며느리들 몰래 그 나물을 몽땅 사주고는 돈을 벌기 위해 등산로 관리하는 일을 한다는 내용에서(제779회 '종이비행기') 시청자들은 가족 서로 간의 푸근한 사랑이 존재하는 고향의 이미지를 발견하게 되는 것이다.

<대추나무>의 또 한 가지 미덕은 바로 그 캐릭터와 소재의 현실성에 있다. 즉, 이 드라마에서 재현하고 있는 고향의 이미지는 결코 현실과 동떨어진 이상향으로서의 그것이 아니다. 수많은 문제들을 지니고 있는 오늘날의 우리 농촌과, 그 속에서 살아가는 사람들을 현실성 있게 제시하고 있는 것이다. 적자만 나는 논을 팔려 하는 맏아들 동철(제771회 '아름다운 나라'), 혼자만 모든 집안일을 떠안고 살아가는 것이 힘들기만 한 맏며느리 현숙(제775회 '시어머니 말씀'), 도시에 직장을 구해서 떠나는 사위 만길과 딸 순자 내외(제773회 '순자 안녕') 등의 모습에서는 현재 우리 농촌에서 살아간다는 것이 얼마나 힘겨운지를 보여준다. 그리고 그러한 힘겨운 현실 속에서 서로 부대끼면서 살아가는 가족과 이웃의 모습을 드러내면서도, 고향의 정과 사랑이라는 따뜻한 해결책을 제시하는 것이야말로 이 드라마의 진정한 미덕이다. 절망과 고통, 갈등과 시련이 분명히 존재한다는 사실을 엄연히 인정하면서도 이를 극복할 수 있는 우리 농촌, 우리 고향의 인정의 저력을 보여주는 것이다. 일수놀이를 하던 할머니의 갑작스러운 죽음으로 인한 문제를 할머니의 아들과 피해자들의 상호 이해로써 해결해가는 제776회 '용자 씨의 침묵'의 내용이나, 잘못 선 빚보증 문제를 동네 사람들의 도움으로 해결한다는 제761회 '겨울 이야기'의 내용은, <대추나무> 속의 우리

농촌이 결코 이상향은 아니되, 그 속에 살아가는 사람들의 이해와 사랑으로 인하여 이상향에 근접해 갈 수 있는 곳임을 나타낸다. 그렇기에 시청자들은 이 드라마를 통하여 우리들 모두의 마음 속 고향을 발견할 수 있다. 모두가 그리워하는 마음 속 고향의 이야기가 매주 수요일 저녁마다 TV 속에서 펼쳐지는 것이다.

3. <대추나무 사랑 걸렸네>의 한계 : 고향은 있으나 농촌이 없다

<대추나무>가 그 특유의 미덕을 성취하는 과정에서 키워온 잠재적 문제점은 이 드라마가 농촌의 현실을 반영하지 못하는 도시민 취향의 '농촌 시트콤'일 수도 있다는 것이다. 보다 정확히 지적하자면, 고향에 대한 향수에 젖어있는 40~50대 이상 시청자들의 욕구를 충족시켜주기 위하여 바로 지금 이 순간의 우리 농촌 현실에 대해서는 소극적으로 접근하는 것이 아닌가라는 문제다. 물론 앞서 언급하였듯, <대추나무>는 변화된 농촌의 현실적 모순을 부분적으로나마 효과적으로 제시하고 있고, 또한 이에 대한 우리 식의 해법을 제시하는 데 있어서도 일정 부분 성공적이었다. 그러나 현재의 <대추나무 사랑 걸렸네>가 지적하는 농촌의 문제점 혹은 모순이란 기본적으로 캐릭터 일개인의 문제점이나 상호 간의 갈등에 지나지 않는다는 점에서 취약성을 드러낸다. 쌀 시장의 개방이나 한-미 자유무역지대(FTA) 협상 문제 등 산적해 있는 농촌 관련 거시적 이슈에 대해서는 그저 모르쇠로 일관하고 있는 것이다.

물론 향수를 담아낸 농촌 드라마에 정치적 노선이라든가 농업 관련 논쟁을 반드시 곁들여야만 한다는 것은 아니며, <대추나무>가 농촌 드라마라는 이유 하나만으로 농촌을 대변하는 목소리를 내야 한다는 것은 더더욱 아니다. 다만, 지나가는 농부 한 사람만 붙잡고 얘기를 해 보아도 하소연처럼 흘러나올 법한 수많은 문제들에 대하여 침묵하는 것은 다소 비현실적인

것으로 보인다. 정치적으로 민감한 이슈이기 때문에 드라마에서 섣불리 다루어서는 안 된다는 우려가 지나친 것은 아닌가 하는 생각도 때때로 든다. 그러한 우려가 현실적인 농촌의 모습을 온전히 그려내는 데 장애물로 작용해서는 곤란하기 때문이다. 더구나 시청자는 드라마에서 그 어떤 식의 '정치적 결론'을 얻어내려 하는 것이 아니다. 그저 푸념에 불과한 것이라도 좋으니, 살아 숨쉬는 농촌과 그 안에서 살아가는 사람들의 숨소리를 듣고 싶을 뿐이다. 농촌의 현실에 비추어 가장 큰 관심의 대상이 될만한 사안에 대하여 관심도 반응도 없는 농민들의 이런저런 해프닝을 담아내는 것만이 <대추나무>의 몫이라면, 미래에 대한 고민이나 취직 걱정도 없이 무작정 신나게 놀고 연애하며 좌충우돌하는 청춘 시트콤과 별반 다를 것이 없지 않은가.

또한 오늘날 어느 농촌에서든 그리 어렵지 않게 그 모습을 찾아볼 수 있는 외국 출신 주부와 그 자녀들의 모습을 드라마 속에서는 전혀 발견할 수 없다는 것도 다소 안타깝게 느껴지는 대목이다. '박덕보' 일가와 함께 드라마의 주된 축을 형성하는 '신현욱' 일가의 한 구성원으로서 중국 출신 조선족 주부 '단옥'이 등장하고 있을 뿐이다. 과연 이러한 <대추나무>의 '순혈주의'가 연기자 수급의 곤란성 때문인지, 아니면 아예 그러한 변화에 대해 무관심하기 때문인지는 알 수 없다. 그러나 최소한 외국 출신의 주부와 소위 '코시안'으로 지칭되는 혼혈 어린이가 전혀 존재하지 않는다는 설정은 과연 이 드라마가 오늘날 농촌의 현실을 그대로 그려내고 있는 것인지 궁금해지게 만드는 대목이다. 더구나 동철-현숙-동구-진희-추자-필수-승훈-장봉-단옥-유분-철웅엄마-상훈-건식 등 청년 및 중장년층이 건재한 모습은 노령인구가 대부분을 차지하고 있는 오늘날의 농촌 현실과 다소 동떨어졌다는 느낌을 갖게 만든다. 서울이나 여타 도시에서 그리 멀지 않은 것으로 설정된 이 드라마의 배경(충북 진천군) 설정을 감안하더라도, 그러한 배경이 우리 농촌을 대표할 수 있는가라는 근본 문제까지 생각한다면 결국 현실과 괴리된 농촌을 묘사하게 된 것은 드라마 제작진의 책임이라 할 수 있을 것이다.

요컨대, <대추나무>는 과거의 <전원일기>처럼 오늘날 우리가 바람직하다고 생각하는 농촌, 혹은 과거 바람직한 것이라고 생각했던 고향의 이미지를 현대화한 것일 뿐인지도 모른다. 현실로서 제시되는 문제들 역시 개인적이고 미시적인 차원에 국한될 뿐, 농촌에서 살아가는 사람들의 생활양식과 사고방식의 변화, 주요 이슈의 변화 등을 포괄적으로 그려내지는 못하고 있다. 어쩌면 드라마 속의 '호암중리' 마을 역시 일종의 이상향일지 모른다는 생각이 드는 것도 그 때문이다.

무엇보다도 큰 걱정은 이 드라마가 재미를 만들어내기 위한 해프닝 위주의 '농촌 시트콤'으로 전락할지 모른다는 가능성이다. 이는 오늘날 농촌 드라마라는 좁은 입지 속에서 별다른 선택의 가능성이 없다는 것 때문으로도 볼 수 있기에, 제작진만을 탓할 문제만은 아니다. 오히려 그 좁은 입지에도 불구하고 몇몇 현실적 문제들을 제기하며 농촌 문제를 가시화하기 위한 시도를 하였다는 점에 큰 의의를 부여할 수도 있겠다.

그러나 <대추나무>는 오직 그것이 농촌 드라마라는 사실만으로도 농촌의 현실을 사실적으로 드러내야 할 필요가 있다는 점을 잊어서는 안 된다. 농업인구가 급감하고 농촌의 고령화 문제가 실질적으로 대두되고 있는 최근에 와서도 '평온하고 인정 많은 고향으로서의' 농촌에 대한 도시민들의 오해만을 부추긴다는 것은, 무수히 많은 농촌 문제가 도시민들에게 폭넓은 관심과 지지를 받기는커녕 천덕꾸러기로 전락해 버린 현실을 더욱 심화시키는 방향으로 작용할 수 있기 때문이다. 예컨대 한-미 FTA 문제와 관련하여 실질적으로 한-미 FTA가 체결된다면 가장 큰 피해를 볼 것으로 예상되는 산업 분야는 단연 농업 분야일 것임에도 불구하고, 수많은 영화배우들이 광화문 네거리에서 피켓을 들고 스크린 쿼터 축소를 반대하는 시위를 벌이고 있는 동안, 그리고 언론 매체들이 앞 다투어 그것을 방송하는 동안,

농촌과 농민의 목소리를 담아내야 할 우리 농촌 드라마는 침묵하고 있었다.

사안의 결론과 그 당위성을 떠나서, 농촌 드라마가 당연히 말할 수 있는 것에 대해서도 이토록 침묵함은 무슨 이유 때문인가? 때론 비정규직의 고용 불안정과 실업문제까지 거론하는(775회 '시어머니 말씀') 일종의 '오지랖 넓음'을 보여주는 <대추나무>가 농촌의 핵심 사안에 대해서 침묵한다는 것은 선뜻 이해하기 힘든 일이다. 그리고 어쩌면 이러한 침묵은 농민들 스스로 농촌 드라마를 멀리하게 만들고, 더 나아가 도시민이 농촌을 오해하게 만드는 기준으로서 작용하지는 않았는지 생각해 보아야 할 일이다. 즉, 농촌은 아직 '먹고 살만한' 곳이라는 생각을 국민 대부분이 갖게 만듦으로 인해, 쌀을 비롯한 농산물 시장 개방에서의 국민적 합의가 농촌에 불리하게 도출된다거나 또는 농촌 노인에 대한 사기 등의 범죄가 급증한다거나 하는 것은 아닌지 심각하게 생각해 볼 필요가 있다.

4. 글을 마치며

모든 드라마는 현실에 기반을 두어야 한다. 현실적 설득력을 지니지 못하는 드라마는 시청자의 관심과 사랑을 받을 수 없으며, 그것이 전달하고자 하는 바를 분명히 제시할 수도 없기 때문이다. 따라서 농촌 드라마라는 특수성을 지닌 <대추나무>는 우리 농촌의 현실을 온전히 반영하고, 그러한 기반 위에서 우리 농촌과 고향의 조화로운 삶과 희망을 표현해야 할 것이다.

물론 현재의 <대추나무>는 오늘날의 도시에서 찾아보기 힘든 대가족과 이웃의 푸근하고 넉넉한 사랑을 성공적으로 그려내고 있다. 또한 변화된 농촌의 현실을 반영한 여러 설정들도 이 드라마의 그러한 메시지를 부각시키는데 적잖이 기여하고 있다. 그럼에도 불구하고 시청자로서 아쉬운 부분은 적지 않다. 한마디로 요약하자면 '더욱 현실적인 농촌, 살아 숨 쉬는

사람들로 채워진 진짜 농촌의 모습을 보여줄 수는 없을까?'라는 바람이 그것이다.

분명 <대추나무>는 중장년층 및 노년층의 고향에 대한 그리움을 충족시켜주기에 모자람이 없다. 그러나 도시에서 나고 자라서 농촌의 현실을 알지 못하는 우리 아이들에게 있어 이 드라마는 자칫 도식적이고 작위적이며 뻔한 설정의 '농촌 시트콤'으로 인식될 수 있으며, 농촌에 대한 이상적 오해를 부추길 소지도 없지 않다. 우리 농업이 생사의 기로에 서 있는 오늘날, 도시의 농촌에 대한 몰이해와 무관심을 이처럼 가중시키는 것은 부정적인 사회적 영향을 양산할 수 있다는 점에서 심각한 잠재적 문제점을 지니고 있다. 이를 극복하고 보완하는 것이야말로 현재의 이 프로그램에 있어 시급히 요구되는 과제이다.

<대추나무>의 제작진은 이 프로그램이 우리 농촌의 삶을 보여주는 유일한 드라마이며, 도시와 농촌 간의 보이지 않는 장벽을 허물어 줄 수 있는 단 하나의 프로그램이라는 점을 늘 명심해야 한다. 그와 같이 막중한 책임을 지니고 있는 프로그램이기에 시청자들이 이 프로그램에 걸고 있는 기대와 바람은 결코 작지 않은 것일 수밖에 없다. 지금껏 그 무리한 바람들을 충족시키기 위해 분투해 왔을 제작진들께 칭찬과 격려를 보낸다. 다만 농촌 현실의 급격한 변화에도 불구하고 도시와 농촌의 소통의 장이 충분히 갖춰지지 못한 현재의 아쉬운 현실상황을 고려할 때, 이 프로그램이 지닌 몇몇 한계들은 더욱 안타깝게만 느껴지는 것이 사실이며, 이러한 부분에 대한 개선이 시급하게 요구된다 하겠다. 아울러 <대추나무>가 살아 숨쉬는 농촌의 고통과 현실을 반영함으로써 벌어져만 가는 도시와 농촌의 간극을 좁혀줄 수 있게 되기를, 그리하여 농촌을 알지 못하는 다음 세대에게도 꾸준히 사랑받는 장수 드라마가 되기를, 끊이지 않는 종영 논쟁에도 불구하고 감히 기대해 본다.

죄와 벌

서울방송의 <긴급출동 SOS24>에 관하여

이지연

1. 들어가며 - 라스콜리니코프의 목소리

　도스토예프스키의 소설 『죄와 벌』의 주인공 라스콜리니코프는 당대 러시아 사회에 널리 받아들여지던 허무주의적 초인 사상의 세례자였다. 즉 "사회에 이익이 되는 행위라면 수단과 방법을 가릴 필요가 없으며 어떠한 범죄도 정당화될 수 있다"는 것이 바로 그의 생각이었다. 그는 자신을 그러한 행위를 할 수 있는 비범한 사람, 즉 일종의 '초인'으로 여기고, 가난한 사람들을 착취하는 전당포 노파를 살해하게 된다.

　『죄와 벌』에서처럼 오늘날의 세상에도 여러 종류의 악은 분명 존재한다. 그러나 우리들 대부분은 그러한 악을 제거하기 위하여 범죄를 저지르는 행위를 결코 바람직한 것으로 생각하지 않는다. 목적의 정당성이 수단의 비정당성·비합법성을 보완하여 줄 수 없음을 잘 알고 있기 때문이다. 더구나 자신이 그러한 범죄를 저질러도 좋은 '초인'이라는 오만한 생각 따위는 결코 하지 않는다. 인간이란 너나할 것 없이 평등한 존재이며, 모든 이들의 인권은 보호되어야 한다는 것은 오늘날의 사회에 있어 최소한의 상식인 것이다.

매주 화요일 밤 11시에 SBS에서 방송되는 <긴급출동 SOS24>(이하 <SOS24>)는 바로 이런 상식에 근거한 프로그램이다. 가정 폭력, 학교에서의 폭력, 아동에 대한 학대 등 우리의 일상에서 빈번하게, 그러나 은밀하게 벌어지는 약자에 대한 폭력들을 사회적인 문제로 인식하고 이에 대한 구체적인 해결책을 모색하는 것이 바로 이 프로그램의 역할이다. 이를 통하여 피해자는 실질적인 해결책을 찾게 되며, 시청자들은 각자의 사생활로 치부되기 쉬웠던 각종 폭력 문제에 대하여 새로이 인식하게 된다. 그럼으로써 이러한 개인적 폭력에 대한 문제의식을 일깨울 뿐만 아니라, 이것이 습관화된 사회적 폭력으로 발전하는 것을 차단할 수 있게 되는 것이다.

그런데 <SOS24>는 때때로 그것이 근거하고 있는 상식의 기반을 스스로 약화시킨다. 목적은 수단을 정당화할 수 없음에도 불구하고 물리적인 폭력을 해결하기 위하여 무형의 폭력이 가해지며, 모든 이들의 인권은 평등하게 보호받아야 함에도 불구하고 때론 폭력 가해자의 인권이 아무렇지 않게 무시되기도 한다. 그런 면에서, <SOS24>는 마치 우리 사회에 있어서의 '초인' 라스콜리니코프를 자처하는 것처럼 보인다. 때문에 한없이 떳떳하고 당당하기만한 그 목소리 속에서 시청자들은 왠지 모를 어두움을 느낀다. 과연 방송은 사회에 해가 되는 행위를 막기 위해서라면 수단과 방법을 가릴 필요가 없는 '초인'이어도 좋은 것인가.

2. <SOS24>의 문제 해결 방식: 미덕과 한계

<SOS24>가 다루는 각각의 사건은 폭력의 피해자 또는 해당 피해사실을 알고 있는 주변인물이 이를 방송사로 신고하면서 시작된다. 제작진은 신고된 폭력의 실태를 파악하고, 문제가 되는 폭력을 해결할 뿐만 아니라, 지속적

인 사후 관리를 위한 처방을 제시한다. 이 과정에 있어서의 <SOS24>의 문제 인식과 해결 방식은 꽤나 확고하며, 한편으로는 믿음직스럽기까지 하다. 해당되는 폭력이 얼마나 비정상적이며 반복적인 것인지를 시청자들에게 분명히 인식시켜 준 뒤, 그러한 폭력을 근본적으로 해결하기 위하여 요구되는 해결책을 관철시키고 마는 것이다.

예컨대 23회 '가족을 거부하는 아이'에서는 가족과의 대면 접촉을 거부하며 무리한 요구만 하는 아이의 폭력적 성향과, 그 원인으로써 반복된 가정 폭력을 제시한 뒤, 아이와 아버지 모두 장기 치료를 받는다는 현실적 대안을 실현했다. 또한 24회 '현대판 노예 - 할아버지의 짓밟힌 50년'과 그 후속편인 26회 '현대판 노예 그 후'에서는 노예와도 다름없는 삶을 살고 있는 한 할아버지의 비참한 생활을 제시하였고, 우여곡절 끝에 결국 이러한 폭력에 대한 문제의식조차 없는 가해자로부터 할아버지를 '해방'시키는 성과를 이루어냈다.

폭력의 심각성을 일깨우는 데에 그치지 않고 피해자들이 그러한 폭력으로부터 벗어날 수 있게 한다는 점에서, <SOS24>는 폭력의 심각성을 사회 일반에 인식시키는 동시에 피해자들에게도 희망과 믿음을 줄 수 있는 프로그램이다. 또한 '현대판 노예 - 할아버지의 짓밟힌 50년'이 가져온 사회적 파장에서 알 수 있듯이, 그동안 개인적인 문제로만 간주되어 온 여러 가지 폭력들을 사회적인 문제로 격상시켜 이에 대한 사회적 인식 수준을 높인다는 점 역시 <SOS24>의 간과하기 힘든 미덕이자 장점이라 할 수 있다. 6개월이라는 그리 길지 않은 방송 기간에도 불구하고 이 프로그램에 대한 시청자들의 관심과 기대가 높은 것은 바로 이러한 프로그램 본래의 의도와 목적에 충실한 자세 덕분일 것이다.

그럼에도 불구하고 아쉬운 점은 적지 않다. 폭력의 심각성을 시청자들에게 제시하기 위하여 <SOS24>가 주로 사용하는 수단이 소위 '몰래카메라'라는 사실부터가 그렇다. 은밀하게 이루어지는 폭력을 담아내기 위해서는 부득이하게 사용할 수밖에 없는 수단이며 피해자의 동의 하에 설치된다는 점을 감안한다 하더라도, 이러한 '몰래카메라'를 통하여 폭력행위 이외에도 가해자의 내밀한 사생활에 대한 포괄적인 침해가 이루어질 수밖에 없음은 분명한 사실이다. 또한 실제 TV를 통하여 방송되는 '몰래카메라' 편집분에서 비록 가해자의 얼굴은 알아볼 수 없지만 그의 말투나 착용한 의상, 소지품 등은 적나라하게 드러나는 경우가 많으며, 주거 내부를 포함한 지리적 배경 역시 이를 인지할 수 있을 정도로 노출되는 경우가 적지 않다. 이는 분명 일종의 인권 침해이며, 이 프로그램이 그토록 문제시하는 '폭력'으로도 볼 수 있다는 점에서 이러한 사생활 침해는 <SOS24>의 심각한 내재적 한계라 할 수 있다. 그리고 더욱 심각한 문제는 '사생활 노출'이라는 무형의 폭력 행위를 통하여, 가해자들이 다시 실질적인 폭력행위의 피해자로 전락할 수도 있다는 가능성의 존재이다.

3. <SOS24>에 내재된 폭력

'몰래카메라'라는 어휘는 그 자체가 관음증을 연상하게 한다. 타인의 비밀스러운 행위를 훔쳐보면서 쾌락을 느끼는, 일종의 정신병으로서의 관음증이 '몰래카메라'라는 짐짓 장난스러운 어휘 속에 투영되어 있는 것이다. 물론 <SOS24>의 '몰래카메라' 속에는 관음증 본래의 성적인 코드는 없다. 그리고 적어도 표면적으로 그것은 폭력행위의 심각성을 시청자들에게 가감 없이 전달함으로써, 이러한 행위를 모두의 문제로써 인식하게 하고자 하는 숭고한 목표를 지닌 것으로 보인다. 그러나 과연 그 시선 속에 쾌락이라는 불순한 의도는 없는가?

단순히 심각한 폭력행위를 시청자들에게 보여주기 위해서라면, 일러스트로 표현된 애니메이션이나 연기자들의 연기를 통한 재연으로도 족할 것이다. 그럼에도 불구하고 얼굴과 흉기만이 모자이크 처리된 실제 영상을 보여주는 것은 무슨 이유 때문일까? 만약 그것이 실제 사건의 긴박한 현장감과 충격성을 시청자에게 전달하고 그러한 영상으로부터 안도·분노·동정 등의 특정한 감정을 이끌어내기 위해서라면, 이는 결국 '쾌락'의 또 다른 표현일 뿐이다. 실제 영상 속에서 피해자가 어떤 가혹한 폭력을 당하더라도 시청자는 이와 무관하게 안전하다는 사실에 근거하여 '훔쳐보며 즐기는' 행위에 불과하기 때문이다. 설령 이러한 '훔쳐보기'가 수많은 TV 프로그램을 통해 심심찮게 나타날 수밖에 없으며 시사고발 프로그램 등 취재 자체가 곤란한 경우에 있어서는 일반적으로 정당화된다 하더라도, <SOS24>의 경우 프로그램의 목적 달성을 위한 필수적 요소라기보다는 시청자들의 흥미 극대화라는 부차적인 목적을 위하여 남용되는 경향이 없지 않아 보인다.

아울러 여타 프로그램에 비하여 이러한 '몰래카메라'를 통해서 노출되는 피해자와 가해자의 사생활이 과도한 수준에 이른다는 점도 문제로 지적할 수 있다. 모자이크 처리를 통한 사생활의 보호는 최소한에 그치는 경우가 많으며, 이에 따라 생활공간과 의상 등 당사자의 신상을 짐작할 수 있는 부분이 과도하게 드러나는 것이다. 뿐만 아니라, 폭력행위 그 자체를 여과 없이 방송함에 따라 프로그램 자체가 폭력성을 지니게 되는 것 역시 간과할 수 없는 문제다.

피해자와 가해자의 사생활을 침해하는 <SOS24>의 무형의 폭력은, 그러나 더할 수 없이 당당하기만 하다. 가해자의 폭력행위의 비정상성과 심각성을 거론하며 이를 일종의 '절대악'으로 규정짓는 내레이션이 계속해서 흘러나오는 것이다. 시청자들은 끔찍한 폭력 행위가 담긴 영상에 더해지는, 가해자를 악한 존재로 규정짓는 해설로 인하여 증오하고 분노할 수밖에 없다. 그리고 조금씩 드러나는 가해자의 사생활을 놓고 그의 이름이 무엇인지, 어디에 사는 사람인지, 직업은 무엇인지, 가족관계는 어떠한지를 추측하려 한다. <SOS24>라는 '초인'의 메시지에 의하면 가해자는 너무도 악하고 또한 뻔뻔스럽기 때문에, 피해자의 불행은 모두에게 도저히 간과하기 힘든 일이 되고 만다. 그리고 바로 그 대목에서 '마녀 사냥'을 통한 실질적 폭력이 시작된다.

4. '마녀사냥', <SOS24>로부터 유도되는 폭력

<SOS24> 24회 '현대판 노예 - 할아버지의 짓밟힌 50년'은 시청자들로 하여금 걷잡을 수 없을 정도의 분노를 느끼게 만들었다. 그들과 똑같은 인권을 지닌 한 인간을 50년 동안 착취하면서도 이를 오히려 선행으로 포장하는 가해자 부부와, 이러한 행위를 묵과하는 마을 사람들은 도저히 인간에 대한 예의를 지닌 사람들로 보기 어려울 정도였다. '노예 할아버지' 의 참상은 방송을 통해 차마 눈뜨고 보기 어려울 정도로 생생하게 전달되었으며, 이 과정에서 피해자와 가해자의 신원은 조금의 관심만 있다면 충분히 추적이 가능할 정도까지 노출되기에 이르렀다.

그러므로 방송 직후부터 여러 인터넷 게시판을 달구기 시작한 시청자들의 분노는, 어쩌면 당연한 결과라 할 수 있었다. 방송 후 몇 시간이 지나지 않아 가해자들의 실제 주소와 이름이 공개되었을 뿐만 아니라, 공무원이라는 가해자 부부 아들의 근무처까지 거론될 정도였다. 욕먹어 마땅한 죄를 저질렀으니 어떤 비난을 받아도 가해자들은 할말이 없다는 시청자들의 태도는, 폭력에 대한 분노가 '마녀 사냥'식의 또 다른 폭력으로 변형된 것이었다. 그런데, 이는 분명 시청자들의 비정상적인 반응임에는 틀림없었으나 결코 예상할 수 없었던 반응은 아니었다는 점을 간과해서는 안 된다. 시청자들은 어디까지나 <SOS24>가 제공한 정보를 바탕으로 가해자를 추적해 낸 것이었기 때문이다. 말하자면 이러한 파문은 제작과정에서 충분한 주의를 기울였다면 일어나지 않았을 사태였다. 따라서 그러한 행태를 보인 일부 시청자들의 책임만을 묻는 것은 부당한 일이었다.

분명한 사실은 이러한 '마녀 사냥'이 <SOS24>의 내재적 한계로부터 자연스럽게 도출될 수밖에 없는 것이었다는 점이다. "물리적인 폭력을 막기 위해서라면 사소한 인권 침해나 무형의 폭력은 허용될 수 있다"라는 <SOS24>의 시선이 그대로 시청자들의 과잉반응으로 옮아간 셈이다. 시청자들을 한껏 분노하게 부추겨놓은 뒤, 과도한 사생활 노출을 통하여 가해자들에게 접근할 수 있는 통로까지 마련해 주고 나서 "비이성적인 행동은 자제해야 한다"는 것이 제작진과 방송국의 논리라면, 이는 수긍하기 힘들다. 오히려 이처럼 '유도된 폭력'의 근원이라 할 수 있는 프로그램의 내재적 한계를 개선하고 시정함으로써, 새로운 폭력의 발생을 원천적으로 봉쇄함이 마땅한 대책일 것이다.

5. 맺으며

짧은 방송 기간에도 불구하고 <SOS24>가 성취한 바는 결코 미미하지 않다. 방송된 몇몇 사례가 사회적 이슈로 대두되면서, 개인이나 가족의 문제로 치부되었던 폭력의 문제가 사회적인 문제로 그 인식의 폭을 넓힐 수 있게 되었다는 것은 이 프로그램의 사회적 역할이 성공적으로 수행되었음을 나타낸다. 또한 폭력에 대한 실질적 해결책을 제시함으로써 폭력 피해자들의 인권 개선이 이루어졌다는 점도, 방송 프로그램으로서는 좀처럼 달성하기 어려운 <SOS24>만의 미덕이라 할 수 있다.

그러나 <SOS24>는 피해자와 가해자 모두의 사생활을 지나치게 노출시키고 폭력 행위를 여과 없이 방영함으로써, 당사자에 대한 새로운 사회적 폭력을 재생산할 수 있다는 치명적인 약점을 내재하고 있다. 이러한 약점에 대한 개선 없이 시청자들에게 책임을 전가하는 것은 방송의 사회적 책임에 근거하는 이 프로그램의 의의 자체를 부정하는 것이나 다름없다. 그러므로 <SOS24>는 물리적-외형적인 폭력에 대한 사회적 해결책의 모색이라는 프로그램의 목표 달성을 위하여 사용하고 있는 무형적 폭력이라는 모순된 수단에 대하여 마땅히 반성하고 이를 개선하기 위한 노력을 게을리 해서는 안 될 것이다.

『죄와 벌』에서 그릇된 믿음으로 전당포 노파를 살해한 라스콜리니코프는 결국 죄책감을 견디지 못하고 자수를 결심한다. 그리곤 사람들의 고통을 대신 짊어지고 살아가는 성스러운 창녀 소냐의 권유대로 광장에서 대지에 입을 맞춘다. 소중한 목적과 그릇된 수단 사이에서 분열되어 있던 그의 정신은 비로소 하나가 되어 진정한 삶과 사랑의 의미를 향해 나아가게 되는 것이다. <SOS24>도 이 사회에서 폭력을 추방한다는 숭고한 목적만을 무작정 내세우기보다는 그 과정에서 사용한 그릇된 수단을 반성하고, 그 모든 폭력의 굴레로부터 인간의 존엄성을 보호하기 위한 프로그램으로 거듭나기 바란다. 이 프로그램의 진정한 목적 역시 일방적으로 죄를 규정짓고 벌을 내리기보다는, 모든 사람들이 인간으로서의 존엄성을 인식하고 지켜가는 데 있을 것이기 때문이다. 피해자뿐 아니라 가해자의 인권마저도 한없이 소중하게 여기는, 인간에 대한 사랑이 더해질 때 비로소 <SOS24>의 진정한 가치는 그 빛을 발할 수 있을 것이다.

라디오, 아직 죽지 않아!

SBS <하하의 텐텐클럽> 비평

장수연

라디오가 젊은이들의 로망이었던 때가 있었다. 앨범 한 장 사기가 쉽지 않던, 그래서 라디오에서 좋아하는 음악이 흘러나오면 '딸깍' 소리를 내지 않고 녹음하려고 온 신경을 두 손가락에 집중하던 시절이었다. 내가 보낸 엽서가 소개되지는 않을까 마음 졸이며, 행여나 안방에서 주무시는 부모님이 깨실까봐 이불 속에서 조심조심 DJ의 목소리에 귀를 기울이던 그런 시절, 아마도 그 때가 라디오의 전성기였을 것이다. 누구나 인정하듯, 이제 그런 시대는 지나갔다. 음악은 MP3로 듣고, 가수에 대한 정보는 인터넷으로 검색하면 된다. DJ를 '향단이' 삼아 사랑을 고백할 만큼 참을성 있고 수줍은 시대도 아니다. 그럼 이제 라디오가 할 수 있는 일은 없는 걸까?

프랑스에 '당 르 누와르(Dan Le Noir)'라는 식당이 있다고 한다. 이름 그대로 칠흑 같은 어둠 속에서 식사를 하는 이색 레스토랑이다. 이 식당에서 식사를 한 사람들은 하나같이 "그동안 몰랐던 색다른 맛을 느낄 수 있었다"라고 말한다. 시각을 잃은 상태에서 오로지 미각으로만 음식을 느낀 덕분이다. 라디오에는 의상, 분장, 조명, 무대 세트가 없다. 오로지 '음악'과 '말'만이 존재한다. 바로 이 점이 라디오가 사람들—특히 십대들—을 예민하게 하는 감성의 매체로 존재할 수 있는 이유라고 생각한다. 라디오는 끊임없이 사람들과 소통하며 그들의 감성이 굳지 않게 적당한 온도의 이야기와 음악을 들려줄 수 있다. 이는 라디오의 태생적 속성이자 의무이다.

<하하의 텐텐클럽>은 2006년을 살고 있는 10대들의 감수성에 정확히 주파수를 맞춰 라디오의 이런 의무를 잘 수행하고 있는 프로그램이다. 라디오 프로그램으로는 드물게 '죽지 않아', '복수할거야', '소리 질러', '휴머니즘' 등 많은 유행어를 만든 이 프로그램은 지금도 교실에서 '야자'를 하고 있는, 혹은 무거운 책가방을 메고 버스 안에서 졸고 있는 많은 중·고등학생에게 웃음과 격려를 준다.

1. '10시'와 '감성'의 새로운 정의

이소라, GOD 데니, 옥주현 등 '10시스러운' DJ들 틈에서 하하가 <텐텐클럽>의 DJ로 발탁됐을 때, 나를 포함한 방송국 안팎의 많은 사람들—심지어 하하 자신까지도—이 의아함을 표시했다. 김동완, 플라이 투 더 스카이, 박용하로 이어졌던 역대 '텐텐 DJ'와도 차이가 있었다. 하지만 그것은 예전의 10시, 예전의 '라디오 키드'들만을 기억하는 사람들의 기우(杞憂)였다. 이른바 'WANT 세대'로 불리는 2006년의 10대들에게는 이미 감수성의 코드도 바뀌어 있었다. 그들에게는 부드러운 음성으로 조근조근 사연을 읽는 DJ보다는 '보통의 말투'로 털털하고 솔직하게 자신들에게 이야기를 건네는, 무엇보다 자유로워 보이는 힙합청년 하하가 그들의 감성을 자극하는 DJ인 것이다. 더구나 요즘 젊은이들의 생활 리듬에 있어서 10시는 더이상 '심야 음악프로'를 들을만한 시간이 아니다. 결국 10시에 하하를 편성했다는 것은 하하라는 DJ 자체의 매력을 높이 평가했다는 것 외에도, 10~12시라는 시간대에 대한 정의를 다시 내린 것을 의미한다고 볼 수 있다.

2. 10대와 "통… 하였느냐?"

이전에도 박경림, 박준형 등 시끄러운 심야 DJ들은 있었다. 그러나 동시간대 청취율 1위를 기록하며 박명수, 노홍철 등 '입담꾼들의 라디오 프로그램'이 우후죽순으로 쏟아지게 하는 기폭제 역할을 한 것은 <하하의 텐텐클럽>이었다. 이들 프로그램과 <텐텐클럽>의 가장 큰 차이가 무엇일까? 방송 초기부터 이 프로그램이 보여준 일련의 모습들을 살펴보자.

하나. <텐텐클럽>에서는 시도 때도 없이 '소리 질러'라는 외침을 들을 수 있다. "○○고등학교 3학년 2반 소리 질러, 지금 라디오 듣고 있는 편의점 아르바이트생들 소리 질러, 3320번 버스 기사 아저씨 소리 질러"하는 식이다. 최대한 많은 청취자들에게 '개인적인 격려'를 보내고자 애쓰는 것을 느낄 수 있다. 둘. '보이는 라디오'를 할 때면 청취자들은 사연이나 문자를 너무나 열심히 들여다보는 그의 모습에 종종 감동을 받는다. 가수 거미가 게스트로 출연했을 때는 아예 "거미 씨도 이리오세요"라며 자기 옆에 앉히고는, 모니터에 올라오는 청취자들의 이야기들을 함께 보며 낄낄거리고, 올라오는 질문에 실시간으로 대답해 주기도 했다. '내가 보낸 문자를 저렇게 재미있어 하는구나' 하는 생각이 절로 들게 한다. 셋. 그는 작가가 갖다 주는 사연만 읽는 DJ가 아니다. "어제가 친구 기일이라고 했던 사연 있었잖아요? 보내주신 분 이름 좀 알려 주세요"라고 PD에게 요청하는 등 자신이 직접 청취자를 챙긴다. 한번은 어떤 여고생 청취자가 "저희 반 단체티셔츠에요"라는 사연과 함께 보내온 티셔츠와 반바지, 두건을 스튜디오 안의 커튼 뒤에서 갈아입고 나오는 모습이 '보이는 라디오'에 비쳐지기도 했다.

이런 모습들은 청취자들로 하여금 그가 '우리와 함께 노는 DJ'라는 생각이 들게 한다. DJ못지않게 솔직한 <텐텐클럽>의 청취자들은 "오빠 오늘 오버하시네요", "그 옷에 선글라스는 아니죠"라는 식의 문자들을 보내오고, 하하는 이런 청취자들의 반응에 마치 대화하듯이 대답을 한다. <텐텐클

럽>이 시끄러운 이유도 사실 청취자들의 사연에 대한 그의 반응 — 감정 표현 — 이 풍부하기 때문이다. 기분 내킬 때 흐르는 음악에 맞춰 막춤을 추거나 노래를 따라 부르는 것도 예사다. 라디오 방송 DJ라기보다는, 같은 공간에서 놀고 있는 홍대 클럽의 DJ 같은 느낌이다. 바로 이 '함께 논다'는 느낌이 10대들의 코드와 맞아 떨어진 것이다.

3. 라디오, 진솔함과 친근함이 매력이다

라디오는 혼자 듣는 매스미디어이다. 여럿이 둘러 앉아 수다 떨며 시청하는 TV와는 성격이 다르다. 혼자 이어폰을 꽂고 라디오를 듣다 보면, DJ가 '나에게 말하고 있다'는 느낌이 강하게 든다. 송신자(sender)에 대해 수용자(receiver)가 느끼는 거리감이 가장 적은 매체 중의 하나이다. 이런 매체의 성격에 맞게, 청취자들은 라디오를 통해서 TV에서 듣지 못한 뒷이야기들, 출연자들의 '개인적인 이야기'를 솔직하게 듣고 싶어 한다. 그만큼 라디오 DJ는 솔직함과 친근함을 갖고 접근하는 것이 중요하다.

이런 면에서 하하가 갖고 있는 진솔함은 큰 무기가 된다. '연예인 같지 않다'는 하하의 콤플렉스도 장점이다. "가수 비가 쓰던 선글라스를 얻었다"고 좋아하며 비의 음악을 틀어놓고 따라 부르는 그에게서 청취자들은 친근함을 느끼는 것이다. 가수 출신이기 때문에 게스트들의 개인적인 이야기 — 데뷔 전, 무명시절 스토리, 연애 정보 등 — 도 잘 끌어낼 수 있다.

'보이는 라디오'는 하하의 진솔함과 친근함을 어필하는 좋은 도구이다. 혹자는 "라디오가 보이면, TV와 다를 게 뭐냐"고 말할지 모르지만, '보이는 라디오'라는 것은 말 그대로 라디오 방송 현장이 '보이는' 것이지 TV처럼 '보여주는' 것이 아니다. 잘 기획된 TV 토크쇼에서는 볼 수 없는 장면들을 <텐텐클럽>의 '보이는 라디오'에서는 볼 수 있다. 이를테면, 스튜디오 의자에 엉덩이 쭉 빼고 편하게 앉아서 머리카락 만지작거리며 첫사랑 이야기,

고등학교 때 이야기를 하는 장면들이 그것이다. <텐텐클럽>에서 볼 수 있는 이런 진솔함에 특히 젊은 청취자들이 매력을 느낀다.

4. 영원히 죽지 않는 방송이 되려면……

영원히 신선할 수 있는 프로그램도, 영원히 빛이 바래지 않는 사람도 있을 수 없다. DJ의 색깔이 선명한 <텐텐클럽>의 경우 더욱 그렇다. 진한 색일수록 질리기 쉽기 때문이다. 그래서 신선한 충격을 주며 십대들의 압도적인 지지를 받았던 이 프로그램이 요즘 들어 조금씩 식상해져 가는 것에 대해 걱정이 앞선다.

우선 요일별 코너들을 조금 더 탄탄하게 구성할 필요가 있다. 지금 <텐텐클럽>에는 '리얼 生生 토크쇼'라는 코너가 화, 목, 금 3일에 편성돼 있고, 월요일에 방송되는 '휴머니즘 라이브쇼'도 '가수들의 노래와 토크로 이루어지는 코너'라는 측면에서 '리얼 生生 토크쇼'와 크게 다르지 않다. <텐텐클럽>은 10대들이 열광하는 톱스타들, 방송3사를 오가는 유명 연예인의 출연이 잦은 프로이다. 그만큼, DJ 하하의 개성과 매력이 잘 드러나는 코너들을 다양하게 계발해야 한다고 본다. 그렇지 않으면 '소리 질러' 빼고는 다른 라디오 프로와 똑같은, 연예인들이 나와서 수다 떠는 뻔한 프로그램으로 전락하고 말 것이다.

DJ의 색깔이 너무 선명한 탓에 다른 색깔의 게스트가 출연했을 때면 물과 기름이 섞인 듯 부자연스러워진다는 것도 해결해야 할 점이다. 가수 버즈가 출연했던 5월24일 방송을 예로 들 수 있다. 그 날 DJ와 게스트가 공유한 것은 '소리 질러'라는 외침밖에 없다고 느꼈고, 리쌍이나 에픽하이 등 하하와 친한 힙합 그룹이 출연했을 때와는 분위기가 확연히 달랐다. 라디오 음악 프로의 공영성이란 '다양한 음악이 사랑받는 토양을 만드는 것'이다. 특히 10대들을 대상으로 한 프로일 경우는 더욱더 다양한 장르의 음악을 들을 기회를 주는 게 중요하다고 생각한다. 거의 매일 가수들이 게스트로 등장하는 방송에서 DJ와 비슷한 부류의 사람이 나올 때와 그렇지 않을 때 '신명'의 강도에 차이가 있다면 문제가 아닐 수 없다.

마지막으로, '함께 노는 방송'이라는 <텐텐클럽>의 장점이 'DJ만의 놀이터'로 전락하지 않도록 주의해야 한다. 하하는 그 솔직한 성격과 풍부한 감정표현 덕분에 라디오를 듣다 보면 오늘 기분이 좋구나, 완전히 '업'돼 있구나, 하는 것이 고스란히 느껴진다. 그런 투명함 때문에 청취자들로부터 사랑받는 것이지만, 스스로 흥에 겨워서 지나치게 혼자만의 놀이에 몰입할 때가 있다는 것이 문제이다. 특히 음악을 틀고 나서 하하가 계속 노래를 따라 부르며 애드리브를 넣는 것은 청취자들의 음악 감상을 방해하기 때문에 자칫 짜증을 불러일으킬 수 있다. 실제로 그가 독일 촬영을 마치고 귀국한 후 했던 방송에서 귀국의 흥분을 가라앉히지 못하고 <컴백홈>을 따라 부를 때는 "너무 자아도취시네요"라는 청취자의 문자가 오기도 하지 않았던가? 끝까지 청취자와 DJ가 어울려 함께 노는 방송이 되도록 적절한 감정 조절이 필요할 것이다.

"등대는 나팔을 불지 않습니다. 등대는 빛을 비춰줄 뿐입니다. 여러분들께 들어달라고 소리 지르지 않겠습니다. 재미있는 방송으로 묵묵히 빛을 비추겠습니다."

DJ 하하가 <텐텐클럽> 첫 방송에서 엔딩 멘트로 했던 말이다. 최근 들어 쟁쟁한 입담꾼들이 DJ로 나서며 청취율 경쟁이 점점 더 치열해지고 있다. <텐텐클럽>이 끝까지 그 약속을 지키기를 바란다. 꾸준히 스스로의 매력을 가꿔 나가면서 계속 신선한 코너들을 계발한다면, 앞으로도 '죽지 않는 텐텐클럽'이 될 수 있을 것이다.

사랑에 대한 또 하나의 환상
내 반쪽(Soulmate)을 찾아서

장정우

"연애는 게임이다. 연애라는 게임에서는 항상 덜 사랑하는 쪽이 유리하다." <소울메이트> 3회에 등장한 주인공 동욱의 독백이다. 21세기 현재, 우리의 삶과 방송을 막론해 떠오르는 키워드가 바로 '연애'이다. 21세기판 연애는 더 이상 두 남녀가 만나 애틋하게 순수한 사랑을 키워가는 '로미오와 줄리엣'식 연애가 아니다. 남자친구의 위치를 추적하고, 휴대폰 문자메시지 하나에도 무슨 의미일까 고민하며, 프러포즈를 하는 순간에도 내가 너무 앞서나간 것은 아닌가를 따지면서 서로의 마음을 사로잡기 위해 끊임없이 머리를 굴리는 긴장감이 팽팽한 게임 같은 사랑, 바로 우리 주변에서 흔히 볼 수 있는 연애 백태다. 이렇듯 밀고 당기기의 냉정한 게임, 연애를 가식 없이 보여주는 시트콤이 바로 MBC의 <소울메이트>이다. 20대 중후반 시청자 층을 사로잡기 위한 월요일 밤 11시 5분이라는 편성시간대와 <안녕, 프란체스카>를 통해 시트콤의 트렌드를 이끌었던 연출진이 만나 탄생한 한국판 <섹스 앤 더 시티>, <소울메이트>는 단숨에 20대 사이에서 화젯거리가 되었다.

머리 굴리는 사랑을 위한 연애백과로 알려져 20대 사이에서 인기를 끌고 있는 <소울메이트>의 주제는 역설적이게도 이 시대와 걸맞아 보이지 않는, 영혼이 통하는 운명적 사랑이다. <소울메이트>는 '이 세상 어딘가에 내 반쪽이 존재한다면 내가 힘들게 노력하고 애쓰지 않아도 모든 것이 행복하게 될 것'이라는 행복한 상상을 토대로 이야기를 풀어간다. 이야기는 소개팅, 지하철, 헬스클럽이라는 지극히 도시적이고 현대적인 공간에서 시작된다. 소개팅에서 만난 동욱과 유진의 사랑, 헬스클럽에서 만난 퀸카 민애와 료헤이의 사랑, 5년간의 장수연애 커플 수경과 필립의 사랑이 이 시트콤을 이끄는 커다란 줄기다.

1. 운명적 사랑이 존재한다?

이 시트콤의 매력은 시트콤 전반부에서 다뤄지는, 서로 사랑한다고 믿고 사랑을 이루기 위해 노력하는 동욱과 유진의 사랑이 사실은 '운명이 아니었다'는 반전과도 같은 설정에 있다. 보통의 이야기가 주인공 남녀가 만나 여러 에피소드를 거친 후 결국에는 사랑을 이룬다는 흐름을 따르고 있다는 점과 비교해볼 때 신선한 설정이 아닐 수 없다. 11회로 마감되는 시즌 1에서 운명의 짝으로 설정된 동욱과 수경이 서로를 정식으로 소개받는 것은 8회에서다. 1회에서부터 자신들은 의식하지도 못한 채 동욱과 수경은 끊임없이 마주친다. 수경이 5년간 사귀어 온 남자친구 필립의 애정이 변했음을 느끼고 방황할 때 우연인 듯 운명인 듯 그녀는 동욱과 끊임없이 스치게 된다. 물론 동욱과 수경은 서로가 마주쳤다는 사실조차 인지하지 못한다. 시청자는 이처럼 운명이라고 비춰지는 그들의 만남을 보면서 인위적이고 계산적인 현대의 연애 세태에서 새로운 사랑을 보게 된다.

<소울메이트>에 등장하는 것처럼 운명적 사랑이 정말 존재할까? 시청자의 고민은 시작된다. 동욱과 유진은 '소개팅'이라는 인위적 자리를 통해

만났지만 서로를 이해하기 위해 노력하고 어느 순간은 사랑이라고 느끼기까지 한다. 하지만 조금씩 느껴지는 서로의 차이 때문에 갈등과 오해가 생기는 것을 피할 수는 없다. 잃어버린 퍼즐 한 조각처럼 자신을 완벽하게 채워주는 동욱, 수경과의 상황과는 대조적이다. <소울메이트> 속 동욱과 수경의 사랑은 시청자들을 대리만족시킨다. 누구나 운명의 상대를 한번쯤은 꿈꾸어 봤기 때문이다. 운명처럼 통하는 사랑과 현실적으로 타협하는 사랑 간의 저울질이 시작됐다.

2. '남'녀의 마음을 읽는 연애심리 대백과사전

<소울메이트>에서 매회 빠지지 않고 등장하는 것이 바로 남녀의 연애심리 분석이다. 첫째, 둘째로 시작되는 연애 비법과 "아니, 이건!"으로 대표되는 상대방의 심리 분석은 요즘 젊은이들의 가장 큰 고민이 바로 연애라는 세태를 반영하고 있다. 시청자들은 각종 에피소드와 연애비법에 자신의 경험을 연결시키며 공감하게 된다. 최근 시청자들의 사랑을 받는 프로그램들의 특징은 시청자들에게 공감을 얻어낸다는 것이다. 시청자는 '삼순이'의 가식 없는 모습에 열광하고 '루루공주'의 이해할 수 없는 행동에 낙제점을 줬다. 공감은 시청자를 사로잡는 가장 큰 열쇠가 됐다.

<소울메이트> 역시 사실적인 대사와 심리표현으로 시청자들의 공감을 노리고 있다. 사실, 극에 등장하는 여러 사랑 중 가장 시청자들에게 공감을 받는 것은 유진의 사랑이 아닐까. 유진은 동욱에게 호감을 느끼고 그에게 잘 보이려고 애쓰는 가장 평범한 캐릭터이다. 세상의 모든 남자를 한 순간 유혹할 수 있는 민애와 그러한 민애를 헌신적으로 사랑하는 료헤이의 사랑이나, 한순간 운명처럼 서로에게 끌린다는 동욱과 수경의 사랑보다는 유진의 사랑이 우리의 경험에 더 가깝다. 좋아하는 남자에게 잘 보이려고 화장실을 참고, 먹기 싫은 음식을 먹으며, 그러면서도 조건을 따지는 속물적

속성을 지닌 유진은 현실의 우리들을 대변하는 캐릭터이다. 수경의 사랑이 환상을 불러일으킨다면 유진의 사랑은 공감을 준다.

여기에 더해 <소울메이트>는 이전의 드라마들과는 달리 남자 주인공의 심리를 잘 포착하고 있다. 이전의 드라마가 여자 주인공의 심리묘사에만 치중해 상대적으로 남성 캐릭터가 여성 캐릭터의 상대역으로만 존재했던 것과 달리, <소울메이트>에서는 남성과 여성을 대변하는 두 개의 톱니바퀴가 동시에 굴러간다. 극은 남녀가 처한 각각의 상황을 보여줌으로써 여성 시청자만을 대변하던 이전의 방송들과는 다른 차별성을 보여준다. 유진이 밤에 감상에 젖어 동욱에게 전화를 걸어 노래를 불러달라고 요청하면 동욱은 졸린 눈을 부비며 짜증을 억누른다는 식이다. 소설『냉정과 열정 사이』를 차례로 읽듯, 극중 남자의 상황과 여자의 상황은 맞물려서 보인다.

3. 웃기지 않은 시트콤

<소울메이트>의 특징은 웃기지 않는다는 것이다. situation comedy를 뜻하는 시트콤은 웃음을 그 특징으로 한다. 우리나라에서 시트콤의 역사를 본격적으로 열었다고 할 수 있는 <남자 셋 여자 셋>은 괴짜 캐릭터나 황당한 사건을 통해 웃음 유발을 꾀했다. 비정상적인 캐릭터가 상식을 벗어나는 사건을 저지르고 시청자들에게 어처구니없는 웃음을 자아냈던 것이다. <남자 셋 여자 셋> 속 인물들의 결점을 통한 웃음은 시트콤의 코미디적 요소를 충족시키기는 하지만 그 이상의 공감이나 재미를 끌어내지 못했다. <남자 셋 여자 셋>을 뒤이은 <논스톱> 시리즈, <세 친구>, <대박가족>, <올드미스 다이어리>, <안녕, 프란체스카> 등 다양한 시트콤들은 최근의 작품일수록 소재가 특이해지고 타깃 시청자 층이 좁아지는 특성을 보이기는 하지만 모두 공통적으로 웃음의 코드를 노리고 있다.

<소울메이트>는 웃기지 않다. 정확히 표현하자면 웃음보다는 공감을

노린다. 기존 시트콤과 동일한 느낌의 웃음을 주는 것은 극 전개의 감초 역할을 하는 '미진'과 '정환'의 코믹스러운 신 정도뿐이다. 나머지의 웃음은 기존의 시트콤이 노렸던 황당한 사건을 통한 웃음이 아니라 시청자 자신의 경험 또는 극 중 상황의 공감이 주는 웃음이다. <소울메이트>에는 시트콤에 빠지지 않았던 래프 트랙도 없다. 그래서인지 <소울메이트>는 오히려 드라마와 같은 느낌을 주기도 한다.

4. 시즌제 도입과 실험적 연출 기법

<소울메이트>의 또 다른 특징은 시즌제의 도입이다. <소울메이트>의 시즌별 제작은 방영 전부터 사전에 예정된 계획이었다. 매회 에피소드가 있고 주인공이 한정된 시트콤은 특성상 시즌별 제작이 적합하다. 하지만 얼마 전 종영한 <안녕, 프란체스카>와 같이 사전에 철저히 준비되지 못한 시즌제 방영은 오히려 시청자들에게 준비되지 못한 방송을 제공해 실망을 안겨 줄 수 있다. 시즌제가 정착돼 1년 주기로 드라마의 새로운 시즌을 방영하는 미국의 경우는 탄탄한 자료 조사와 장기적 스토리 라인을 사전에 준비하고 시즌별 공백기를 가지며 준비기간을 두고 있다. 시즌제 방송은 완성도 면이나 안정성 면으로 볼 때 방송의 질을 한 단계 높이는 방안이 될 수 있다. 최근 부쩍 거론되는 시즌제가 시청률이나 인기에 힘입은 즉흥성 속편 제작에 머무르지 않기 위한 노력이 필요하다. <소울메이트> 시즌 1은 운명의 짝을 향한 이끌림을 보여주고 있다. 시즌2에서 어떻게 또 한번 영혼의 교감이 표현될 지는 지켜볼 일이다.

또한 <소울메이트>는 100% 야외 촬영에, 고화질 HDTV 방식을 도입해 국내시트콤으로서는 이례적인 아름다운 미쟝센을 선보이고 있다. 녹색을 테마로 잡았다는 <소울메이트>는 신선한 화면으로 시청자들에게 수준 높은 영상을 선보이고 있다. 기존 시트콤이 스튜디오 촬영을 중심으로 제작

돼, 영상보다는 상황에 의해 이야기를 전개해 온 것과 대비되는 <소울메이트>의 실험적 연출기법은 분명 시트콤의 수준을 한 단계 높일 수 있는 고무적인 변화라고 본다. 모든 신의 야외촬영과 화려한 영상미로 인해 시트콤의 특성이라고 볼 수 있는 등장인물 간의 잘 짜여진 이야기 전개 구조가 방해받을 수 있다는 우려는 시트콤의 상황에 걸맞은 오밀조밀한 미쟝센 구도로 극복할 수 있을 것으로 보인다.

5. 소울메이트의 한계

<소울메이트>는 가식이 없고 솔직하다. 이는 분명 장점이 될 수 있다. 그러나 현대인의 연애상을 사실적으로 표현하기 위함을 넘어서는 지나치게 노골적인 표현들은 시청자의 눈을 불편하게 한다. 1회에서부터 보이는 민애와 료헤이의 헬스클럽 운동 신은 노골적으로 성행위를 모사함으로써 시청자에게 거부감을 주었다. 문제로 꼽는 이 신은 사실적인 표현을 넘어서 성적으로 과장되게 표현된 장면을 보여줘 자극적 효과를 위한 장면이라는 인상을 남겨줬다. 성인 시트콤이라는 정체성, 솔직함을 추구한다는 연출의 목표와 자극적이고 통속적인 프로그램의 차이는 종이 한 장이다. <소울메이트>가 격을 갖춰 진정 시청자들의 마음과 교감하는 프로그램이 되기를 바란다.

이 밖에도 <소울메이트> 속 여성들이 여전히 기존의 종속적인 여성상을 재생산한다는 점 역시 문제로 꼽을 수 있다. 드라마의 주인공 여성들은 전문직 여성이다. 수경과 유진은 신문사 기자이며 민애는 영어학원 강사이다. 하지만 이들이 일하는 장면이 비춰진 것은 극의 초반부뿐이다. 이들은 함께 모여 있는 곳은 신문사가 아닌, 연애비법을 공유하고 남자의 심리를 파악하기 위한 공간인 카페이다. 사랑에 목매달고 매달리는 여성 캐릭터들의 모습은 여성이 사랑에 종속돼 있는 듯한 느낌을 준다. 상대적으로 남성

캐릭터는 사랑에 초연하며, 대신 이성을 외모로만 판단하는 모습에 치우쳐져 있다. 퀸카 민애와 주희 앞에서는 꼼짝 못하고 노처녀는 함부로 대하는 남성 캐릭터의 모습은 이미 고루하게 형성된 남녀 인물의 고정관념을 고착화시킬 뿐이다.

6. 시즌2에 바란다

시즌제로 사전에 계획된 프로그램이니만큼 조만간 시즌2가 선보여지리라 예상된다. 참신한 발상과 표현으로 사랑받는 <소울메이트>가 시즌2에서도 속편이 아닌 시즌2로 살아남기 위해 제언을 해본다.

<소울메이트>의 전반부에서는 주인공인 남자 셋과 여자 셋이 등장해 팽팽하게 극이 전개됐다. 솔직한 대사와 탄탄한 플롯으로 극중 인물들은 서로의 삶에 조금씩 끼어들게 되고 시청자들의 몰입을 이끌었다. 하지만 극 초반에 보여준 차갑고, 순간순간 가슴 뜨끔한 날카로운 지적들이 시간이 지나면서 두 남녀의 진부한 사랑전개로 바뀌는 모습이 눈에 띈다. 극중 동욱을 사랑하는 유진은 백치미를 지닌 순수한 모습을 보이는 듯하지만 실은 가장 속물적 캐릭터이다. 그녀는 연애와 결혼에서 성격차이는 중요하지 않으며 조건만이 중요하다고 생각한다. 또 마음에 둔 남자를 두고 또 소개팅에 나가 완벽하게 능청스러운 요조숙녀 역할을 해낸다. 유진의 캐릭터는 시청자들 내면에 자리 잡고 있지만 흔히 드러내지 못하는 인간의 속물적 심성을 대변했다. 그러던 유진의 캐릭터가 시간이 지날수록 한 남자에게 목매는 드라마 속 전형적 인물로 바뀌면서 극의 흐름 자체가 진부해져 버린 느낌이다.

또한 극 후반에 민애의 여고동창생으로 나오는 하주희의 등장으로 민애가 가졌던 독특한 캐릭터 파워가 고스란히 사라져버린 듯한 느낌이다. 완벽해 보이는 최고의 퀸카로 시청자들의 부러움을 샀던 민애의 매력이 친구

주희를 그대로 모방한 것이라는 설정은 뒤통수를 얻어맞은 듯 한순간 김이 새는 느낌을 주기까지 한다. 결국은 모두 같은 인간이라는 시니컬한 시선이 느껴지게 하는 장면이다. 주희의 등장으로 극은 민애와 주희의 새로운 대결 구도를 얻게 되고 이 장면은 코믹스러운 요소로 웃음을 안겨준다. 하지만 민애와 수경, 유진이 이뤘던 캐릭터 사이에 잘 짜여진 삼각구도가 흐트러지고 민애라는 캐릭터가 한순간 빛을 잃은 것 같다는 느낌을 지울 수 없다. 주희가 등장하면서부터 민애는 주희와 유치한 사랑싸움을 벌이며 극의 흐름을 오히려 흐트러뜨리는 느낌을 준다. 무분별한 캐릭터의 등장은 오히려 극의 전개에 해가 되기도 한다. 주희라는 캐릭터가 민애와는 다른 독립적 캐릭터로 발전해야 안정된 4강의 체제로 극이 성립될 수 있을 것이라고 생각한다.

7. 20대의 반쪽, 소울메이트가 되기 위해서

한창 시트콤이 우후죽순으로 방영되던 시기가 있었다. 극의 구성이 드라마보다 자유롭고 꾸준한 시청자 층을 확보할 수 있다는 장점으로 번성한 시트콤의 시대는 얼마 가지 못했다. 소재의 고갈과 완성도 낮은 방송으로 인해 막을 내리게 된 것이다. 최근에는 각종 케이블 채널을 통해 외국의 시트콤까지 안방에 침투한 상황이다. <프렌즈>나 <섹스 앤 더 시티>가 이미 국내에 많은 마니아 시청자 층을 확보한 채 시청자 층을 넓혀가는 것은 지상파 시트콤에게는 하나의 위기 상황이 될 수 있다. 아이돌 스타의 등용문으로 전락해버린, 진부한 소재의 시트콤이 더 이상 살아남을 수 없다는 사실은 자명하다. 이제는 모든 시청자에게 공감을 얻기보다는 특정 시청자 층에게라도 강한 지지를 얻을 수 있는 완성도 높은 시트콤이 살아남을 것이다. <프렌즈>나 <섹스 앤 더 시티>가 성공한 것은 타깃 시청자들의 트렌드를 잘 읽었기 때문이다. 한국판 <섹스 앤 더 시티>, <소울메이트>

가 성공하기 위해서는 우리 시청자들의 정서를 잘 파악해야 한다. 기본적인 틀의 벤치마킹은 가능하지만 우리나라 정서에 너무 앞서나가는 내용은 오히려 역효과를 줄 수 있다.

　<소울메이트>는 많은 가능성을 지니고 있다. 이전과는 달리 사전부터 프로그램 시즌제의 준비가 이뤄지고 있고 HD화면의 미쟝센 역시 높이 평가할 만하다. 또한 연출자와 작가가 이전 프로그램부터 궁합을 맞춰온 콤비이기에 그들의 자연스러운 호흡 역시 기대해 볼 만한 요소이다. 하지만 무엇보다 중요한 것은 프로그램의 내용이다. 군더더기 없이 직선적인 솔직함과 이전의 시트콤에서 찾아볼 수 없었던 참신한 요소는 <소울메이트>의 가장 큰 가능성이다. <소울메이트>가 이 시대 20대의 진정한 소울메이트가 되기를 바란다.

TV를 읽다-〈TV, 책을 말하다〉

정민지

1. 책과 TV

책을 가까이하면 할수록 '책 읽기의 괴로움'을 실감한다. 책은 먼저 다가오는 법이 없다. 스스로 관심을 갖고 서점에 가서 직접 서가에 꽂혀 있는 책을 꺼내 뒤적이는 수고가 필요하다. 반면 TV는 그렇지 않다. 소파에 앉아 거의 눕다시피 하면서 리모컨의 채널 버튼만 손가락 하나로 혹은 엄지발가락으로 슬쩍 누르면 된다.

또한 책은 그다지 친절하지도 않다. 단어의 의미와 행간에 숨어있는 저자의 생각을 끊임없이 읽어내야만 한다. 문자의 홍수 속에서 방향을 잘 잡아야 하는 것도 전적으로 독자의 몫이다. 독자가 지루하다고 책은 이야기의 방향을 바꾸어주지 않는다. 지루하면 책을 덮으라는 식으로 베짱이 두둑하다. 이렇게 불친절한 책은 여간해선 생각하기 자체를 귀찮아하는 요즘 세태에 맞지 않다. 하지만 TV는 책과 달리 지극히 친절하다. 수십 개의 채널이 시청자의 기호에 맞추려고 안간힘을 쓰면서 매력을 발산한다. 책처럼 난해

하지도 않고 생각하기를 강요하지도 않는다. 시청자는 화면을 보고 그저 웃고 울고 그것도 아니면 채널을 돌리면 된다.

하지만 책과 TV의 이러한 이분법에서 벗어나고자하는 방송 프로그램이 존재한다. <TV, 책을 말하다>는 시청자와 독자의 관심을 동시에 얻으려는 방송이다. 책을 읽은 독자에게는 TV라는 매체를 통해 책에 대해 느낀 점을 공유할 수 있는 자리를 만든다. 시청자에게는 프로그램 시청 후 그 책을 읽고 싶게끔, 즉 시청자를 책 앞으로 이끈다. 책과 TV의 만남. TV 속에서 만나는 책. <TV, 책을 말하다>가 수없이 방영되고 종영되는 방송 프로그램들 사이에서 독보적인 존재가 될 수 있는 이유가 바로 TV와 책이 만나는 치명적인 매력 때문이다.

2. 유일무이한 책 소개 프로그램으로서 지고 있는 십자가

<TV, 책을 말하다>의 미덕은 다른 방송사에는 없는 유일한 '책 소개 프로그램'이라는 것이다. 시청률이 낮아 저녁 10시에서 최근 자정이 넘은 시간대로 밀려난 것이 안타깝지만 이 프로그램에 관심 있는 이들은 변함없이 프로그램에 대한 충성도를 보이고 있다. 프로그램의 방향이 어디에 있느냐에 따라 취사선택하는 것이 아니라 책 소개 프로그램에 대한 시청자―혹은 독자― 의 갈증을 <TV, 책을 말하다>가 해소해 주고 있는 것이다.

그 분야에 대해 유일한 프로그램이라는 것은 장점이기도 하지만 동시에 프로그램 운영의 운신의 폭을 좁혀주는 결과를 낳기도 한다. <TV, 책을 말하다>는 지난해 김미화, 장정일이 진행을 맡아 편안한 '북 토크'형식을 취했다. 올해부터는 시사토론 사회자였던 왕상한 교수를 진행자로 내세워 종전보다 더욱 전문성에 초점을 맞췄다. 이러한 프로그램의 형식상 변화에도 불구하고 시청자들의 반응은 크게 바뀌지 않았다. 김미화의 편안한 진행과 장정일의 어눌한 말투가 프로그램을 좀더 대중적으로 만들었다면, 왕상

한의 진행은 전에 비해 딱딱해진 대신에 깊이를 더했다. 대중성에서 전문성으로 프로그램의 성격을 바꾸었다는 것인데, 실은 여러 개의 책 소개 프로그램에서 역할을 분담해야 했지만 〈TV, 책을 말하다〉가 이 모든 책임을 과중하게 떠맡은 셈이 되었다.

유일한 책 소개 프로그램이라는 사실은 〈TV, 책을 말하다〉 제작진이 개편 때마다 대중성과 전문성 사이에서 고민하게 한다. 프로그램 제작 단계에서부터 고민은 시작된다. 선정도서를 이미 읽은 독자의 눈높이에 초점을 맞출 것인가, 아니면 책을 전혀 접하지 못한 이들을 대상으로 책을 소개할 것인가의 문제에 봉착하게 되는 것이다. 이 딜레마는 선정도서에 대해 깊이 있는 이야기를 나눌 시간을 줄이고 선정도서 자체에 대한 대략적인 소개에 상당부분 시간을 할애할 수밖에 없도록 한다. 특히 전문서적 같은 경우는 더더욱 그렇다. 50분이라는 짧은 시간은 선정도서를 개략적으로 설명하기에도 빠듯한 시간이다. 또 다른 책 소개 프로그램이 나타나지 않는 한 제작진의 딜레마는 계속될 듯싶다.

책 소개 프로그램이 자리 잡기 위해서는 무엇보다도 사람들이 — 시청자들이 — 책을 많이 읽어야 하는 것은 자명한 논리다. 선정도서를 사전에 읽었다는 가정이 현실이 된다면 시청자 수준 설정에 대한 제작진의 고민은 저절로 해결되기 때문이다. 따라서 〈TV, 책을 말하다〉는 비단 선정도서에 대한 논의에 그치지 않고 기회가 있을 때마다 특집프로그램으로 책 자체에 대한 관심을 증진시키는 데에도 노력을 기울인다.

작년 10월에는 문화의 달 특집 3부작을 꾸며 시, 소설, 수필에 대한 매력을 시청자에게 알렸다. 그 중에서도 시에 대한 특집에서는 시청 앞 광장에서 콘서트를 열어 시를 가사로 한 안치환의 노래와 랩퍼의 무대를 꾸몄다. 노래도 시가 될 수 있고, 젊은 랩퍼의 각운(라임)도 시에 해당된다는 것이다. 시인과 문학평론가, 배우 유인촌이 나와 각자가 좋아하는 시를 낭송했다. 또한 일반인이 나와 젊은 시절 당시 사랑하는 이에게 바친 자작시를 낭송했다. 시를 어렵게만 느낄 것이 아니라 감정을 그대로 표현한 것이라는 점을 시청자에게 알리려는 의도로 보인다.

200회 특집은 '왜 책을 읽는가!'에 대한 것이었다. 오지를 누비는 한비야 긴급구호팀장이 책읽기의 기쁨을 그 낭랑하고 기분 좋게 만드는 목소리로 말할 때는 듣는 이 누구나 책을 가까이하고 싶은 생각이 절로 든다. 패널들은 사람들이 책을 어렵게 느끼는 이유에 대해서 분석하기도 하고, 그 이유에 대해 동감하기도 한다. "책을 무슨 낙으로 보십니까?" "책과 영상 중 어느 쪽이 좋습니까?" "어떤 기준으로 책을 고르십니까?" 이러한 대화를 나누는 과정에서 책에 대한 관심을 불러일으키고 책을 매력적으로 보이게 한다.

하지만 책 자체에 대한 관심을 호소하는데 프로그램이 관심을 기울이는 만큼 잃는 것도 있다. 프로그램이 연말 선정한 '올해의 책'의 상당수가 오히려 프로그램의 선정도서로 소개되지 못한 책이었다는 점에서 이 한계는 드러난다. 좋은 책이지만 대중성에 밀려 선정되지 못한 것이다. 책 자체에 대한 관심을 향상시키는 노력을 하면 할수록 개별 선정도서에 대한 심도 있는 이야기를 할 시간은 상대적으로 줄어들게 된다는 것도 문제다. TV의 장점인 영상을 적극 활용하여 연극이나 애니메이션 등으로 재구성할 때 선정도서가 갖고 있는 본래의 매력은 자칫 반감될 위험도 항상 존재한다. 책은 독자의 상상력에 의해 재구성되는 것인데, TV의 영상이 이를 방해하거나 혹은 규정해 버리는 부작용이 우려된다.

3. 책의 다양성, 축복이자 괴로움

<TV, 책을 말하다>의 장점은 선정도서 자체의 매력에서 기인하기도 한다. 책은 그 어떤 매체에서도 다루지 못한 — 다룰 수 없는 — 광범위한 내용을 담아낼 수 있는 큰 그릇이다. TV에서 다루지 않은 심리학이나 과학

등은 책 소개 프로그램만이 누릴 수 있는 큰 축복이다. 박찬욱 감독이 나와 말하는 자신의 영화관은 일반 연예프로그램에서 말하는 인터뷰와는 차원이 다른 격을 갖고 있다. 그 어떤 인터뷰보다 감독 자신이 지은 책을 들고 나와 이야기하는 무대가 박찬욱표 영화를 이해하는 데에 도움을 주는 자리가 되는 것이다. 이 프로그램만이 갖고 있는 강점이다. 한편 선정도서 자체에 대한 프로그램의 매력 말고도 〈TV, 책을 말하다〉는 최근 변화를 꾀하고 있다. 예전과 달리 한 권의 책을 선정해 이야기하기보다는 같은 분야에 비슷한 주제를 갖고 있는 두 권의 책을 한자리에 놓고 이야기하는 경우가 많아졌다. 한 권의 책에 함몰되지 않고 관련주제 전반으로 대화의 격을 높이려는 시도로 보인다.

하지만 또 여기에도 문제는 있다. 책은 지극히 개인적인 감정과 일대일로 만나는 장이다. 따라서 그 책이 어떤 이에게는 감동을 불러일으킬지라도 또 다른 이에게는 눈꺼풀이 감겨 손에서 떨어뜨리게 만드는 책이 될 수도 있다. 관심 있는 주제를 이야기하는 책이 선정되면 그 시청자는 흥미롭게 프로그램을 볼 수 있지만 그렇지 않다면 지루하기 짝이 없게 된다. 책 자체를 두루 좋아한다면 별 상관이 없겠지만 이런 사람은 지극히 극소수에 불과하다. 따라서 프로그램에 대한 어지간한 애정이 있지 않는 한 선정도서에 대한 시청자 개개인의 호응도가 중요한 요소가 된다. 다양한 스펙트럼의 책들을 프로그램이 다룰 수 있을 지라도 시청자의 관심도는 그것보다는 좁기 때문에 이 스펙트럼을 모두 소화해낼 수는 없다. 그러므로 선정도서를 결정하는 그 과정에서부터 제작진은 다양한 분야의 다양한 책 사이에서 행복한 고민과 동시에 끊임없이 갈등하게 되는 것이다.

4. 소통의 문제 - 말 걸기

어떤 책이 주제로 나오든 간에 프로그램의 시작은 항상 같다. 사회자는 묻는다. "책을 읽고 어떤 생각이 드셨습니까?" "이 책에서는 이렇게 말하고 있는데, 공감(共感)이 되었습니까?" 사회자와 패널 간 이뤄지는 대화의 많은 부분은 이런 식으로 진행된다.

아내가 버젓이 남편을 두고 있는데도 또 한 번 다른 남자와 결혼을 한다는 내용의 소설 『아내가 결혼했다』를 두고 사회자가 남성 패널에게 건넨 첫 번째 질문은 "결혼하셨습니까? 사모님을 사랑하시죠? 이 책의 주인공처럼 사모님이 행동하면 어떠실 것 같습니까?"이다. 이에 대해 패널은 소설을 재밌게 읽었지만 실제로 그렇게 의연하게 행동하지는 못할 것 같다고 머리를 긁적거리면서 이야기한다. 다음으로 사회자는 소설의 저자 박현욱에게 질문을 건넨다. "소설이 허구라고는 하지만 어쩌자고 이런 소설을 만들게 되셨습니까?" 저자는 말한다. "일반적으로 상식이라고 알고 있는 것들, 아주 당연하다고 알고 있는 것들을 한번 뒤집어 보면, 더 잘 보이는 것들이 많아요 가령 아내가 결혼했다고 하면 많은 분들이 말도 안 된다고 생각하시거든요" 소설의 사회학적 의미 — 이를테면 결혼이라는 제도의 허구성에 대한 성찰 — 를 짚어보기 전에 주인공에 대한 공감(共感)을 최우선으로 이끌어 내는 것이다.

이처럼 <TV, 책을 말하다>는 저자와 패널, 패널과 패널, 저자와 독자, 패널과 독자를 책이라는 매개체로 하나로 묶어내려고 노력한다. 책을 읽고 느낀 감동은 지극히 개인적인 것일지라도 그 느낌을 나만이 아니라 다른 사람도 그렇게 생각했구나 하며 공유하는 것은 은밀한 독서에서 벗어나 대화와 소통의 즐거움을 느끼게 한다. <TV, 책을 말하다>는 프로그램이 시작되기 전후에 그 주의 선정도서를 방청객에게 나누어 준다. 가끔은 장미 꽃 한 송이를 곁들여 주기도 한다. 방청객뿐 아니라 프로그램 시청자까지 같은 책을 공유함으로써 일종의 '동지의식'을 느끼게 만드는 것이다.

5. TV를 읽는 즐거움

이 프로그램의 제목이 현재형이듯이, 〈TV, 책을 말하다〉의 노력은 계속해서 진행 중에 있다. 〈TV, 책을 말하다〉는 대중성과 전문성 사이에서 끊임없이 고민하고 균형을 맞출 것이다. 또한 매주 어떤 책을 주제로 정할 것인가에 대해 머리를 싸매고 고민할 것이다.

〈TV, 책을 말하다〉는 책을 읽은 독자에게는 깊이감을 주고, 책을 읽지 않은 시청자에게는 시청 후 책을 읽고 싶게 만들 때 비로소 목표를 달성하게 된다. 두 마리 토끼는 잡기 힘들지만, 영영 잡을 수 없는 것은 아닐 것이다. 다양한 분야의 책을 소개하되, 그 분야에 전혀 관심이 없는 시청자들까지도 포용하여 관심을 불러일으킬 수 있도록 하는 것이 프로그램의 최종적인 목적일 것이다. 이미 〈TV, 책을 말하다〉는 절반의 성공은 거두었을지도 모른다. 게으른 시청자인 나조차도 『아내가 결혼했다』, 『노신 평전』, 『스키너의 심리상자 열기』, 『제인 에어』를 프로그램 시청 후 인터넷서점에서 구매했기 때문이다.

방송 홈페이지의 대문에는 이런 글귀가 쓰여 있다. "누가 책의 위기를 말하는가. 책이 TV 속에서 화려하게 부활한다." 그러나 〈TV, 책을 말하다〉는 단순히 과거의 모습으로 책이 부활(復活)하는 것이 목표가 아니다. 독서의 개별성을 넘어서 서로 느낌을 공유하고 소통하면서 한 차원 다른 독서의 장을 여는 것이다. TV와 책의 만남이 '잘못된 만남'이 아니라 '천생연분'임을 〈TV, 책을 말하다〉는 매주 월요일 자정이 갓 넘어선 시간에 증명하고 있다. 늦은 밤 잠은 오지 않고 가슴 속이 허전하다 싶은 이들, 그렇다고 딱딱한 책을 보고 싶은 맘도 없는 이들은 머리맡에 있는 리모컨으로 TV를 슬쩍 켜 보시라. "상상하라. 무엇을 상상하든 그 이상을 보게 될 것이다."라는 어느 영화 포스터의 문구가 실감날 것이다.

'왜곡'과 '환상'을 넘어

'차베스의 도전'은 새로운 길을 만들어 가고 있는가

최재훈

만드는 이의 주관적인 시각과 판단을 완전히 배제한 채 시종일관 객관성과 중립을 유지하는 다큐멘터리라는 것이 과연 현실에서 가능한가? 아니, 그렇다손 치더라도 그것이 절대적으로 옳고 그래야만 하는 것인가? 내 생각부터 말하자면, 아니다. 어차피 다큐멘터리라는 형식도 작품이 기획, 촬영, 편집되는 과정에서 만드는 이의 주관과 시각, 더 나아가서 세계관이 그 밑바탕을 이룰 수밖에 없다. 그것이 사실을 의도적으로 부풀리거나 반대로 축소한다든지, "~카더라"는 내용을 "~이었다"라고 단정하는 오류 ─ 때로는 '미필적 고의'에 의한 왜곡 ─ 를 범하지만 않았다면, 그 자체가 비난받을 대상은 아닌 것이다.

그렇다면, 방송이, 그것도 공중파 TV가 (아직까지) 가지고 있는 시청자들에 대한 엄청난 영향력을 따져 볼 때, 방송 제작자들의 주관이 그대로 여과 없이 시청자들에게 전달되는 건 어떻게 막을 거냐고? 또다시 내 생각을 이야기하자면, 막을 필요가 없다. 아니 막아서는 안 된다. 그거 막겠다고 다시 사전검열을 하거나 제작자보고 자기검열을 하라고 할 수는 없잖은가? 그건 절대 안 될 일이다.

다들 알다시피 요즘은 방송국마다 프로그램 별로 온라인상에 시청자 참여 게시판을 열어놓고 있고, 또 방송 3사들은 자체적으로 방송 비평 프로그램도 제작하고 있다. 프로그램을 만든 제작자의 시각이 과연 보편타당하고 설득력 있는 것이었는지를 평가할 수 있는 공간이 예전에 비해 많이 열려 있다는 것이다. 게다가 수많은 신문, 잡지, 인터넷 언론들도 항상 안테나를 세우고 있다가 어떤 프로그램의 질이 함량미달이거나 사실을 왜곡한다 싶으면 가차 없이 회초리를 휘두른다. 시청자, 방송국, 다른 언론사 등이 각각 방송의 편파성과 왜곡을 판단하고 걸러낼 여과장치의 기능을 하고 있는 것이다.

그런데, 간혹 그 여과장치가 오히려 균형을 잃은 편향된 시각으로 가득 차 있거나 함량미달인 경우도 있다. 지난 2006년 2월 18일에 방영된 KBS 1TV의 KBS스페셜 '신자유주의를 넘어-차베스의 도전(이하 차베스의 도전)' 이란 프로그램에 대한 조선일보의 데스크칼럼 "KBS가 차베스를 띄운 이유"가 그 대표적 예이다. 그리고, 그것이 내가 위 프로그램에 대한 비평 글을 써봐야겠다고 마음먹게 된 이유이기도 하다.

먼저, 방송 비평이라는 본래의 목적에서 잠시 벗어나 조선일보 칼럼에 대한 이야기부터 해야겠다. 해당 칼럼은 "KBS 1TV 시청자들은 잠시 혼돈스러웠을 것"이라는 걱정으로 시작하고 있다. 그러면서 멕시코 작가 카를로스 푸엔테스가 차베스를 가리켜 '열대의 무솔리니'라고 했다는 점, 미국의 《포린 폴리시》 지의 '새로운 유형의 독재'라는 평가, 차베스가 집권 이후 베네수엘라의 입법, 행정, 사법권을 완전히 장악하고 국영석유회사(페

데베사, PDVSA)를 통제했다는 사실, IPI(국제언론협회)가 그를 언론탄압 지도
자로 지목한 점 등의 차베스에 대한 비판적인 평가를 무시하고 제작진이
"차베스 '미화'에 급급"했다고 비판하고 있다. 그것도 "황금 같은 주말 오후
8시"에 말이다. 내가 보기에 이 칼럼은 그 내용의 질이나 논리적 타당함을
떠나 적어도 일관성이라는 측면에서는 후한 점수를 매길 만하다. 왜냐하면,
조선일보를 비롯한 중앙, 동아, 세계, 국민일보 등 한국의 대다수 신문에서
는 이미 1998년 12월 차베스가 56.5%라는 역사상 최대의 지지로 베네수엘
라 대통령에 당선됐을 때부터 일관되게 그를 대중의 인기에만 영합하는
'포퓰리스트'이자 맹목적인 반미, 반(反)자본을 부르짖는 '좌파 독재자'이
며, 기이한 언행만 일삼고 도대체 어디로 튈지 모르는 '돈키호테'같은 인물
로 규정짓고 있었기 때문이다. 그런 관점을 가진 기자의 입장에서 보면,
KBS스페셜의 '차베스의 도전' 편은 "시청자를 외눈박이로 만들어" 버린,
한국의 공영방송 KBS가 내보내기에는 너무나 부적절한 프로그램으로 비쳐
지는 게 당연했을 것이다. 참고로, 이런 표현이 합리적인 지는 모르겠지만,
'심지어 한겨레마저도' 차베스 등장 초기에는 "카리스마적이고 안하무인격
인 성격이 점차 본색을 드러내고 있다"거나 차베스의 개혁정책을 면밀한
분석도 없이 "1인 독재의 야망을 실현하려는 측면"과 "족벌 정치의 출현"
만으로 해석하며 "개혁의 순수성을 의심하게 된다"는 식의, 사무실 책상에
앉아 외신기사를 검색하며 별 고민 없이 자판을 두들겼음직한 혐의가 물씬
풍기는 기사를 양산하기도 했었다.

아마도 그래서였을 것이다. 우고 차베스 대통령과 그의 '볼리바리안 혁
명'에 대한 한국사회 내의 일방적인 폄하와 왜곡된 편향이 워낙 광범위하게
퍼져 있었기에 제작진은 더더욱 그것을 바로 잡아야겠다는 사명감을 가지
고 프로그램을 기획하고, 또 만들었을 것이다. 원래 한 쪽으로 기울어진
기둥을 바로 세우려면 줄을 묶고 반대쪽으로 잡아당겨야 하는 것처럼, 전체

프로그램의 상당부분을 차베스라는 인물이 가진 혁명과 사회개혁에 대한 열정, 반신자유주의와 반제국주의에 대한 확신, 그가 이끄는 볼리바리안 혁명에 대한 베네수엘라 민중들 다수와 세계 진보진영의 기대와 지지를 담아내는데 할애한 것도 그런 이유 때문이었던 듯하다. 반차베스 진영의 쿠데타로 대통령직에서 쫓겨나 라 오르칠라 섬에 27시간 동안 유배되었다가 거리로 쏟아져 나온 민중들의 차베스 지지 시위에 힘입어 극적으로 복귀했던, 그리고 뒤이은 자본 파업과 국민소환투표 같은 가시밭길을 무사히 헤쳐 나온 차베스의 한 편의 드라마 같은 인생역정과 그를 중남미의 큰 골칫거리로 여겨 권력에서 끌어내릴 기회만 엿보는 미국에 당당히 맞서는 그의 줏대 있는 자주외교 같은 부분도 빼놓지 않고 말이다.

이제 그 다음 문제는 그런 제작자의 '주관적인' 의도와 시각이 얼마나 사실에 입각하고 있고 객관적인 타당성을 인정받을 수 있느냐 일 것이다. 나름대로 차베스의 개혁과 신자유주의에 맞선 라틴아메리카 민중들의 연대 노력을 관심 있게 지켜봐왔다고 자부하는 입장에서 감히 말하자면, '차베스의 도전' 편은 비교적 사실전달에 충실하려 노력한 프로그램이었다고 평하고 싶다. 물론 "도대체 당신은 무슨 근거로 그렇게 평가하냐"고 반문할 수도 있을 것이다. 거기에 대한 나의 대답은 이렇다. 세계 4위의 석유생산국으로 1976년부터 1995년 사이에 석유 수출로 번 돈만 해도 2천7백억 달러에 달하는 나라에서 전체 인구의 84%가 빈곤층에다가 전체 아이들의 30%는 초등교육도 마치지 못한 채 길거리로 내몰리며, 수도 카라카스 주민들의 60%가 전기와 수도가 없는 집에서 살아야 하는 현실, 그러면서도 전체 인구의 상위 10%가 국가의 부의 대부분을 독점하고 해마다 엄청난 외화를 해외로 빼돌리는 나라는 분명 정상적인 나라가 아니다. 차베스가 대통령직을 물려받을 당시의 베네수엘라가 바로 그런 나라였다. 그래서, 부패와 빈곤 척결을 실현하기 위해 당선되자마자 제헌의회를 구성하고 새 헌법을 만들어 개혁에 저항하는 과거 기득권층이 장악하고 있던 입법부와 사법부를 완전히 물갈이한 그의 행위를 두고, 오직 자신들의 이익과 안위를 위해 독재를 행했던 다른 수많은 독재자들과 동일선상에 놓고 '좌파 독재자'로 규정지어 버리는 것은 단순하고 무책임한 비판이다. 또한 그는 49개 개혁법안과 다른 여러 개혁 정책을 통해 땅 없는 농민들에게 농사지을 땅을 공급하고, 100만 명이 넘는 아이들이 학교로 돌려보냈으며, 21%에 달하던 실업률은 10% 초반으로, 21%이던 유아 사망률은 17%대로 낮췄다. 이것을 어떻게 '대중의 인기에 영합하는 포퓰리즘' 정책이라고 단정 지을 수 있겠는가. 양식 있는 사람이라면 누구나 반대하는 미국의 이라크 전쟁에 대해 비판하고, 그동안 미국의 뒷마당쯤으로 여겨졌던 라틴 아메리카의 미래를 라틴 아메리카 민중들이 스스로 개척해나가자는 주장이 왜 '안하무인격인 독설'로 평가되어야 하는가. 바로 그런 면에서 '차베스의 도전' 편은 한국의 보수세력들로서는 도저히 이해할 수 없는 베네수엘라 민중들의 그에 대한 압도적인 지지의 배경과 원인이 무엇인지를 잘 정리해서 보여주고 있다.

그러나, 그러나 말이다. 나는 차베스를 일방적으로 폄하하는 시각과는 정반대로, 비록 소수이긴 하지만 차베스에 대한 현실을 넘어선 환상도 엄연히 존재함을 알고 있다. 아니, 엄밀히 말하면 그것은 환상이라기보다는 기대이자 희망에 근거한 시각이라는 편이 더 정확할 것이다. 1959년 무장혁명에 성공한 뒤 미국의 경제제재 등으로 인한 극심한 경제침체와 관료주의로 혁명의 열정이 사그라지고만 쿠바, 민주적인 선거에 의해 집권에 성공한 뒤 미국이 배후조종한 군사 쿠데타와 경제제재 등으로 정의와 평등에 대한 새로운 실험이 좌절됐던 칠레와 니카라과의 전철을 다시는 되풀이하지 않았으면 하는 기대 말이다. 미국식 신자유주의 체제가 거스를 수 없는 대세로 받아들여지는 오늘날, 그에 맞서는 라틴 아메리카 민중들의 '4차 세계대전(<볼리바리안 혁명: 베네수엘라 민중의 삶과 투쟁>이란 다큐멘터리를 보면, 과거 동서 진영의 냉전을 3차 세계대전으로, 신자유주의 세력과 반신자유주의 세력 간의 투쟁을 4차 세계대전으로 묘사하고 있다)'이 극단적인 불평등과 빈곤의 심화, 인간소외를 양산하는 신자유주의의 벽을 넘어선 새로운 대안을 만들어가는 돌파구 역할을 해줬으면 하는 희망 말이다. 그런 이유로 많은 이들이 차베스 대통령이 그런 희망을 현실로 만들어 줄 수 있는 (메시아까지는 아니더라도) 전도사로 남아 주길 바란다. 하지만, 희망과 현실은 반드시 일치하는 것은 아니다. 과연 차베스는 그런 기대에 부응할만한 인물일까. 지금 그와 그의 조국 베네수엘라가 가는 길은 올바른 길인가.

내가 '차베스의 도전' 편을 끝까지 기대를 가지고 지켜본 것은 바로 그런 의문에 대해 냉정하게 평가하고 판단할 수 있는 근거를 제공해 주기를 바랐기 때문이다. 결론적으로, '차베스의 도전'은 나의 기대를 충족시키지 못했다. 그를 못 잡아먹어서 안달인 사람들의 이야기를 들려줬어야 한다는 말이 아니다. 그를 긍정적으로 평가하는 내용 반, 비판하는 내용 반 하는 식으로 어설프게 기계적인 중립을 지켰어야 했다고 말하고자 함은 더더욱 아니다. 한 편으로는 그와 그의 볼리바리안 혁명을 외세와 자본의 부당한 압력으로부터 지켜내기 위해 애쓰면서도 다른 한편으로는 냉정하게 비판을 가하고 그 한계를 지적하는 시각이 세계의 진보진영 내에서 분명히 존재하는 것으로 알고 있다. 나는 그들의 생각을 듣고 싶었고 알고 싶었다. 그러나, '차베스의 도전'은 거기까지 다루지는 않았다. 아니, 못했는지도 모른다. 물론 프로그램 말미에 모든 개혁정책의 수행이 체계적인 시스템의 구축에 의해서가 아니라 차베스 대통령 개인의 판단에 따라 이루어지는 1인 시스템의 문제점을 언급하고 있기는 하다. 그러나, 그것은 수많은 공(功)과 의미 있는 시도 과정에서 있을 수 있는 허물 정도가 아니라 그 자체가 결정적인 과(過)일 수도 있다. 제작진이 프로그램 홈페이지를 통해 밝히고 있듯이 "전 세계적으로 신자유주의 물결이 거세게 몰아치고 있는 지금, 그의 실험과 도전은 남미를 넘어 세계적 의미를 갖고 있음을 결코 부정할 수 없”기에 더더욱 그의 볼리바리안 혁명이 남미를 넘어, 우리나라를 비롯한 전 세계 민중들이 기대와 희망을 가지고 지지를 보낼 만큼의 보편성과 합리성을 갖추며 진행되고 있는지에 대한 깊이 있는 접근과 내용상의 할애가 아쉽기만 하다. 그래야 조선일보의 “왜 지금 남미 반미좌파의 선봉인 베네수엘라 지도자의 영웅담을 그 나라 국영 TV도 아닌 KBS에서 봐야 하는가”같은 물음에 보다 자신 있게 대답할 수 있을 텐데 말이다.

가부장 개그는 가라

SBS <웃음을 찾는 사람들>과 KBS <개그콘서트>에 나타난 남성 중심
개그의 문제점과 코미디장르의 발전방향을 중심으로

한병채

1. 코미디 프로그램의 남초현상

한국사회는 가부장적이다. 하지만 그렇지 않은 사회는 또 몇이나 될까.
가부장제는 그 영향력이 크고 작은 차이가 있을 뿐 어느 선진사회에나 후진
국에나 아직 잔재하는 제도이며 사회 구석구석에 그 성격이 반영되어 있다.
그러나 사회변화에 따른 가부장제의 폐단이 속속 대두되면서, 방송은 시청
자들에게 기존의 가부장적 질서에서 탈피한 '남녀평등'이라는 새로운 패러
다임을 제시해야 할 의무를 갖게 되었다. 날이 갈수록 방송은 프로그램
안의 남성과 여성의 평등한 관계를 그리는데 더 큰 노력을 기울이고 있다.
그러나 이러한 시류 속에서 태평하게도 수년 째 가부장적 방석 위에서 움직
일 생각을 하지 않고 있었던 TV방송장르가 있으니, 바로 코미디다.

시청자들에게 코미디는 단순히 '웃기는 장르'이다. 잠시나마 시름을 놓
고 웃고 싶어 할 뿐, 아무도 코미디를 보면서 심각해하고 싶어 하지 않는다.

그렇기 때문에 사람들은 코미디 프로그램의 비평에 대해서는 관대하다. 그러나 코미디는 중요한 사회적 장르이다. 한국에는 스탠드업 코미디의 형태에 슬랩스틱 코미디의 소란스러운 액션과 풍자적 아이디어가 혼재된 개그가 어우러진 코미디 프로그램이 큰 인기를 얻고 있다. 이러한 형태의 코미디들은 과장과 액션, 음악 미술 등의 복합적인 채널로 내용을 짧은 시간 안에 쉽게 전달하는 특성을 가지고 있으며 시청하는 사람들의 단기 집중도 또한 높기 때문에 메시지의 전달효과가 크다. 그런 면에서 코미디는 어떤 이념을 시청자들에게 인식시키는데 강력한 힘을 발휘할 수 있고 다양한 사회현상을 한꺼번에 내포하는 힘을 가지고 있다.

항상 엎치락뒤치락 시청률 순위권을 다투는 KBS의 <개그콘서트>와 SBS의 <웃음을 찾는 사람들(이하 <웃찾사>)>이 한국 코미디프로의 대표적인 예가 되겠다. <개그콘서트>는 1년이 넘게 어린이와 청소년층에서 시청률 5위 안에 드는 꾸준한 인기를 보이고 있으며 <웃찾사>가 평균 10% 이상의 시청률을 보이며 그 뒤를 바짝 쫓고 있다. 그러나 이 두 코미디 프로그램을 찬찬히 뜯어보면 출연자의 성비나 내용적인 면에 있어서 상당히 가부장적인 프로그램이라는 사실을 알 수가 있다.

가장 먼저 눈에 띄는 것은 여성 출연자의 수이다. 현재 <웃찾사>에 출연 중인 개그우먼은 약 6명 정도 그 중에서도 한 코너의 중심인물 격인 여성 출연자는 전체 프로그램에서 3~4명에 지나지 않는다. 서른 명이 넘는 전 출연자 수를 고려할 때 심각한 남초현상이 빚어지고 있는 것이다. <개그콘서트>는 더 심각한 상황이다. 45명의 총 출연진 가운데 여성 출연자는 고작 6명(2006년 현재). 12%도 채 되지 않는 비율이다. 일반적인 TV 프로그램의 평균 여성 출연자 비율이 30%가 넘는 것을 고려했을 때 이것은 형편없이 낮은 수치이다. 또한, 4월 중순에 방영된 두 코미디 프로에서 여성이 한 명도 등장하지 않은 코너의 수는 <웃찾사>의 총 11개 코너 중 6코너

(2006년 4월 13일 방영분), <개그콘서트>의 전체 10코너 중 8개 코너(2006년 4월 16일 방영분)였으며, <웃찾사>의 경우에도 여성 출연자가 엑스트라가 아닌 중심인물로 등장했던 코너는 3개에 불과했다. 수적으로 여성 출연자와 남성 출연자가 반반씩 등장한다고 해서 남녀가 평등한 프로그램이 된다고 주장하는 것은 아니다. 그러나 우선 표면적으로 보이는 남녀의 비율을 따져 보았을 때 그 내용적인 측면과 이 코미디들이 사회가 여성을 보는 시각에 미칠 영향 역시 그리 희망적으로 보이지 않는 것이 사실이다.

2. 코미디- '망가짐'과 '망가뜨림'의 미덕

코미디가 사람들을 웃게 하는 근원은 '망가짐', 혹은 '망가뜨림'에 있다. 스스로를 다른 사람에 비해 모자라 보이게 하는 바보 연기(<개그콘서트> '집으로'의 빡구)나 사회적 마이너리티를 연기하는(<개그콘서트> '현대생활백수'의 백수 캐릭터, '이소룡이 간다'의 소룡이) 개그는 이 '망가짐'의 범주 안에 드는 것이라 할 수 있다. 사람들은 자신과 코미디언이 연기하는 인물 사이의 갭을 보며 작은 우월감과 함께 친근한 느낌을 받게 된다. 그러나 망가지는 인물의 기능이 여기서 끝나는 것이 아니다. 그들은 자신의 캐릭터가 망가지는 순간에 사회의 한 단편을 담는다. <웃찾사> '러브포맨'에 등장하는 '추남' 캐릭터는 바보 같은 오버액션 뒤에 외모지상주의의 우리사회를 담는다. <개그콘서트> '봉숭아 학당'의 '전교 1등'이 볼썽사납게 혀를 내미는 순간에는 사회 엘리트들의 우월 의식과 학벌 제일주의가 담겨 있다. 그는 시청자들에게 '재수 없어'를 외칠 기회를 줌으로써 사회에서 학벌지상주의 때문에 받은 스트레스를 해소할 수 있게 한다.

한편, '망가뜨림'의 개그는 정치가, 재벌, 판검사 등 사회적 강자들의 권위를 조롱하고 풍자를 이용하여 무너뜨림으로써 사람들의 사회적 억압감을 해소하는 방식의 개그이다. <웃찾사>의 '형님뉴스'에서는 조폭두목의 입을 빌려 "대체 국민들이 정부를 믿게 되는 날은 언제냐"며 탄식함으로써 정치가들을 비판하며, <개그콘서트> '범죄의 재구성'의 '황검사'는 결백한 용의자(곽한구)를 억지논리로 구속시키려 하는 막무가내 검사 캐릭터로 권력을 남용하여 권력층을 풍자한다. 이와 같은 '망가뜨림'의 개그는 사람들에게 단지 일회용 웃음을 주는데 그치지 않고 사회의 모순과 부패를 드러내고 그것을 치유할 기회를 확장시킨다는 데서 그 중요성을 갖는다.

그렇다면, 사회적으로 이렇게 중요한 입지에 있는 코미디장르에서 여성이 소외되고 있다는 사실은 무엇을 의미하는 걸까.

3. 코미디 속의 여성

TV 속의 여성은 철저히 남성의 시각에서 본 '객체'이며 이것은 가부장제의 그늘에 쌓인 사회의 반영이다. 영화나 드라마 등 대중문화 속의 모든 여성들은 '어머니'가 아니면 성적인 대상으로서의 '애인', 두 가지 중 하나로 규정된다는 지적은 예전부터 있어왔다. 이 두 가지 여성상은 콘텐츠의 가부장적 성격이 짙을수록 뚜렷이 나타난다. 출연배우의 성비와 내용적인 측면에서 대표적인 '남자 영화'로 분류되는 영화 <실미도>에 유일하게 등장한 두 여성이 주인공의 어머니와 남성들에게 강간당하는 여선생이라는 사실은 대중매체 속의 여성상에 대해 시사하는 바가 크다. 남성 중심사회에서의 여성은 남성의 입장에서 본 평면적인 인물로 그려진다.

그러나 본인이 '망가지거나' 사회를 '망가뜨림'으로써 기존 사회를 뒤흔들 수 있는 개그 속의 인물들은 어떤 존재인가? 기성질서를 무너뜨리기 위해서는 일단 적극적이고 주체적인 성격이어야 하며 보통사람들의 허를 찌를 수 있는 새로움을 갖춰야 한다. 그렇기 때문에 코미디 속의 많은 인물들은 '입체적 캐릭터'로, 기존에 수도 없이 그려져 왔던 평면적 인간상을 거부하는 참신한 캐릭터들이다. 적어도 남성 개그맨들이 연기하는 캐릭터들은 그렇다. <개그콘서트> '이소룡이 간다' 코너의 이소룡(장동민) 캐릭터가 우스꽝스럽게 쌍절곤을 휘두르는 것 외엔 사실 아무 힘도 능력도 없음에도 불구하고 권력을 가진 상대(곽한구)에게 과감히 덤비는 것처럼, 많은 남성 캐릭터들은 결단력이 있고 주체적인 모습이다.

그러나 개그 속의 여성 캐릭터들에서 이렇게 입체적이고 주체적이며 사회의 벽을 '망가뜨리는' 시도를 하는 인간상은 찾아보기 힘들다. 더구나 '망가짐'의 자유가 허용되는 것 또한 외모적으로 열등한 여성 개그맨에게만 국한되기 일쑤이다. 표면적 아름다움을 배제한 '망가짐'의 여성 캐릭터는 어머니도, 애인도 될 수 없으며 남성의 눈에 이미 '여성'으로 분류되지 않는 제3의 인물일 뿐이다. 이러한 여성 캐릭터는 종종 남자 출연자들에 의해서 연기되기도 하며 이들 대부분이 외모의 혐오감을 강조하는 분장이나 연기를 한다. 이러한 대표적 여성 캐릭터는 <웃찾사> '퀴즈야 놀자' 코너의 '막내딸'이다. 이 인물은 못생긴 얼굴과 뚱뚱한 몸매와 남성을 무대 저편으로 날려 보낼 수 있는 괴력을 가진 여성으로 묘사된다. 이 캐릭터는 남성의 눈으로 볼 때 이미 '객체화'의 범주 안에 들지도 못하는 소외된 여성상이다. <개그콘서트>의 '신봉선'은 스타가 되기를 꿈꾸는, 그러나 땅딸막하고 못생긴 외모를 가진 여자로, '봉숭아 학당'에 모인 남성 캐릭터들을 기세 좋게 휘젓는 드센 여성 캐릭터이다. 남성들의 사회를 휘저어 놓은 벌로 이 여성 캐릭터들에게 가해지는 것은 정신적, 육체적 가학행위이다. 막내딸의 입속에는 콧속에 들어갔던 칫솔이 넣어지며 신봉선은 남성 출연자와 함께 분위기를 잡던 달콤한 순간에 늘 얼굴에 스타킹이 씌워지거나 의자에 꽁꽁 묶이거나 목 졸림을 당하는 등의 가학행위를 당한다. 이러한 가학행위는 남성의 기준에서 벗어난 여성들에 대한 사회적 차별의 파편에 다름 아니다.

'준수하고 정상적인' 여성들에게 그 정숙함의 보상으로 주어지는 것은 '들러리' 역할이다. 정상적인 여성 캐릭터가 선택할 수 있는 두 가지 상(像)은 '보살피는 어머니'나 '성적 대상인 애인'이고 남성의 시각에서 나온 이 캐릭터들은 가부장적 코미디프로 속에서 들러리가 될 수밖에 없다. <개그콘서트>와 <웃찾사>가 있기 그 훨씬 이전의 개그프로그램들에서부터 코미디 속의 방관자인 어머니 캐릭터는 늘 존재해 왔다. 코미디 속에서의 어머니상은 극의 처음에 등장해서 남성들이 그들만의 개그를 펼칠 때 옆에서 미소 짓는 방관자 역할을 하며 개그의 원활한 전개를 위해 말이나 몇 마디 거들어주다가 퇴장하는 심심한 캐릭터들이다. <개그콘서트> '동물원'에 나오는 여자 사육사(안영미)나 과거 <웃찾사>의 '병아리유치원'의 선생님 역할 등 "우리 친구들, 안녕"을 외치며 등장해서 "사이좋게 놀아요"를 끝으로 퇴장하는 '멍석 깔아주기' 캐릭터들이 그 예라고 할 수 있겠다.

남성의 '애인' 역할을 하는 여성 캐릭터에는 수동적이고 소극적인 이미지에 남성의 눈으로 객체화된 성적인 이미지가 더해진다. <웃찾사> '여고시절'의 백보람이나 남성4인조 아카펠라개그 '러브포맨'에 출연하는 최은희의 캐릭터는 예쁘장한 외모로 남성들의 시선을 받는 평면적인 여성상이다. 그들은 섹시한 의상을 입고 남성 캐릭터 중심의 극 속에 엑스트라 격으로 등장하여 누구의 것인가의 문제로 갈등을 던지는 역할을 담당하며 관객들을 웃기는 역할은 거의 하지 않는다. '미녀와 H.I' 코너에서는 남성 개그맨과 여성 개그맨이 각각 3명씩 등장한다. 이 코너에서 여성의 캐릭터들은 그들의 "텅텅"이라는 대사 한 마디로 요약이 된다. 섹시하고 예쁜 외모를 가졌지만 머리는 비었다는 뜻이다. 이 코너에서 여성들은 단지 H.I.라는 남성 대원들의 '애인'일 뿐이다. 이처럼, '개그우먼'이라는 이름을 붙이고도 개그라는 광대놀음에서 소외당한 '객체' 여성들을 보는 마음은 편치가 않다.

앞서도 언급했듯이, <개그콘서트>와 <웃찾사>는 청소년층의 오락프

로그램으로 자리매김하여 매주 10~15% 이상의 안정된 시청률을 보이고 있다. 그러나 코미디 안에서 보이는 여성 캐릭터들이 개그프로의 주시청자인 어린이와 청소년층에 미칠 영향은 긍정적이라고 보기 힘들다. 몇 년째 큰 변화가 없는 코미디의 가부장성은 자라날 시청자들에게 '여성은 소극적이고 평면적인 존재이며 남성의 객체에 불과한 존재'라는 편협한 시각을 대물림할 위험이 있다.

4. '여성개그' 새 바람

그러나 다행스럽게도, 최근에 신설되는 개그 코너들에서 이러한 가부장적 개그의 양상을 개선할 수 있는 희망이 조금씩 보이고 있다. 그 희망은 바로, 입체적인 여성 캐릭터들이 등장하는 '여성개그'이다. 2005년에 선을 보인 여성 듀엣 개그 'Go Go 예술속으로'(<개그콘서트>)의 인기몰이 이후 서서히 등장하기 시작한 여성개그 코너들은 2~4명의 여성 출연자들이 극을 이끌어나가는 코너들과 (<웃찾사>의 '퀸카 만들기 대작전', <개그콘서트>의 '문화살롱', 'Go Go 예술속으로') 남녀 두 명이 짝을 이룬 커플개그 (<웃찾사>의 '누구야', <개그콘서트>의 '사랑의 카운슬러')로 나뉜다. 이 코너들에서는 준수한 외모의 여성 출연자들이 등장하여 들러리가 아닌 중심인물로서 극을 이끌어 나간다. 개그의 형태는 현대의 사회상을 비꼬고 풍자하는 패러디가 주를 이룬다. <웃찾사>의 '퀸카 만들기 대작전'에서는 '산드라' '르완다'라는 이름의 두 여성이 남성의 시각에 부합하는 다른 두 여성 출연자의 팔등신 몸매나 점잖은 노래실력을 "그것도 몸매냐, 그것도 노래냐"며 비웃는다. 한 술 더 떠서 "담배 한 개비만 달라"는 언밸런스한 애교로 여성 흡연에 대한 터부를 건드리는가 하면 어설픈 노래와 댄스를 가르쳐 멀쩡한 여자 둘을 삽시간에 엽기적으로 바꾸어 버린다. 이들이 비꼬고 있는 것은 남성들이 만들어 놓은 '퀸카의 규칙'에서 벗어나지 못하는 한국 여성들이다. 정숙하고 격식 있는 차림새의 두 여자가 등장하는 <개그콘서트> '문화살롱'의 여자 개그맨들은 준수한 외모나 점잖은 말투와는 전혀 어울리지 않는 "짝퉁", "꺼져주세요" 등의 속어를 사용하면서 엘리트들의 가식적인 모습을 흉내 냄으로써 사회 상류층의 허위의식을 비꼬고 망가뜨린다. 이 코너들에서 보이는 여성상은 더 이상 평면적이고 수동적이지 않다. 그들은 자신 있는 태도로 독특한 아이디어를 내놓으며 적극적으로 사회를 꼬집고, 그들의 행동 또한 예측을 불허한다.

연상여자와 연하남자 커플의 뒤집힌 상하관계를 그리고 있는 <웃찾사>의 '누구야', 다양한 연애상을 보여주며 사회 각계의 인물들을 풍자하는 <개그콘서트> '사랑의 카운슬러'에는 한 쌍의 남녀 개그맨이 등장한다. '누구야'의 김범룡은 소심하고 로맨틱한 남성으로, 한지형은 터프하고 능력 있는 여성으로 그려져 남성과 여성 간 주체-객체의 룰을 깨뜨린다. '사랑의 카운슬러' 또한 어느 한 쪽의 들러리 역할 없이 동등한 비중으로 연기한다. 이런 '커플개그' 코너는 여성과 남성의 1:1 비중을 강조하는 새로운 남녀관계를 제시한다는 점에서 바람직하다고 할 수 있겠다.

그러나 이렇게 새로운 바람을 일으키고 있는 여성 개그의 폭은 아직 좁다. 여성 출연자들은 사회상을 풍자하는 패러디 개그, 즉 '망가뜨림의 개그'를 주종목으로 삼고 있다. 그러나 '멀쩡한 여성'이 사회에서 받는 정숙함의 강요를 뒤엎고 틀에 박힌 모습에서 벗어날 수 있는 '망가짐'의 개그는 아직 보기 드물다. 그것은 아직 여성들이 가부장제가 만들어 놓은 '객체의 틀'에서 완전히 벗어나 다양성을 인정받기까지는 시간이 더 필요하다는 것을 반증한다. 그러나 수년째 가부장제 이데올로기에서 한 치도 벗어날 생각이 없어 보였던 코미디 장르에 새로운 개그바람이 불기 시작하였으며 이 여성 개그 코너들이 각 방송사의 시청자게시판을 뜨겁게 달구고 있다는 사실은 여성을 바라보는 사회적 시선에도 봄이 올 날이 머지않았다는 희망을 갖게 하기에 충분하다.

　코미디 프로가 만들어 놓은 '여성을 객체화하는 틀'로 인해 제약을 받고 불편해지는 것은 비단 여성들뿐만이 아닐 것이다. 방송을 보는 남성들 또한, 자신들이 저 브라운관속의 남성들처럼 누군가를 이끌고 사회를 개혁하는 '주체'가 되어야 한다는 스트레스를 받고 있지 않을까. 이것은 누구는 주체가 되고 누구는 객체가 되는 사회적 틀을 부수면 사라질 심리적인 갈등이며 '여성 개그'는 그 갈등의 해소를 도울 수 있는 새로운 코미디 트렌드다. 각 방송사는 여성 개그가 사회적으로 미치는 영향력과 그 중요성을 인식하여 여성개그가 더 발전할 수 있도록 장려해야 할 것이다.

누구에게나 사랑하고 즐길 자격이 있다
문화지대 <사랑하고 즐겨라>

권예지

문화생활을 즐긴다는 것은 무엇일까? 이를 즐긴다고 말을 하면 왠지 모를 거리감이 느껴지기도 한다. 이는 비싼 공연 티켓이나 잘 차려입은 옷, 비싼 수강료를 생각한 상위층들이 누리는 것이라는 생각 때문이다. 나는 할 수 없는 것을 상대는 할 수 있다는 것에 대한 시샘과 박탈감이다. 양극화의 문제가 대두되고 있는 요즘 이러한 문제는 더욱 극심해질 수 있는 가능성이 있다.

그런데 여기서 '문화생활'에 대한 정의를 제대로 내릴 필요가 있다. 문화(文化)의 사전적 의미는 "철학에서, 진리를 구하고 끊임없이 진보·향상하려는 인간의 정신적 활동, 또는 그에 따른 정신적·물질적인 성과를 이르는 말"로 명시되어 있다. 사람들이 느끼는 실질적 '문화'의 의미와는 동떨어진 느낌이다. 일부 계층만 누릴 수 있는 특혜와 같이 인식한다. 고학력을 지니고 근엄한 정장차림의 갖추어진 모습으로 대해야 하는 어려움을 지니고 있다.

문화생활이라는 것은 모두가 누릴 수 있고, 느낄 수 있는 것이다. 돈이라는 수단이 부여되지 않더라도 다양한 방법으로 즐길 수 있다. 돈과 특정 계층만이 누리는 것으로 인식된 문화의 틀을 깨뜨리는 <문화지대 - 사랑하고 즐겨라>. 이 프로그램은 사람들에게 문화, 문화생활이라는 것은 그리 먼 곳에 있는 것이 아니라는 것을 느끼게 해준다. 또한 문화라는 것은 언제나 조용하고, 교양을 차리고 임해야하는 것은 아님을 말해준다. 백제인이 백제시대 문화를 만들어갔듯, 현재의 문화는 우리가 만들어간다. 문화는 사람과 사람 사이의 향기 속에서 생성되고 그것은 문화생활이 된다.

'파마'에 대한 고찰. 일명 뽀글뽀글 아줌마 파마. 대한민국 아줌마라면 한번쯤은 시도해본 뽀글이 파마. 처음으로 나의 시선을 사로잡아 버린 '문화읽기'의 코너이다. 시험공부로 지친 나에게 왠지 모를 신선함과 유쾌함을 선사해 주었다. 문화읽기 코너를 시작으로 '화가 김점선이 간다'의 또랑광대 김명자, 인도의 불가촉천민을 끝으로 한 시간 동안 나의 마음을 흔들어 버렸다. 이후 울적해지거나 인간의 향기를 느끼고 싶을 때면 <문화지대>의 VOD를 실행시켜본다.

1. 매력 ① 아련한 옛 추억과 고정관념의 파괴, 익숙함의 분석

사람은 누구나 옛 추억에 대한 아련함에 젖을 때가 있다. 추억이 깃든 장소나 음악이 기억을 새록새록 떠올리게 한다. 추억 속 기억은 현재와 만나 또 다른 느낌을 만들어낸다. 현재에도 존재하는 떡볶이, 자장면, 고스톱, 까꿍 등 친숙한 소재들. 역사가 이어져 현재까지 사랑을 받고 있는 존재이다. 물론 '팝송의 실종'은 현재에는 활성화되지 않았지만 옛 기억을 떠올리고, 경험이 없는 세대에게는 또 다른 신선함을 안겨준다.

‘문화읽기’ 문화읽기? 라고 갸우뚱거릴 수 있다. 문화는 체험하는 것이 아니라 읽는다는 방법이 가능한가에 대한 의구심을 품을 수 있다. 예전의 문화교양 프로그램은 잔잔하고 자장가를 부르는 듯한 내레이션과 딱딱한 배경음악, 자막들로 명품의 가치를 내세우려 했다. 하지만 ‘문화읽기’의 내레이션과 자막처리는 새롭게 선보이는 퓨전음식과도 같다. 새로운 시각과 방법을 시도한다. 난데없이 나타나는 검은 바탕의 삐뚤빼뚤한 글씨체, 수다쟁이 옆집 아저씨의 친근한 목소리는 ‘문화 = 어렵다’라는 공식을 깨뜨려준다.

짜장면과 자장면. 방송에서 모두들 자장면이라고 발음한다. 이것이 표준어라고 하지만 사람들은 ‘짜장면’이라는 된소리에 익숙해져 있다. 과연 ‘자장면’의 발음은 표준어 규정과 의도에 부합하는 것인가에 대한 의문을 해결한다. 해답을 찾기 위해 중국인에게 두 발음을 들려주고 확인한다. 사람들에 대한 인터뷰와 사회문화적 고찰. 여기에 그치지 않는다. 구불거리는 ‘대한민국 아줌마 파마’에 대한 어머니들의 모습, 과학적 원리 등을 보여준다. 생활 속 소재 하나의 선택으로 다양한 시각들로 시청자의 가슴과 마음을 움직이게 한다.

기존과 다른 형식은 문화에 대한 고정관념을 깨뜨린다. 자칫하면 문화의 고귀함을 깨뜨릴 수도 있지 않나 라는 우려가 있을 수 있다. 하지만 겉만 그럴싸한 것보다는 유쾌하면서도 실(實)한 문화에 대한 접근이 사회 관심도가 낮은 현대인에게 필요하므로 신선한 시도라 볼 수 있다.

2. 매력 ② 나와 같은 사람이다. 그 속에서 희망을 얻다

문화를 하는 사람은 뭔가 다를 것이라는 생각. 물론 예술적 끼나 창의적

사고가 더 뛰어날 수 있다. 하지만 '나와 같은 사람이었다'라는 생각을 갖게 한다. 유명화가 김점선은 이쁘지도, 날씬하지도 않다. 그렇다고 말을 능수 능란하고 화려하게 하는 것도 아니다. 집 앞 슈퍼마켓에서 볼 수 있는 편안 한 이미지에 느릿느릿한 말투는 시청자와 같은 눈높이로 장벽을 없앤 듯한 느낌을 준다.

예술인의 위치에 오기까지, 문화인의 위치에 오르기까지 주인공들은 상 당한 시련과 고통을 이겨냈다. 천부적인 재능을 지닌 '임동혁, 임동민 형제' 중 동혁의 "음악이라는 것은 할수록 한계를 느끼는 것 같아요"라는 말은 그들도 한계를 느끼고, 고민이 있구나라는 공감을 불러일으킨다. 특히나 '장영희 교수'의 투병을 이겨낸 그녀의 모습에서 '희망'을 얻게 된다. 수동 적으로 살아온 사람에게는 능동적인 자세를, 병상에 투병 중인 자에게는 이겨낼 수 있다는 용기를 준다. 이들 뿐이랴. 초록이 뒤덮은 언덕에 앉아 이야기 나누는 김명자와 김점선. 더할 나위 없이 여유롭고 해맑은 어린아이 같은 모습에 여유 없이 아등바등 긴장하는 자신을 편하게 놓아주기도 한다.

인터뷰하는 사람, 당하는 사람. 그들은 시청자와 다르지 않은 사람이었 다. 사람을 좋아하고, 자신을 사랑하는 사람들이었다. 그렇기에 꿈을 향해 실패를 맛보더라도 힘차게 전진하였던 것이다. 시청자 또한 자신도 그렇게 할 수 있다는 '희망'과 '용기'를 전해준다.

3. 매력 ③ 난 TV로 해외여행 갔다 온다

지구촌(地球村). 이제는 지구안 모든 나라들이 마을(村)이고 이웃이라고 한다. 하지만 실제로 절차, 언어, 금전상 등의 이유로 해외로 나가는 것이 쉽지만은 않다. 각국의 문화를 책으로 접할 때 탄탄하고 쉬운 문장, 재미가 곁들어지지 않았다면 문화에 대한 이해보다 지루함을 먼저 가져다준다. 하지만 '세계&문화 NOW'를 통해 세계 각국의 문화를 접할 수 있다. 받아먹기 형식을 떠나 시청자 직접 체험하는 듯한 느낌을 받는다. 이는 담당 PD, 카메라맨이 지켜보는 것이 아니라 직접 체험하고 그들과 교감하기 때문이다. 반대되는 입장이 아닌 같은 입장의 공동 구성원이 되면서 각국의 주인공들의 입장과 생각을 잘 반영했다고 볼 수 있다.

돈 들여 해외여행을 갔다 오지 않아도, 그들의 문화와 현재 상황을 파악할 수 있다는 것은 최소 투자, 최대 이익을 이뤄낼 수 있다. 시청자들 가슴 한켠에는 때로는 따스함이 때로는 비판의 시선이 심어지게 된다. '문화'를 직접 체험으로 접할 수 있지만, TV라는 매체로 간접 체험을 통해 느낄 수 있다는 사실을 알 수 있다. 또한 얼굴과 피부색은 다를지 몰라도 자국에서 생활하고, 문제 제기하며 살아가는 모습을 통해 진정한 친구임을 깨닫는다. 폐쇄적인 마음의 창에서 개방적인 마음의 창을 만들어갈 수 있는 계기를 제공해준다.

4. 여전히 여유로운 자들의 전유물인가

코너 중간 중간 손미나의 모습이 나온다. 첫 회 당시에는 기존 프로그램과 같이 스튜디오에서 딱딱하게 시작하다 회를 거듭할수록 자유로운 형태의 모습이 나온다. 대기실에서 메이크업을 받으며 전화 통화를 한다. 마트에서 무엇을 사는지에 대한 전화통화를 하거나, 스쿼시 하는 모습이 나온다. 이 밖에 다양한 행동들이 나온다. 이는 제작진의 문화가 생활 속의 한부분이라는 인식을 심어주기 위한 방법이라 생각된다. 하지만 자칫하면 운동을 즐기고, 쇼핑하는 여유로운 자들의 전유물이라는 고정관념을 확고하게 만들어 줄 수 있다.

10시라는 시간대는 오늘의 고단함을 잊고 내일을 맞이하기 위한 휴식을 취할 때이다. 휴식의 시간을 제공하는 것이 아니라 상대적 박탈감을 주는 것은 아닌가 생각해 봐야 한다. '문화읽기'라는 친숙한 소재와 근엄한 듯하면서도 유쾌한 분위기, 소시민적인 분위기와 시각을 시작하면서 사람들이 생각하는 실질적 '문화'를 또 다시 내세우는 것은 모순이 있다. 그 뒤의 '화가 김점선이 간다', '세계&문화 NOW'. 사람들의 고정관념을 깨뜨려주는 코너들 사이의 연속성을 깨뜨리는 것은 피해야 할 것이다.

5. 사랑하고 즐겼다

이 프로그램이 끝나갈 때쯤 이제 끝난다는 생각에 아쉬움이 다가온다. 한편으로는 '사랑하고 즐겼구나'라는 생각과 새로운 지식을 얻어간다는 기쁨에 젖기도 한다. 사랑은 누구나 해보았을 것이다. 사랑하는 이와의 만남을 기다리며 설레고, 만나는 동안에는 상대방에 대한 새로움과 뒤이어 찾아오는 익숙함에 행복과 불안함을 느끼기도 한다. 사랑이 끝난 후에는 행복했던 시간에 웃음 짓기도 하고, 슬픔을 느끼기도 한다. 비록 슬픔을 느끼고 가슴앓이를 할지라도 사람들은 '사랑'을 한다. 사랑의 기쁨과 행복을 알기 때문에, 누구나 할 수 있는 것이기에.

문화지대 <사랑하고 즐겨라>. 문화는 모두가 즐길 수 있는, 즐겨야 하는 우리 모두의 것이라고 말한다. 문화는 돈의 소유양이 아닌 마음의 양식이라는 것을 일깨워준다. 사람의 사랑이 숨 쉬고 시청자를 주인공으로 만들어주는 시간. 나 또한 사랑하고 즐길 자격이 있음을 알려주는 시간. 그 시간을 오늘 또 기대해 본다.

드라마의 교육적 가치를 말한다!

KBS <안녕하세요 하느님>이 남긴 것들

김덕남

드라마가 넘쳐나는 요즘, 많은 사람들이 미디어의 폭력성과 선정성에 대해 경고한다. 시청률 경쟁이 남긴 건 말초적 감각을 자극하는 경박하고 저질스런 오락물뿐이라는, 다소 극단적인 비판도 심심찮게 접할 수 있다. 그래서 드라마를 볼 때마다 한편으론 웃으면서도 마음 한편은 늘 불편했다. 그런데 그런 시점에서 참으로 오랜만에 드라마다운 드라마를 만났다. 가뭄에 단비 같은 따뜻하고 훈훈한 드라마를 만나 무척 반갑다. 드라마를 보는 내내 나는 주인공들과 함께 호흡하면서 그들과 하나 된 즐거운 체험을 했다. 새로운 영역을 개척하고 시도했다는 점, 참신한 소재를 취했다는 점에서 이 드라마는 멋진 미디어 교육의 가능성을 보여준다. 참으로 많은 교육적 가치가 숨어 있다는 사실, 그것이 바로 이 드라마가 더욱 돋보일 수 있는 이유다.

사람들은 자신의 잣대로 드라마를 평가한다. 다양한 경험, 가치관, 취향, 지적수준, 이해관계에 따라 많은 드라마들은 새롭게 각색, 변형되는 기회를 맞는다. 나도 예외는 아니어서, 교사라는 나의 직업적 위치에 맞추어 작품을 바라보려는 경향이 있다. 많은 학생들이 드라마를 본 뒤 나누는 이런 저런 대화에 귀기울이다보면 참으로 안타까울 때가 많다. 고작해야 드라마에서 보이는 스타들의 애정신이나 그들이 입고 나온 의상, 감각적이고 말초적인 대사 몇 마디에만 주목하고 있기 때문이다. 과연 드라마가 학생에게 주는 효용적 가치를 높일 수는 없을까? 단지 보는 것만으로도 그들에게 삶의 바람직한 가치와 방향을 제시해 줄 수 있는 드라마는 없을까? 문득 그런 생각이 들었다. 많은 학생들이 드라마에 시간을 할애하는 만큼 드라마에서 얻어가는 것도 많았으면 좋겠다는 생각이.

그런데 바로 그 때, 이 드라마 <안녕하세요, 하느님>을 만났다.

1. 소외받은 자들의 행복 이야기

이 드라마는 사회적 약자에 대한 이야기이다. 이 드라마에는 많은 소외 계층이 등장한다. 사기꾼, 전과 5범의 범죄자, 뇌수술을 시도했지만 담당 환자를 죽음으로 몰아넣은 실패한 의사, 아이큐 두 자리라는 낮은 지능의 소유자, 가난에 찌들어 자식을 버릴 수밖에 없었던 비운의 어머니, 사기 당한 채 이리 저리 떠도는, 소위 떨거지 인생들…… 그들은 좀처럼 정상적인 사회 궤도 안에 들어오기 어려운 존재다. "올라가지 못할 나무는 쳐다보지도 말아야 혀"라고 입버릇처럼 말하는 양평댁은 이러한 소외받은 이를 대변하는 전형적 인물이라 할 수 있다.

그러나 희한하게도 그런 소외받은 이들이 큰 비중을 차지하고 있음에도 드라마는 전혀 어둡거나 칙칙하지 않다. 아니, 오히려 밝고 따뜻하고 정겹다. 가벼운 흥분에 가슴이 설렐 정도로 기분 좋은 드라마인 것이다. 시청자의 입 꼬리를 살짝 올라가게 만들어주는 이 드라마의 저력은 어디에 있을까? 지극히 궁상맞아 보이는 그들은 서로 보듬고 쓰다듬으며 행복을 나눌 줄 안다. 그래서 그들의 얼굴은 하나같이 밝고 즐겁다.

한편 이 드라마는 이러한 사회적 약자를 바라보는 사회의 차가운 시선을 잘 보여준다. 갖은 냉대를 받으며 힘겹게 살아가는 그들의 삶은 분명 우리의 모습이며, 그들을 조롱하는 사회의 모습 또한 우리네 또 다른 모습인 까닭에 이 드라마에는 묘한 설득력이 있다.

소재를 어둠에서, 또 가난에서 취했을지언정 드라마에 나타난 미래는 결코 어둡지 않았다. 실수로 얼룩졌던 그들의 삶은 교장선생님 댁에서 새롭게 꽃을 피운다. 열악한 조건에도 그런대로 행복할 수 있음은 인생살이가 그렇게 어두운 것만은 아니라는 희망과 더불어 삶에 대한 하나의 가능성을 보여준다. 이네들은 바깥 사회가 차가운 편견으로 가득 차 있음에 굴하지 않고 꿋꿋이 자신의 생활을 영위하며 삶을 아름답게 바라본다. 그들의 보금 자리인 교장선생님 댁은 우리 모두가 원하는 이상적 공간이다. 이 드라마가 특별하게 빛나는 이유도 바로 여기에 있다. 이 드라마는 아직 이 사회가 순수하고 맑은 영혼들로 채워진 아름다운 공간임을 보여줌으로써 시청자들의 가슴에 온기를 남겨 주었다.

2. 불행한 가진 자의 이야기

이 드라마는 소외된 사람들에 대비되는, 가진 자들의 오만을 경계하고 있다. 정신외과 최고 전문의인 박동재와 하늘병원 허 원장은 소위 '가진 자'에 속한다. 그들은 당대 최고의 엘리트로서 부와 명예를 거머쥐고 있으나 그럼에도 만족하지 못한다. 그리고 그 결과 항상 힘겨워 보이는 삶을 산다.

1) 신이 되고자 한 천재의사, 박동재

그는 훤칠한 외모에 의사라는 번듯한 직업에, 돈까지 많은, 소위 잘난 남자다. 매사 자신감이 넘치고 무엇이든 해낼만한 능력과 의욕에 차 있다.

그러나 바로 여기서 그의 불행이 시작된다. 너무 잘났던 그는 급기야 신의 영역까지 범하려 한다. 자신이 수술한 지체3급의 바보가 IQ 168의 천재가 되자, 마치 신이라도 된 듯 그 앞에 군림하려 하는 것이 바로 그것이다. 그는 수술받기 전의 '하루'가 정신지체를 겪은 장애인으로서 불행했으며, 인간답지 못한 취급을 받았다고 믿는다. 그리고 자신만만하게 외친다. 인간답게 살지 못할 바에야 죽는 편이 낫다고 과연 그럴까? 이 드라마는 '박동재'를 통해 정신지체를 가지고 살아가는 많은 사람들을 우리가 얼마나 비뚤어진 시각으로 왜곡시켰는지 잘 보여준다. 그리고 더불어 그들을 구원하겠다며 메스를 휘두르는 의사의 교만을 차갑게 비웃는다.

2) 배금주의의 노예, 허 원장

이 드라마에서 허 원장은 미모와 교양과 부를 두루 갖춘 여자다. 그러나 그녀는 '하늘병원'을 최고로 만들겠다는 그의 야망 때문에 더없이 불행하다. 늘 쫓기듯 위태위태하게 살아가는 그녀는 박동재와 마찬가지로 외로운 인간이다.

3. 천박한 군중 심리, 경박한 언론인들의 보도 행태, 의사들의 윤리 의식 비판

지체장애 3급이었던 '하루'가 하루아침에 수술로 천재가 된 사실에 많은 사람들은 경거망동한다. 진위 여부에 대한 비판적 성찰 없이 가시적인 현상에만 집착하는 우매한 군중들을 보여줌으로써 이 드라마는 너무나 쉽게 대중에 영합하는, 경박한 사회 세태를 단적으로 보여준다.

게다가 이를 보도하는 언론인들의 행태도 그다지 유쾌한 모습은 아니다. 이 드라마 속에 나타난 언론인들의 모습은 특히 실망스럽다. 가십거리를 찾아 병원을 헤집는 그들의 모습에서 개인의 행복할 권리를 존중하는 참다운 언론인의 모습은 없었다. 펜으로 세상을 움직이는 그들과 메스로써 환자의 생명을 구하는 의사들은 모두 영향력이 큰 사람임에 틀림없지만 박애정신이나 철저한 사명감으로 무장되지 못한 그들의 모습은 드라마 속에 나온 사기꾼과 다를 바가 없어 보였다.

4. 과학 문명의 허구성 비판

하루의 세상살이 방식은 어쩌면 우리 현대인들이 모두 따라하고 싶은 이상적인 방식이다. 어찌 보면 바보 같지만 너무 순수하기에 세상 그 누구보다 행복해 보이는 그. 그가 많이 가진 '박동재'보다 훨씬 행복할 수 있었음은 무엇을 의미할까? 우리는 발달한 과학 문명이 인간을 질적으로 행복하게 해 줄 것임을 의심치 않았다. 그러나 작가는 '하루'를 통해 그러한 과학 문명의 허구성을 통렬히 비판한다. 자신을 억압하며 신처럼 군림하려는 '박동재'를 향해 "잊으셨나 본데요, 나는 수술 전에도 인간이었습니다. 당신이 한 건 수술밖에 없어요"라고 말하는 '하루의 태도'에서 우리는 인간의 오만에 대한 작가의 분노를 읽어낼 수 있으며 똑똑해졌지만 되레 불행해진 인간을 통해 과학 문명의 한계를 분명히 지적할 수 있다.

5. 사랑의 힘을 보여주고 믿게 하는 드라마

이 드라마에는 세 가지 종류의 사랑이 나타난다. 첫째는, 부모와 자식 간의 사랑이다. 자신을 3년이나 내팽개쳤던 아버지를 미워하기는커녕 진심으로 위하며 자식 된 도리를 하려는 '하루'는 우리의 가슴을 뭉클하게 한다. 병원을 협박하던 사기꾼 한강수를 향해 "똑똑해졌으니 아버지를 호강시켜 드리겠다"고 말하는 '하루'의 모습은 우리를 감동시켰다. 다른 드라마처럼 화려하게 꾸미지 않고도 인간 간의 진솔한 관계를 통해 바람직한 인생의 방향을 보여준다는 점에서 이 드라마는 그 어떤 드라마보다 매력적이다. 있는 그대로 삶의 진실을 보여주고 거기서 오는 공감을 통해 하나 됨을 일궈내는 이 드라마에서 강한 호소력이 느껴진다. 한편, '박동재'는 어렸을 적 어머니로부터 버림받은 쓰라린 아픔을 갖고 있다. 치부를 드러내기 싫어 더욱 이를 악물고 최고가 되었지만 더없이 공허한 성공이기에 불행할 수밖에 없었다. 응당 누렸어야 할 사랑을 받아보지 못한 까닭에 그는 사랑할 줄 모르는 바보가 되었다. 주변의 걱정조차 거부하는 그의 모습은 병적으로 고독한, 현대인의 모습 그 자체였다.

둘째, 이 드라마는 우리로 하여금 남녀 간의 진정한 사랑에 대해 깊이 생각하게 한다. 은혜를 사랑하는 두 남자, '하루'와 '박동재'의 사랑방식은 확연히 다르다. 박동재가 다소 자기애적인 사랑을 한다면, '하루'는 상대의 존재 자체에 감사하는, 웃음을 주는 사랑을 한다. '돈' 밖에 모르던 여자가 '하루'의 마음에 움직이는 것을 보면서 우리는 진정한 사랑에 대해 배운다.

이처럼 이 드라마는 동시대를 살아가는 사람들의 다양한 사랑을 보여주며 너무도 많은 교훈과 감동을 전달한다. 오직 사랑의 힘을 역설하며 진심을 통한 사랑만이 가능함을 잘 보여준다. 목적 때문에 거짓 사랑을 연기하던 남자가 여자의 진심에 이끌려 마침내 사랑을 느끼게 되는 것은 진실을 이기는 것이 진실의 힘뿐임을, 진심은 언 마음도 녹일 수 있음을 잘 보여준다.

6. 사회의 편견을 꼬집는 드라마

이 드라마는 사람들이 흔히 무의식중에 가지고 있는 다양한 편견을 건드린다. 이름·사생아·미혼모·아이큐 낮은, 소위 바보들에 해당하는 저능아·장애에 대한 편견 등이 그것이다. 남자다운 이름, 여자다운 이름을 규정하고 있는 사회적 통념이 사실, 그릇된 억압 기제일 뿐임을 이 드라마는 보여준다. 자물통의 본명이 '유리'임을 밝힘으로써 우리도 모르게 남성성과 여성성을 규정짓고 이름 자체에 성을 부여함으로써 억압하려 드는 부조리한 현실이 잘못되었다는 것이다.

또한 허원주와 허민주를 통해서는 미혼모와 사생아인 것이 죄악시되는 사회의 병폐와 모순을 보여주고 있으며, 동시에 그런 금기 속에서 사는 것이 얼마나 외롭고 힘든 전쟁인지 잘 보여준다.

한편, 스스로 일하지 못하는 장애인을 대하는 사람들의 잔인하고 냉정한 태도를 통해서는 너무나 쉽게 그들을 단정 짓고 무시하는 우리의 모습을 거울처럼 훤히 비춰주기도 한다. 이 드라마는 장애인에 대한 편견이 그들을 죽일 수도 있음을 '똑똑해진 하루와 의사 간의 갈등'을 통해 분명히 보여주며 이들 간의 점점 커져가는 간극은 장애인에 대한 우리의 편견을 고스란히 담아내고 있다.

7. 행복의 진정한 의미를 깨닫게 하는 드라마

이 드라마는 행복의 진정한 의미에 대해 탐색하는 드라마다. '박동재'가 더 큰 명예와 부를 거머쥐려 발버둥칠 때 '하루'가 말한다.

"너무 애쓰지 마요. 힘들어 보여요"라고 지체장애 3급이었던 '하루'에게 '박동재'는 너무나 큰 존재였다. 그처럼 되면 행복할 줄 믿고 그가 되기 위해 노력했다. 그러나 그 외중에 그는 사회의 놀라운 비밀 앞에 경악한다. 생각하던 것처럼 세상은 마냥 순수하고 아름다운 곳이 아니었다. 오히려 세상의 진실이 아주 작은 부분에서도 추악하게 드러남을 보면서 그의 작은 가슴엔 분노가 자리 잡았다. 사회를 주름잡는 질서, 권위, 위계체계들, 자신의 권위에 대한 도전에 필요 이상의 피해의식과 적대의식을 가지고 돌변하는 사람들을 보면서 그는 사회의 부조리함에 분노하고 슬퍼한다. 이론과 실제가 왜 달라야 하는지, 사람들이 왜 그처럼 무심하고 냉정한지, 그로서는 감당해내기 어려웠던 까닭이다. 이제 막 똑똑해진 '하루'가 사회에 첫 걸음을 내딛으면서 느끼고 맞닥뜨린 것은 너무나 냉엄하고 차디찬 현실의 벽이었다. 자기와 상관없는 타인에 대해 필요 이상으로 잔인해지는 사람들을 보면서 하루는 자기가 몰랐던, 사회의 또 다른 부정적인 양상에 눈을 뜬다. 그리고 절규한다. "나는 아직도 정상인이 아닌가요? 내가 아직 사람들을 이해하지 못하고 있는 건가요?" 지체장애를 겪고 있을 때에는 몰랐고, 그래서 보이지 않았던 것들이 오히려 많이 얻고 똑똑해졌을 때 보이기 시작했다는 것은 앎과 비교에서 불행이 시작됨을 잘 보여준다.

'박동재' 역시 실패로 인한 자기만의 시간을 가지면서 비로소 평정심을 되찾고 주변을 돌아보는 여유를 찾게 된다. 성공적이기만 했을 때, 그는 모든 것이 자신의 능력 덕이라 생각했지만, 모든 걸 잃게 되자 비로소 주위를 돌아보며 겸손과 사랑을 배운다. 어쩌면 우리 모두는 또 다른 '박동재'다. 신의 권위를 무시하며 바벨탑을 쌓아갔던 사람들에게 재앙이 내렸던 것처럼 그런 우리의 모습이 위험함을 이 드라마는 경고한다.

또한 이 드라마는 배금주의에 젖은 인간들을 통해 "돈만 있으면 뭐든 살 수 있다"고 떠드는 생각의 허구성을 마음껏 비웃는다. 돈이 최고인 듯한 세상의 모습을 조명하면서 일견 돈에 대한 선망을 품게 하지만 '돈'으로 시간과 행복은 살 수 없음을 보여주며 '물질적 가치'의 한계를 분명히 깨닫게 하는 것은 분명, 이 드라마가 가진 크나큰 교육적 가치다. 이는 강필구와 허원장의 대화에서도 분명히 나타난다. "이 세상의 정의는 힘과 돈이야. 적어도 그 덕분에 무시는 안 당하고 살았어"라고 내뱉는 허원장을 향해 강필구는 "그래서 얼마나 행복해졌니?"라고 직격탄을 날린다. 이처럼 이 드라마는 돈이 아니라 사람 사이에 기대며 사는 것이 행복임을 역설하려 한다.

앞에서 살펴본 것처럼 이 드라마는 우리 마음의 온도를 높였다. '바보'와 같은 마음을 가지고 사는 것이 행복이라는 소박한 믿음을 이 드라마는 잘 전해 주었다. 바보가 천재가 되어 세상을 다 알고 보니 너무 냉정한 세상이 감당하기 어려운 세상의 무게로 그를 짓누른다는 드라마 설정은 언제 보아도 참 의미심장하다. 바로 여기서 이 드라마의 교육적 가치가 더욱 분명해진다.

그래서 이 드라마는 마음을 행복하게 해 준다. 좋아하는 일을 "이기기 위해 하는 건 참 초라한 일"이라고 말하며, 인생의 올바른 방향을 제시하고 있다는 점에서 더욱 그러하다. 불행한 천재보다 행복한 바보가 더 낫다는 것이 무슨 말인지 머릿속으로만 이해했던 것을 가슴으로 이해하게 만들어 주었던 드라마, <안녕하세요 하느님>은 단순하게 인생을 산다는 것, 딸기 아이스크림만으로 행복해질 수 있는 세상을 아름답게 채색한 드라마다. 그리고 뜨거운 인간애와 따뜻한 휴머니즘을 말한다는 점에서 인성 교육 자료로 손색이 없는 훌륭한 드라마다.

그뿐만 아니라 이 드라마는 사랑했던 남자가 다시 바보로 돌아간다는 설정을 통해 '~라서'가 아닌 "~이기 때문에 사랑한다"는, 진정한 사랑의 의미에 대해 눈뜨게 만들었고, "내가 널 기억할게"라는 멋진 대사를 통해 이 시대 시끄럽기만 한 우리네 천박한 사랑을 부끄럽게 만들었다.

교사로서 내가 가르치는 아이들과 이 드라마를 함께하면서 나는 자연스럽게 행복과 사랑의 의미를 가르치며 세상을 바라보는 올바른 자세를 이야기할 수 있었다. 그뿐만 아니라 특수아들을 바라보는 우리 시각에 또한 장애가 있었음을 깨닫고 부끄러워할 수 있었다. 이 드라마는 내가 만나본 그 어떤 드라마보다도 교육적 가치가 높은 드라마였다. 조화와 만남, 합일, 사랑, 용기, 희망을 이야기하는 이 드라마는 아이들과 함께 볼 수 있는 아름다운 동화 같은, 그래서 사랑할 수밖에 없는 드라마였다.

타자의 고통을 통한 자아의 이해, 〈W〉

김범수

1. <W>, 고통을 말하다

외국인이 한국을 알고자 한다면 우리는 무엇을 통해 한국을 소개할 수 있을까? 대부분의 사람들은 우리나라가 만드는 휴대폰과 자동차가 얼마나 잘 나가는지 자랑하려고 할 것이다. 스포츠에 관심이 있는 사람이라면 2002 월드컵이나 박지성, 박찬호를 자랑할 것이다. 체계적인 것을 좋아하는 사람이라면 우리나라의 인구수, 국토면적, GDP, 무역량 등 수치를 통해 설명하려고 들 것이다.

생각해 보면 우리에게는 자랑할 것들이 많이 있다. 그리고 이 자랑거리들은 분명 우리의 한 부분이고 우리를 설명할 수 있는 것들이다. 하지만 외국인이 한국의 GDP를 외우고 휴대폰과 자동차를 사용하고 박지성, 박찬호를 응원한다고 해서 그들이 한국을 그리고 우리들을 제대로 이해했다고 말할 수 있을까? 그러나 그들이 이해한 것은 우리의 일부분에 불과하다. 외국인이 우리를 정확히 이해하기 위해서는 그들은 식민지 36년과 한국전쟁, 지난

(至難)했던 민주화과정과 광주에서의 학살을 알아야 한다. 또 심각한 양극화로 인한 현재 빈민층의 어려운 삶도 이해해야 한다. 우리가 겪은 고통을 알아야 비로소 그들은 한국을 이해했다고 말할 수 있다.

누군가를 이해하기 위해서는 그 혹은 그녀의 고통을 이해해야 한다. 고통은 사람의 기억에 오래 남아서 영향을 끼치기 때문이다. 한 나라를 이해하는 것도 마찬가지다. 한 나라를 이해하기 위해서는 그 나라가 겪은 고통을 이해해야 한다. 우리가 일본의 독도 도발이나 교과서 왜곡 문제에 민감하게 반응하는 것은 우리가 식민지 시대에 받은 고통 때문이다. 역으로 일본이 우리의 민감한 반응을 이해할 수 없다고 대응하는 것은 그들이 우리가 식민지 시대에 겪은 고통을 이해하지 못하기 때문이다. 이처럼 고통은 오래 기억되고 강하게 영향을 미친다. 따라서 어떤 사람 혹은 어떤 나라를 이해하는 것은 그들의 고통을 이해하는 데서 출발해야 한다.

그러나 TV는 고통에 대해 말하는 것을 좋아하지 않는다. 힘든 노동을 마치고 소파나 침대에 누운 시청자들은 편안한 TV를 원한다. 현실이 고통스럽기 때문에 TV에서는 고통을 느끼고 싶어 하지 않는 것이다. 그러나 고통은 우리의 삶 곳곳에 존재한다. 고통이 우리의 엄연한 일부분이기 때문에 TV는 당연히 고통에 대해 말해야 한다. TV의 궁극적 목적이 인간에 대한 이해인 한 TV는 고통스럽더라도 고통에 대해 말해야 하는 것이다.

여기 고집스럽게 고통을 다루는 프로그램이 있다. 다른 프로그램들이 고통을 외면하고 웃음을 선사할 때, 적극적으로 고통을 이야기하는 프로그램이 있다. 게다가 이 프로그램이 다루는 고통은 우리의 것도 아니다. 다른 사람, 다른 국가의 고통이다. 그것도 모든 시청자들이 웃을 준비만 하고 있는 금요일 밤에 이 프로그램은 남의 고통을 들춰내고 있는 것이다. 작년 4월 29일에 처음 방송된 후 총 50회가 방송된 문화방송의 <W>가 바로 그 프로그램이다.

2. <W>는 특별하다

<W> 이전에도 국제 뉴스는 있었다. 그러나 <W>의 제작진이 기획의 도에서 밝히고 있는 것처럼, 그동안의 국제 뉴스는 단순보도나 화제성 뉴스가 대부분이었다. 물론 신문에서는 심층적이고 분석적인 국제면이 있었지만 우리의 정치·경제와 직접적인 연관관계가 있는 사건만이 뉴스의 소재였다. 그런 점에서 <W> 이전의 국제 뉴스는 우리에게 대상에 대한 이야기에 불과했다. 세계 뉴스 속에서 그들은 웃기거나 신기한 사람들 혹은 우리의 이익을 위해 잘 이용해야할 대상에 불과했던 것이다.

이런 상황에서 <W>의 의미는 특별하다. <W>가 타자의 고통을 심층적으로 조명해서 그 동안 대상에 불과했던 타자를 감정이 이입된 친구로 만들었기 때문이다. 대상은 분석해야 하지만 친구는 이해해야 한다. <W>는 타자를 분석의 대상에서 이해해야할 친구로 바꾼 것이다. 분석도 어렵지만 이해는 더더욱 어렵다. 분석은 이성의 힘만 필요하지만 이해는 마음의 문까지 열어야하기 때문이다. 그런 점에서 <W>는 타자를 분석하는 쉬운 길을 버리고 타자를 친구로 여기고 이해한다는 어려운 길을 택한 것이다. 동시에 시청자에게도 생각해야하는 불편함을 주는 프로그램이다. 하지만 이것이 <W>가 기존의 국제 뉴스와 다른 점이고 특별한 점이다.

3. 우리는 그들의 고통에 책임이 있다

<W>는 고통에 대해 민감하다. 보다 정확하게 말하면 인간성을 배신해서 생기는 고통에 민감하다. 특히 <W>는 지금까지 국제 뉴스의 관심 밖에 있었던 제3세계와 그 안에서 벌어지는 인간성 배신에 대해 애착을 가지고 있다. 라이베리아에서 일어나는 UN 평화유지군들의 비인간적인 성매매(5회), 시에라리온의 다이아몬드 잔혹사(10회), 과테말라 마야족 원주

민들이 받는 차별(25회), 웨스트파푸아의 알려지지 않은 킬링필드(32회), 시에라리온의 소년병들의 고통(36회), 끝나지 않은 보스니아 내전의 고통(39회), 케냐의 비극적인 물전쟁(49회) 등 <W>가 밝혀낸 인간성 배신의 현장은 나열하기 힘들 정도로 많다. 그리고 <W>가 보여주는 인간성 배신의 현장들은 하나같이 참혹하다.

<W>를 보다보면 왜 이전의 국제 뉴스는 이렇게 참혹한 현장을 전하지 않았을까 하는 의문이 저절로 든다. 아마도 그건 그들이 우리와 직접적 이해관계가 없는 제3세계인이기 때문일 것이다. 그러나 우리가 상관없다고 외면하는 동안 그들은 계속해서 인간성을 배신당했고 고통 받았다. 그리고 사건의 이면을 살펴보면 그들이 당하는 배신은 미국을 비롯한 강대국의 책임이 크다. 그렇다면 우리는 책임 없다고 말할 수 있을까? 우리가 그들의 고통을 외면하고 침묵했다는 것만으로도 우리는 책임이 있다. 게다가 우리가 일상적으로 사용하는 석유, 다이아몬드, 삭스핀, 초콜릿은 우리가 몰랐을 뿐이지 배신당한 인간성의 산물이었던 것이다. 그래서 우리는 최소한 간접적 책임이 있다. <W>는 그것을 말하고 있다. 그러나 그것이 전부는 아니다.

<W>는 우리가 그들의 고통에 직접적 책임이 있다고 말한다. '와이드 코리아'라는 꼭지가 특히 그렇다. '와이드 코리아'는 한국 혹은 한국인과 관련된 국제 뉴스를 다루는 꼭지다. 한류 문제나 외국에서 어려움을 겪고 있는 한국인들의 문제가 이 꼭지의 주된 소재이다. 그런데 이 꼭지에서는 제3세계의 고통에 대한 우리의 직접적 책임을 폭로하기도 한다. <W> 방송 중에서 가장 큰 관심을 끌었던 '키리바시의 꼬레꼬레아'(16회)와 '마닐라 철도변 빈민들의 위기'(45회), '베트남 국제결혼 논란'(50회) 등은 우리가 그들의 고통에 크게 한몫했다는 사실을 밝히고 있다. 우리는 그들의 고통에 큰 책임이 있는 것이다.

개인이 자신의 잘못을 고백하려면 용기가 필요하다. 공동체도 마찬가지

다. 자기 공동체의 잘못을 고백할 때에는 용기가 필요하다. 그래서 우리나라 TV가 우리나라 사람의 잘못을 고백하는 일이 쉽지 않은 것이다. 그러나 TV는 자기 공동체의 잘못을 솔직히 고백할 정도의 용기가 있어야 한다. 〈PD수첩〉 제작진들이 용기 없고 비겁했다면 결코 줄기세포의 진실 같은 역사적 보도는 이루어지지 않았을 것이다. 그런 점에서 우리가 제3세계의 고통에 책임이 있다고 말하는 〈W〉는 용기 있는 프로그램이다. 그리고 우리는 〈W〉의 고백에 주목해야한다. 분명히 우리는 그들의 고통에 책임이 있다.

4. 타자의 고통에서 자아를 발견한다

물론 〈W〉가 고통의 책임 소재를 가르기 위한 프로그램은 아니다. 이미 지적한 것처럼 〈W〉는 타자를 대상에서 친구로 바꾸고 그들이 겪는 고통을 통해 그들을 이해하기 위한 프로그램이다. 왜 우리는 그들을 이해해야 하는가? 그들이 겪고 있는 고통에서 우리가 겪었던 고통 혹은 우리가 현재 겪고 있는 고통을 발견할 수 있기 때문이다. 그들의 고통을 우리도 경험했고 경험하기에 그들의 고통을 이해하는 것은 나의 고통을 이해하는 일이 된다. 결국 그들의 모습 속에 우리의 모습이 있는 것이다.

타자의 전쟁에 대한 〈W〉의 보도에서도 우리는 자신의 모습을 발견할 수 있다. '시에라리온 내전'(10회), '수단 내전'(20회), '더러운 무기 열화우라늄탄'(24회), '대인지뢰의 비인간성'(24회), '보스니아 내전'(39회) 등에서는 전쟁의 참혹함이 생생하게 드러난다. 비록 전쟁은 끝났더라도 학살, 장애로 얼룩진 신체, 방사능 오염, 지뢰 같은 고통은 계속해서 존재한다. 한국전쟁의 끝난 지 반세기가 넘었다. 우리도 지난 50년간 이산가족, 지뢰, 징병제, 군비 경쟁 등의 고통을 겪어왔다. 우리가 50년간 겪었던 고통의 모습은 그들과 크게 다르지 않다. 팔, 다리가 잘린 시에라리온 청년의 고통이 형식만 달리한 채 대한민국의 이산가족에도 존재한다. 우리는 그들의 고통에서 우리의 고통을 발견할 수 있는 것이다.

　　과거의 고통만 공유하는 것은 아니다. '존 스쿨 보고서'(11회), '아마존의 파수꾼 IBMA'(18회), '분노로 불타는 파리'(27회), '신사의 나라 영국의 커밍 아웃'(35회), '최초고용계약 반대 파업'(42회), '코카콜라에 저항하는 인도'(14회), '에콰도르의 석유 자주권'(50회) 등에서는 성범죄 문제, 환경 문제, 이주노동자 문제, 동성애 문제, 노동 문제, 세계화의 문제에 대한 세계인들의 고민을 살펴볼 수 있다. 그런데 이들이 겪고 있는 문제는 고스란히 우리의 문제이기도 하다. 똑같은 문제를 우리도 겪고 있고 우리 역시 그 해법을 고민하고 있다. 고통과 고민의 질량과 부피는 다르지만 그 원인은 같다. 따라서 그들을 이해하는 것은 바로 우리를 이해하는 일이 된다. 타자의 고통에서 자아를 발견할 수 있는 것이다.

5. <W>, 또 다른 세계화를 꿈꾼다

　　지금 지구촌은 세계화의 몸살을 앓고 있다. 미국의 주도하에 자본의 세계화, 경쟁의 세계화, 문화의 세계화, 차가운 세계화가 급속도로 진행되고 있다. 그러나 역설적이게도 세계화가 진행될수록 사람들은 점점 폐쇄적으로 변하고 있다. '독일의 신나치'(3회), '일본의 평화헌법 개정'(18회), '러시아의 젊은 파시스트들'(46회)이 그것을 증명해 주고 있다. 기형적 세계화의 물결 속에서 <W>는 또 다른 세계화를 꿈꾸는 프로그램이다. 고통의 세계화, 이해의 세계화, 인간의 세계화, 따뜻한 세계화가 <W>가 꿈꾸고 추구하는 세계화다. 타자의 고통을 이해하는 일은 어렵고 괴로운 일이다. 하지만 그것은 자아를 이해하는 일이고 인간을 이해하는 일이고 세계를 이해하는 일이다. 그래서 따뜻한 세계화다. 우리가 추구해야 할 세계화는 바로 이런 모습이어야 한다.

6. <W>에 바란다

<W>에 아쉬운 점도 있다. <W>는 한류 관련 주제만 4번(3회, 15회, 37회, 42회) 다루었다. 물론 한류가 아시아를 이해하는 중요한 코드인 것은 분명하다. <W>가 다루었던 것처럼 미국에서도 서서히 한류 바람이 불고 있는 것도 사실이다. 하지만 한류를 다루는 프로그램은 많다. <W>가 아니더라도 한류에 대해 귀에 못이 박히도록 듣고 있다. <W>까지 그 대열에 동참할 필요는 없다. 한류 말고도 <W>가 보여줄 소재는 많지 않은가! 또 '황우석 쇼크가 미국을 흔든다'(7회)에서 <W>는 황우석을 대단한 과학자로 평가했다. 물론 방송 당시에는 그것이 상식적인 판단이었다. 하지만 황우석의 진실이 밝혀진 지금 당시의 보도가 성급했다는 점을 부정할 수 없다. <W>의 힘은 유행이나 시청률에 크게 얽매이지 않고 자신의 색깔을 지키는 데서 나온다. 그런데 한류 보도와 황우석 보도에 있어 <W>는 자신의 색깔을 잃어버렸다. 그 이유는 <W>가 신드롬에 성급하게 동참하려고 했기 때문이다. 앞으로는 <W>가 시류에 휩쓸려 자신의 색깔을 잃어버리는 일이 없길 바란다.

<W>는 시청자를 불편하게 만드는 프로그램이다. <W>를 보는 내내 타자의 고통을 겪어야하고 자아를 발견해야 하기 때문이다. 그래서 <W>는 시청자들의 관심을 받지 못한다. 지금까지 <W>가 받은 최고의 관심이 진행자인 최윤영 아나운서의 의상이었다는 점은 슬프기까지 하다. 그러나 앞에서 살펴본 것처럼 <W>는 특별하고 대단하다. 그래서 비록 <W>가 나를 불편하게 만들더라도 나는 <W>를 볼 것이다. 제작진도 <W>가 특별하고 대단하다는 사실에 자부심을 갖길 바란다. 그래서 <W>가 추구하는 두 가지, '타자의 고통을 통한 자아의 이해'와 '따뜻한 세계화 추구'가 계속되길 바란다. 앞으로도 꾸준히 세상(World)에 대한 따뜻한(Warm) 감시자(Watcher)의 역할을 해주길 바란다.

성장 드라마의 색다른 화장, 〈궁〉

김 순

"화장이니 미용이니 또는 몸치장이니 하는 것도 시대의 진전과 함께 그 역시 나란히 발전한다. 자기가 가진 아름다움을 발휘하는 방책이 즉 화장이요 미용이며 또한 몸치장이니, 이것은 사치와 결코 혼동할 것이 아니다."
— 1931년, ≪신여성≫에 실린 글 중에서

1. 새로운 화장법, 색조화장

이미 화장을 음란하고 사치스럽고 쓸데없는 겉치레로 경멸하던 시대는 지났다. 과거 근대 문화가 유입되기 시작했던 시절에도 "정신의 아름다움이 외양의 아름다움을 결정한다"는 논리는 지나치게 낡은 주장이라는 지탄을 받았다. 외양의 아름다움이 그 자체로 훌륭한 가치를 지닌다는 생각이었다. 이는 오늘날 자연스러운 믿음이 되었다. 발과 발톱을 곱게 가다듬는 페디큐어가 유행하는 시대. 바야흐로 화장의 시대가 도래한 셈이다.

오늘날 화장은 비단 몸과 관련된 것에만 국한되지 않는다. 핸드폰이나 자동차에서 아파트까지도 더욱 아름다운 외양을 선보이려 노력한다. 이제 아름다움은 부가적인 요소가 아니라 핵심을 이루는 내용이 되었기 때문이다. '이왕이면 다홍치마'라는 말보다 '뭐든지 아름다워야 한다'는 말이 사회 전반에 걸친 여러 분야에서 반향을 일으키며 커다란 호응을 얻고 있다.

영상 문화 역시 마찬가지이다. 점차 영상 문화는 영상 그 자체로만 호소할 수 있는 방식으로 진화하고 있다. 영상의 아름다움은 더 이상 내용을 보기 좋게끔 도와주는 역할에 머물지 않는다. 오히려 전면에 부각되어 눈과 귀를 사로잡는 흥미로운 영상이 각광 받고 있다. 사람들은 더 매혹적인 영상을 선호한다. 영상의 색다른 화장법을 원하는 것이다.

드라마 <궁>은 이런 점에서 확실히 새로운 화장법을 선보였다. <궁>은 잘 알려진 대로 값비싼 고화질 카메라와 같은 특수 촬영 장비와 컴퓨터 그래픽, 섬세하게 공들인 세트, 정교한 조명으로 만들어졌다. 단역 연기자의 의상에서부터 사소한 소품 하나하나까지 일일이 손을 거치지 않은 것이 없어 보일 정도이다. 이 때문에 시청자들로부터 "옷이랑 인테리어를 보는 것만으로도 재미있다", "배경이나 색감만으로도 볼만하다"는 평가를 받을 수 있었다. "쉽게 대중에게 다가갈 수 있으면서도 보통 드라마 영상이 아닌 맛있는 디자인이 되도록 노력했다"는 미술감독의 의도가 꽤 성공을 거둔 셈이다. <궁>은 시각적 요소뿐만 아니라 고전 음악과 현대 음악을 접목하는 등 음악이나 음향효과 등에서도 색다른 맛을 선보였다. 이른바 시청각적인 매혹. 보고 듣는 것만으로도 즐겁고 흥미로운 드라마의 새로운 화장법을 보여주었다.

물론 일각에서 '빛 좋은 개살구'라는 비판도 없지 않았다. 이러한 비판은 어느 정도 일리 있는 지적일 수 있다. 구입한 물건 하나를 평가하더라도 '기능이 좋아야지 예쁘기만 하면 전혀 쓸모없다'고 판단할 수 있기 때문이다. 아름다운 색조화장도 '볼거리만 화려하면 무엇하냐'는 비난을 전적으로 피할 수는 없는 셈이다.

2. 새로운 화장법, 기초화장

고대 설화나 민담에서부터 현대의 소설과 드라마에 이르기까지 수많은 이야기가 반복되고 변주되었다. 이 때문에 대개의 이야기는 비슷한 구조나 형태를 지닐 수밖에 없다. 따라서 이야기란 핵심적인 알맹이가 아니라 사람들의 귀를 기울이게 하고 마음을 사로잡는 매력을 지닌 요소라고 보는 것이 적절하다. 현대 문학의 거장 보르헤스는 "사람들은 이야기를 하거나 듣는 일을 결코 지겨워하지 않을 것이라 믿는다"고 말했다. 그만큼 이야기는 오래 전부터 매혹의 대상이었고 앞으로도 계속 그러할 것이다.

이는 드라마에서도 마찬가지이다. 매력 없는 이야기를 꾸준히 보고자 하는 사람은 드물기 때문이다. 좋은 드라마로 손꼽히는 작품들은 대개 재미 있는 이야기 구조를 갖추어야 한다. 보고 듣는 데서 느끼는 시청각적인 즐거움은 이야기의 강렬한 매혹을 바탕으로 해야 더욱 큰 힘을 발휘할 수 있다. 그래서 드라마에서 시청각적인 만듦새를 색조화장이라 한다면, 기초 화장은 다름 아닌 이야기이다.

<궁>은 대개의 이야기가 그렇듯이, 새로운 이야기라 하기는 힘들다. 원작 만화에서 빌려온 '입헌군주제가 유지되는 대한민국'이라는 상상력은 참신하지만 이는 독특한 설정과 배경의 산뜻함이 빚어낸 결과이다. 오히려 정략결혼이나 삼각관계, 궁 내부의 암투 등과 같은 요소들로 이루어진 이야기의 뼈대는 그다지 낯설지 않다. 하지만 <궁>은 설화적인 요소를 복합적으로 활용하고 있다는 점에서 최근의 드라마들과 다른 특색을 드러낸다.

우리나라의 드라마는 오래 전부터 설화의 형태로 전해져 내려오는 이야기 구조와 유사한 이야기 구조를 곧잘 활용한다. 과거에는 순종적인 여성상을 보여주는 이야기 구조가 특히 많았다. 이는 남성 중심 사회에서 여성의 희생과 순종을 미덕으로 그려내는 전통적인 '열녀설화'의 이야기 구조와 맥을 같이 한다.

한편 최근의 드라마는 이와 다른 전통적인 설화의 이야기 구조를 활용한다. 바로 여인들이 자신들의 삶을 스스로 개척해나가는 설화의 이야기 구조이다. 〈국희〉나 〈위풍당당 그녀〉와 같은 드라마들의 이야기는 과거와 다르게 독립적인 여성의 성공 스토리를 보여준다. 사회적인 변화의 반영이다.

〈궁〉은 이러한 상반된 이야기 구조를 혼합하여 보여줌으로써 독특한 매력을 드러냈다. 평범한 고등학생에서 어느 날 갑자기 황태자비의 자리에 오르게 되는 주인공 채경의 이야기는 언뜻 수동적인 여성의 이야기 구조를 따르는 듯 보인다. 황실의 전통을 익히려 애쓰고, 황태자의 사랑을 얻으려 노력한다는 점에서 '열녀설화'와 같은 이야기 구조와 밀접하게 느껴진다. 그러나 달리 보면 정반대의 이야기 구조와도 유사한 점이 많다. 채경은 고민 끝에 황태자비의 자리를 수락하기로 결정을 내리는 것으로 묘사되고, 황실에 들어간 이후에도 주변 사람들의 태도를 변화시킨다. 또한 스스로 황태자의 마음에 드는 여자로 변화하는 것이 아니라, 황태자의 마음을 빼앗는 여자로 당당하게 자리매김한다. 이렇게 미묘하고 복합적인 구조 덕분에 수동적이며 동시에 능동적인 채경의 이야기는 다른 드라마들과는 다른 독특한 매력을 지닐 수 있었다.

3. 〈궁〉의 맨 얼굴

색다른 시청각적 요소와 독특한 이야기 구조라는 〈궁〉의 새로운 화장법은 시청자들에게 즐거움을 주기에 충분했다. 드라마가 많은 시청자들에게 큰 반향을 불러일으킬 수 있었던 것은 바로 이 때문이다. 그렇지만 10대를 중심으로 시청자들의 높은 호응을 얻었다는 점은 역설적으로 드라마 〈궁〉의 본질에 대해 되돌아보게 만든다. 바로 '성장 드라마'라는 본질에 얼마나 충실했냐는 점이다.

<궁>은 이색적인 역사적 상상력을 바탕으로 하는 성장 드라마라고 볼 수 있다. <궁>의 주인공들은 고등학생이다. 다소 어리다고 할 수 있는 주인공들이 서로 사랑하고, 질투하고, 미워한다. 이른바 '성장통'을 치르며 크고 작은 변화를 겪는 전형적인 성장 드라마인 셈이다. 바로 이 점이 드라마 <궁>의 본질이라 할 수 있다. 즉, 드라마 <궁>을 매혹적으로 만든 영상과 음악, 이야기 구조 등의 화장법은 성장 드라마라는 '맨 얼굴'과 잘 맞물려야 한다.

이미 몇 가지 점에서 드라마 <궁>은 기존의 성장 드라마와는 다른 장점을 지녔다는 일부의 평가를 받았다. 10대 여성의 성적 욕망을 금기 없이 드러냈다거나 학교를 배경으로 하는 학원물임에도 입시의 그늘에서 벗어나 다양한 주인공들의 모습을 그려냈다는 호평을 받았다.

하지만 <궁>은 전반적으로 볼 때 '성장 드라마'의 상투성을 벗어나지는 못했다. 이색적인 화장법과는 달리 다소 상투적인 맨 얼굴을 드러낸 셈이다. 여러 경험을 겪으며 주인공들 스스로 가진 감정의 다발을 어떻게 엮어 가느냐 하는 중요한 부분이 다소 피상적으로 묘사됐기 때문이다. 이를테면 '순수하지만 다소 투박하고 거친 아이들이 기성 제도와 가까워지며 충돌하고, 그 결과 예전에 비하여 성숙해진다'는 식이라고 볼 수 있다. 기성 제도에 성공적으로 안착하고자 하는 바람과 또 정반대로 이를 두려워하고 거부하려는 마음 그리고 성에 대한 호기심과 같은 '성장 드라마'의 상투적인 요소들을 답습하는데 그쳤다. 이에 비해 실제 아이들의 욕망과 두려움, 호기심은 훨씬 생생하다. 주인공이 '좌우당간', '당최', '열공', '대략난감'과 같은 최신 인터넷 용어들을 사용하지만 어딘지 모르게 어색하고 비현실적으로 들리는 이유는 바로 드라마의 상투적인 맨 얼굴 때문이다.

물론 성장 드라마가 반드시 아이들의 현실을 사실적으로 반영해야 한다는 주장은 아니다. 게다가 적지 않은 사람들은 드라마에서 평범한 현실과는 다른 비현실적인 환상을 보고 싶어 한다. 하지만 더 흡입력 있고 설득력 있는 방식으로 주인공들의 감정과 고민을 생생하게 보여주는 진정한 의미의 성장 드라마가 아쉽다.

모나코의 안드레아 왕자, 영국의 윌리엄 왕자, 스웨덴의 공주, 요르단의 황태자비. 실제로 이들은 오래 전부터 인터넷을 통해 10대들 사이에서 인기를 누리고 있다. 입헌군주제라는 상상 속 대한민국의 분위기를 차근차근 전달하는 것은 좋지만, 이미 왕자들에 익숙한 시청자들에게는 지나치게 조심스러운 접근과 템포가 아니었는지 곱씹어 볼 필요가 있다. 〈궁〉은 여러 가지 부분에서 색다른 즐거움을 선사했지만, 기존의 전형적인 성장 드라마의 답습을 거부하고 시청자들과 빠르게 호흡을 맞춰나가는 새로운 성장 드라마를 보여주는 데는 다소 부족했다.

4. 다시 태어나는 〈궁〉

〈궁〉은 다음 시즌을 기획하고 있는 드라마이다. 국내에서는 드물게 시도하는 시즌제 드라마인 셈이다. 우리나라의 드라마는 시청자들에게 큰 사랑을 받으며 더욱 수준 높은 완성도를 요구 받고 있다. 사전 제작제나 시즌제 도입에 대한 논의 또한 이러한 맥락에서 이해할 수 있다. 따라서 다음 시즌은 〈궁〉의 새로운 기회일 수 있다.

성장 드라마는 비단 젊은 시청자들만이 즐기는 드라마가 아니다. 오히려 여러 세대가 함께 즐길 수 있다. '성장'이라는 주제를 가진 이야기가 충분히 매력적일 뿐더러, 기성세대는 과거의 성장통을 돌아볼 수 있고, 젊은 세대는 현재의 성장통에 공감할 수 있기 때문이다. 또 훌륭한 성장드라마는 세대 사이의 공감을 높이고, 이해를 넓힐 수 있다는 점에서 사회적으로 긍정적인 기능을 수행하기도 한다.

드라마 〈궁〉은 참신한 시도로 독특한 드라마를 선보였다는 점에서 칭찬할 만하다. 드라마의 새로운 지평을 열었다는 평가가 무색하지 않을 만큼

소기의 성과를 거두었다. 비록 새로운 성장 드라마로 불리기에는 다소 부족
했지만, 다음 시즌에서는 보다 훌륭한 성장 드라마로 돌아오도록 노력해야
한다. 이미 새로운 스타일을 개척한 일종의 '드라마 선구자'로서의 역할을
이어 나가 더욱 완성도 있는 드라마를 보여주기를 기대해 본다. 누구나
즐길만한 오락거리로서의 드라마도 훌륭하지만, 보다 깊은 공감을 얻고
시청자들에게 든든한 위안을 줄 수 있는 가능성 또한 충분한 까닭이다.

세상을 보는 두 개의 눈

MBC <W>와 KBS <특파원 현장보고, 세계를 가다>

김순배

우리는 TV를 통해 세상을 본다. 마셜 맥루한은 "미디어는 감각의 연장이고, 사람들은 이를 통해 세상을 인식한다"고 하였다. TV는 그 중에서도 우리의 감각기관이 최대로 연장된 매체이다. 그리고 지금, 우리의 감각기관과 인식의 틀이 점차 세계로 뻗어 나가고 있다. 세계화와 국제화 바람, 이제 다른 나라의 일이 곧 우리의 일이 되어버린 환경에서 더 넓은 세상을 보고자 하는 시청자들의 갈증을 풀어주는 프로그램들이 속속 등장하고 있는 것이다. 바로 MBC의 <W>와 KBS의 <특파원 현장보고, 세계를 가다>이다.

우리나라 방송의 양대 축인 MBC와 KBS에서 세계 소식과 국제 뉴스의 공영성과 심층성이라는 기치를 표방하며 선보인 두 프로그램은 보다 넓은 세계를 보기를 원하는 시청자들의 욕구를 충족시키고 있다. 또한 그동안 서방 언론의 시각에서만 보던 세계를 우리 언론이 직접 취재하고, 우리의 시각으로 본다는 점에서 높은 평가를 받고 있다.

하지만 두 프로그램의 경우 프로그램을 만드는 주체가 달라 각각의 개성과 차이가 있다. 먼저 MBC의 <W>의 경우 PD에 의해 만들어지는 프로그램이다. 최근 언론에서 PD는 그 영향력을 점차 확대시켜 나가고 있다. 프로그램 기획과 편성, 편집 등 PD 고유의 업무라고 생각되는 것에서 벗어나 현장에서 직접 발로 뛰는 PD들이 늘어나고 있는 것이다. <W>는 바로 '현장의 PD들'이 만드는 PD저널리즘 프로그램이라 할 수 있다. 반면 KBS의 <특파원 현장보고, 세계를 가다>는 전통적 언론인인 기자에 의해서 만들어지는 프로그램이다. '현지 순회 특파원' 제도를 활용하여 현지에 파견된 기자들이 직접 내용을 선택하고 기사를 작성한다. 즉, 취재와 보도 전문가들이 만드는 전통 저널리즘 프로그램인 것이다.

그렇다면 PD와 기자가 보는 세상은 어떻게 다를까? PD와 기자는 그동안 각자 고유의 영역을 구축해 왔기 때문에 프로그램 제작 형식과 내용에서 차이를 보일 수밖에 없다. 프로그램의 구성과 사안을 바라보는 시선이 다른 것이다. 이 같은 차이는 어느 것이 옳고 그르다는 것을 떠나 프로그램의 다양성 측면에서 많은 도움이 된다. 각자의 영역에서 최선을 다하는 PD와 기자를 통해 시청자는 보다 다양한 시각과 넓은 세상을 접할 수 있는 기회를 가질 수 있기 때문이다.

1. 프로그램 구성의 차이

먼저 프로그램 구성방식의 차이를 살펴보면 MBC <W>는 세 가지의 꼭지로 이루어져 있다. 국제 뉴스를 심층적으로 전하는 'World Issue', 세계 속의 한국과 한국인을 객관적으로 조명해 보는 'Wide Korea' 그리고 다큐멘터리 기법을 적용한 미니다큐 'W-Special'이 그것이다. KBS <특파원 현지보고, 세계를 가다>의 경우 '특파원 보고'를 제외하면 특별히 성격이 부여된 꼭지를 가지고 있지 않다. 즉, <W>의 경우 각각의 꼭지가 명확한 기획의도를 가지고 있으나 <특파원 현장보고...>의 경우 뚜렷한 꼭지 구분을 하기 힘들다. 이는 프로그램을 만드는 주체의 성격과 취재방법의 차이에서 비롯된다고 할 수 있다.

PD의 경우 먼저 방향을 설정하고 프로그램의 제작에 들어가는 경우가 많다. 명확한 꼭지 구분이 이루어진 후 그에 맞는 적합한 대상을 찾아 취재를 하는 것이다. 하지만 기자의 경우 뉴스 가치에 따른 취재가 이루어지기 때문에 오히려 명확한 꼭지 구분이 취재 범위와 대상을 협소하게 만들 우려가 있다. 이처럼 PD와 기자의 성격과 취재 방법의 차이가 구성과 형식의 차이로 나타난 것이다.

하지만 이런 구성과 형식이 일관성을 가지고 이루어지는지 여부와 효과를 생각해 보아야 한다. 때로 소재의 빈곤과 사안의 시의성으로 인해 억지로 짜 맞춘 듯한 구성이 종종 보이며 무슨 이유로 주제가 선정되었는지 모호할 때가 많기 때문이다. 예를 들어 <W>를 살펴보면 명확한 꼭지 구분이 실제로 방송으로까지 이어지지 않는 경우가 몇 번 있었다. 지난 5월 12일의 경우 'W-Special'과 'World Issue'만이 방송되었고 4월 28일 'Wide Korea' 코너에서는 꼭지의 기획의도와는 전혀 다르게 미국의 비만 실태를 보도 한 것이다. 이는 꼭지의 성격에 맞는 내용을 기대하는 시청자들을 실망시킬 수 있다. 가급적 기획의도에 부합한 내용 구성이 요구된다. 그리고 <특파원 현지보고...>의 단순한 나열식 구성도 문제다. 단순 나열식 구성은 프로그램 내용을 파편적으로 인식시켜 과연 시청자가 이 주제를 어떻게 봐야할지 모호하게 만든다. 일정한 꼭지 하에 프로그램이 구성된다면 시청자는 보다 명확한 틀을 가지고 사안에 접근할 수 있을 것이다.

물론 그때그때 중요사안이 다르고 소재마다 일정한 틀에 맞추는 것이 무리일 수도 있다. 하지만 국제 뉴스의 경우 방대한 소재와 낯선 내용 때문에 자칫 시청자들이 내용을 이해하기 어렵거나 내용에 대한 초점과 관심이 흐트러질 수 있다. 그러므로 프로그램을 소주제로 나누고 그 안에 내용을 삽입하여 프로그램이 말하고자 하는 의미를 시청자에게 보다 명확하게 인식시킬 필요가 있다. 아무리 프로그램이 잘 만들어졌다 하더라도 시청자들이 기획의도를 제대로 이해하지 못하고 엉뚱하게 받아들인다면 그 의미는 반감될 것이기 때문이다. 이러한 맥락에서 <W>의 꼭지식 구성이 틀에 맞게 제대로 지켜지고 <특파원 현지보고...>는 좀더 주제파악이 명확한 뉴스를 전달할 필요가 있다.

2. 전달 방식의 차이

내용의 전달방법에 있어서도 두 프로그램의 경우 많은 차이를 보이고 있다. <W>는 PD가 취재한 내용을 바탕으로 대본을 작성, 전문 성우와 아나운서에 의해 내용이 전달되는 비중이 많다. 화면 구성에 있어서도 영상 구성의 전문가라 할 수 있는 PD들에 의해 촬영되고 편집되기 때문에 화면이 화려하고 구성도 세련되어 있다. 특히 최윤영 아나운서의 여성으로서 개성과 장점을 최대한 살린 부드럽고 깔끔한 진행은 시청자들의 인기를 모으고 있다. 하지만 문제는 이러한 장점들 때문에 정작 프로그램의 내용이 묻혀버릴 수 있다는 것을 주의해야 한다. 일례로 방송 초기, 최윤영 아나운서의 노출의상은 프로그램의 내용과는 상관없이 주목을 받아 많은 사람들의 입에 오르내렸다. 이로 인해 프로그램이 홍보되는 의외의 효과를 얻을 수 있었지만 <W>라는 프로그램 자체에 쏠려야 할 시청자들의 시선과 관심이 최윤영 아나운서에 쏠리게 되면서 프로그램이 가려지게 되었다. 이러한 논란은 최윤영 아나운서가 뛰어난 진행솜씨를 보임으로써 해소되었지만 앞으로 이러한 논란에 휩쓸리지 않도록 조심해야 한다. 또한 <W>의 장점인 화려한 영상은 PD저널리즘에서 흔히 문제로 지적되는 사항이다. 화려한 영상이 보기에는 좋지만 내용에 대한 이해를 흐릴 수 있기 때문이다. 즉, PD들의 주관적인 시선과 화면효과가 프로그램의 내용에 반영되어 시청자들의 객관적인 인식에 방해가 되는 것이다. 하지만 <W>는 내용에 대한 자세한 설명을 통해 이슈의 핵심과 대안을 제시함으로써 이를 잘 극복하고 있는 듯 보인다.

<특파원 현장보고, 세계를 가다>에서는 현지 특파원들의 활약이 돋보인다. 늘 현지에 머무르고 있는 특파원에 의해 소식이 전달되기 때문에 내용에 대한 신뢰성과 전문성, 기동성이 높다. 지난 2005년 9월에 방송된 '멕시코 반군 왜 투쟁하나'의 경우 <특파원 현장보고...>의 이 같은 장점을 잘 보여주었다. 멕시코 남부 열대우림지역의 농민 반군인 사파티스타의 지도자를 직접 만나고 인터뷰한 것은 특파원의 현지 정보력과 취재망이 없었다면 불가능 했을 것이다. 물론 <W>의 경우도 사파티스타와 반군 지도자 마르코스를 동행 취재해 방송하기는 했지만 <특파원 현장보고...> 보다는 약 4개월여 늦게 전파를 탔다. 하지만 이 같은 몇몇 특종 사안이 아닌 경우 <특파원 현장보고...>는 그냥 평범한, 단지 일반 뉴스 프로그램 보다 조금 긴 국제뉴스를 다룬다는 느낌을 갖게 만든다. 1시간이 채 안되는 방송시간에 비해 너무 많은 5~6개의 꼭지를 다루다 보니 내용에 대한 소개 에만 치우쳐 사안에 대한 심층보도가 제대로 이루어지지 못할 때가 많다. 그리고 밋밋한 화면구성과 특파원들의 평범한 말투는 소재의 재미를 떠나 시청자들의 관심과 흥미를 끌어내기에는 부족해 보인다. 알찬 내용도 좋지 만 보다 기존의 뉴스 프로그램과는 다른 개성 있고 창의적인 전달 방식이 요구된다. 현재의 꼭지 수를 줄이고 특파원이 활약하는 역동적인 모습 등을 화면에 담아 단점을 보완할 필요가 있다.

3. 시선의 차이

프로그램을 만드는 주체가 다르기 때문일까? 두 프로그램은 비슷한 소재 와 현상이라도 바라보는 시선이 다르다. <W>가 세상을 따뜻하게 바라본 다면 <특파원 현장보고...>는 세상을 냉철하고 객관적으로 바라본다. 대표적인 예로 세계 에너지 국유화 문제를 보도한 내용이 있다. 이와 관련하여 <W>는 '석유자주권을 확보하라'는 제목으로 에너지 문제, 고유가 문제를 다루었다. 하지만 <W>는 에너지 문제를 단지 자원 확보 경쟁이나, 돈의 문제가 아닌 생명과 환경의 시선으로 풀어나갔다. 에콰도르 국민과 미국 정유회사인 옥시덴탈 사의 싸움을 선진국의 자본 논리와 환경파괴에 저항하는 주민들의 시선에서 보도하였다. 즉, 대부분의 언론에서 에너지 국유화 문제를 다룰 때 에너지 무기화와 고유가, 에너지 확보 경쟁에만 초점을 맞추어 보도하는 것과는 달리 약탈적인 에너지 확보 경쟁으로 인해 발생하는 환경오염, 생명파괴 현상을 보여줌으로써 시청자가 에너지 문제를 새로운 관점에서 보도록 만들었다. <W>가 바라본 에너지 문제는 중남미 국가 사람들의 생존 문제이며 환경과 생명 차원의 문제였다.

<특파원 현장보고...>의 경우도 세계 에너지 문제를 비중 있게 다루었다. 2006년 3월과 5월에 걸쳐 <특파원 현장보고...>가 다룬 에너지 관련 주제로는 '에너지 강국의 뿌리 시베리아', '아이슬란드 휘발유 없는 나라를 꿈꾼다', '3차 오일 쇼크 우려' 등이 있다. <특파원 현장보고...>는 에너지 문제를 객관적으로 보도하였다. 아프리카 산유국과 볼리비아를 비롯한 산유국의 잇따른 에너지 국유화 선언, 이란의 핵 개발로 인한 긴장감 고조, 미국 메이저 석유회사들의 폭리 문제 등에 대해 구체적인 수치와 통계를 인용하였는데 이는 현실적인 측면에서 구체적인 대안 마련을 위한 정보가 될 것이다.

다른 주제에 있어서도 마찬가지이다. 최근에 방송된 두 프로그램에서 소재가 겹친다고 판단되는 것들을 살펴보면 <W>의 '두바이 부의 비결', '반이민법 철폐시위', <특파원 현장보고...>의 '두바이 초고속 성장의 두 얼굴', '반이민법 논란 흑인-라틴계 갈등' 등이 있다. 양쪽 프로그램 모두 이 소재들을 이용하여 나름대로의 시각으로 차별화된 접근을 시도하였다. <W>가 새롭게 떠오르고 있는 신흥 부국 두바이의 성장비결과 호화로운

모습을 보여주며 다소 흥미위주의 내용을 다루었다면 <특파원 현장보고...>는 두바이 성장의 한계와 위험성에 대해서 조심스런 진단을 내렸다. 현재 두바이에 대한 우리나라와 국민의 진출이 활발해지고 있는 상황에서 현지의 실상과 전망을 통해 두바이 성장의 명암을 다룬 것은 신중하고 사려 깊은 보도였다.

미국의 반이민법 철폐시위를 다루는 모습도 사뭇 다르다. <W>의 경우 미국의 반이민법 문제와 이주민 차별의 실태를 중국인 부부의 사례를 통해 생생하게 보여주었으며 앞으로 반이민법이 미주 한인에 미칠 영향에 대해 분석하였다. 반면, <특파원 현장보고...>는 미국의 반이민법 안에 감추어져 있는 흑인과 라틴계의 일자리 다툼, 차별적인 사회보장제도 적용 문제를 다루었다. 원치 않게 미국으로 들어와 사회보장제도의 혜택을 받으며 일을 하지 않고도 어느 정도 생계를 꾸려나가는 흑인들과 돈을 벌기 위해 미국에 들어와 아무도 하지 않는 일을 하면서 사회보장제도의 혜택은 받지 못하는 라틴계 사람들은 분명 갈등의 소지를 안고 있었다. 이처럼 같은 문제를 다루더라도 보는 시선에 따라 현상과 원인, 해결방안이 다르게 나타날 수 있다. <W>와 <특파원 현장보고...>를 통해 시청자들은 같은 사안을 다양한 시각에서 볼 수 있는 기회를 가질 수 있었다.

4. 앞으로 <W>와 <특파원 현장보고, 세계를 가다>가 나아가야 할 방향

세계는 이제 유기적인 공동체 사회가 되었다. 이렇게 세계가 하나가 된 데에는 미디어의 역할이 컸고 앞으로도 그러할 것이다. 미디어를 인간의 감각의 연장이라고 한 마셜 맥루한이 '지구촌'이라는 단어를 처음 사용한 것은 이 같은 미디어의 위력을 예감했기 때문일까. 발달한 미디어 기술을 바탕으로 위성방송, 인터넷 등을 이용해 외국의 정보를 직접 받아 볼 수 있게 되었지만 아직 시청자들이 직접 정보를 이해하고 현실에 적용하기에는 무리가 따른다. 또한 외국 언론의 시각만으로 세계를 보는 것은 우리만의 인식의 틀을 형성하지 못하게 하여 종속된 세계관, 가치관을 만들 수 있다.

우리의 감각으로 우리의 인식의 틀을 형성하고 세계를 우리의 시선으로 보는 것은 변화하는 세계 환경에 주체적으로 변화, 적응하는데 있어 매우 중요하다. 그러기 위해서는 세계를 다양한 시선으로 바라 볼 수 있어야 한다. 때로는 주관적인 시선으로 나름의 관점에서 세상을 바라볼 필요도 있고 객관적인 시선으로 투명하게 봐야 할 필요도 있다. 또한 세상을 넓고 다양하게 봐야할 때도 있고 깊고 분명하게 봐야할 때도 있다.

<W>와 <특파원 현장보고...>는 각각의 측면에서 장점과 단점을 가지고 있다. 우리의 눈이 두 개인 것처럼 이 두 프로그램이 자신의 장점을 살려 세상을 보는 시청자들의 두 눈이 되었으면 한다. 그리고 더 나아가서는 이 프로그램에서 제시하는 이슈들이 우리 안에서만 머물지 말고 국제사회 이슈 형성에 기여할 수 있기를 바란다.

진심이 주는 매력, 그리고 실재(實在)가 가진 무게
<내 이름은 김삼순>을 보다

김인현

종종 아름다움은 진실과 함께 발견된다. 이른 저녁 고깃집에서 삼겹살을 구우면서 오랜 친구들과 만나 옛 이야기를 나눌 때, 실연당한 친구 녀석을 달래주러 같이 코믹영화를 보러 갈 때, 노처녀인 이모가 양희은 씨의 '서른 즈음에'를 불러댈 때, 우리는 어떠한 진실을 마주하게 된다. 우리가 늘 만나는 진실, 그건 다름 아닌 우리의 '일상'이다.

'좋은' 방송은 진실을 담아낸다고 한다. 그러나 우리 방송은 얼마만한 진실을 담아내고 있을까. 그리하여 일상의 아름다움을 얼마나 제대로 담아내고 있는 건가. 공동체와 타자에 대한 깊은 애정과 인간에 대한 폭넓은 이해를 바탕으로 하고 있는가 그리고 인간의 삶을 정말 속 깊은 시선으로 그려내고 있는가 이런 질문들이 일상을 아름답게 다시 만들어주는 계기들이 되어 준다.

그러나 특히 드라마 같은 프로그램들은 이러한 일상에서 많이 동떨어져 있기가 마련이다. 그것은 드라마가 허구라는 사실이외에도 단순히 사람들의 욕망에만 충실할 뿐, 사람들의 '본모습'을 그려내는 데는 매우 서툴거나 관심이 없기 때문이다. 근래에 인기가 있었던 <파리의 연인> 같은 드라마 역시 최루성 짙은 멜로지만, 전형적인 신데렐라 스토리를 따라갔을 뿐이었고, 한류 드라마에도 이제는 그 상투성으로 위기가 닥쳐왔다고 한다.

그러다가 이제 높은 시청률로 국내에서 좋은 평을 받았을 뿐 아니라, 한류 드라마로도 좋은 수출작품이 된 드라마가 하나 나타났다. 그리고 한편 이 드라마가 끝나고 나서 오랜 만에 이제 사람들은 무슨 낙으로 사는가 하는 한탄을 토로하게 되었다고 한다. MBC <내 이름은 김삼순>이 바로 그것이다.

1. 장르가 가진 매력 또는 진심이 주는 매력, 그리고

<내 이름은 김삼순>이 가장 인기를 얻었던 이유를 찾아보자면, 우선, 이 드라마가 내세우고 있는 것처럼, 캐릭터가 가진 매력이 가장 클 것이다. 삼순이라는 이름은 매우 구수한 맛깔을 가진 이름이고, 푸근한 외할머니 또는 푼수대기 사촌누나나 가지는 이름일 것이다. 따라서 삼순이라고 하면, 왠지 바보네 방앗간, 마산댁 오뎅집 같은 친근한 이미지를 가지고 다가온다. 삼순이라는 이름이 가진 매력의 정체는 푸근한 진실이 가진 매력인 것이다.

삼순이가 상징하는 것은, 어수룩한 이미지와 우리보다 조금은 못한 듯한 그러한 모습을 담아내고 있으면서도 우리에게 낯설지 않은 편안함이다. 그러나 그것이 평범함은 아니다. 왜냐하면, 삼순이는 뚱뚱한데다가 배운 것도 짧고, 욕도 잘 하고, 나이도 많은데다가 이름도 못났기 때문이다. 오히려 그런 점에서 삼순이는 일상보다 낮은 일그러진 여자영웅, 또는 우리 사회의 '미운 오리새끼'같은 존재일지 모르겠다.

한편으로, 이 드라마의 인기는, 계절적인 특수로서의 로맨틱 코미디 장르가 가지는 문화적 반영일 수도 있다. 드라마를 주로 본 수용자계층이 로맨틱 코미디 영화 장르의 수용자 층과 거의 일치된다는 점에서도 그러하다.

또한 대체로 5, 6, 7월이 로맨틱 코미디 영화가 스크린에 잘 등장하는 시기라는 점도 그러하다. 하지만, 장르가 가진 매력으로 설명하기엔 그 이전의 젊은 남녀의 러브스토리에 관한 드라마장르 조류에서 상당히 일탈적이라는 점에서 이 현상이 최근의 문화적 조류의 일부임을 예감하게 한다.

이 드라마에는 로맨틱 코미디의 공식들—상반된 계층적 지위, 남녀 간의 토닥거림, 그리고 오해와 해피 엔딩—을 충실히 따르면서도 트렌디나 멜로의 클리셰를 따르고 있는 부분도 보인다. 예를 들어, 최루성 멜로의 불치병 걸린 애인이 낀 삼각관계나 트렌디의 빠른 스토리전개, 젊은이들의 감각적이고 소비적인 문화 등은 바로 그것이다. 그러나 트렌디 주류에서 로맨틱 코미디의 공식을 충실히 따르는 혼성적인 절합으로의 전환이 그 본질이었고, 이는 상당히 신선한 장르적 충격으로 다가왔다.

장르적 충격은 그러나 그리 큰 것은 아니었다. 트렌디나 정통멜로가 주류이던 안방극장, 곧 방송극에 로맨틱 코미디가 도입되게 된 것은, 아마도 한국영화 붐—코리안 뉴 웨이브 시네마—속에서 로맨틱 코미디가 자리 잡으면서 서서히 대중문화 속으로 침투된 게 그 원인이 될 수도 있다. 그러한 점에서 방송문화와 극장문화의 절합적 양상이 보인 것이기도 하다. 실은, 각 편들이 소주제를 가지고 절합적인 성격을 가지고 있었다는 것 역시 그러한 생각을 뒷받침한다.

따라서 장르적 전략으로서 기존 트렌디의 빠른 속도와 스타카토의 톡톡 튀는 단편처럼 기억할 수 있는 시각이미지로 구성한 것은 감수성에 상당히 친밀한 수용자접근방식이라고 할 것이다. 이러한 장르적 전략 속에 담긴 캐릭터가 가진 성격상의 매력은 곧장 푸근한 감수성, 곧 일상에 담긴 진심의 매력을 담아내고 있다. 진헌이가 한번 고백한 적이 있듯 삼순의 매력은 진심에 있고, 또 삼순이라는 이름 그대로가 가진 매력에 있는 것이다. 다시 말해서 삼순이는 삼순이기에 매력적인 것이다.

<내 이름은 김삼순>은 그러한 이유로 많은 호응을 이끌어내었고, 또

실상 근간에 나온 드라마 가운데 가장 우리 일상에 근접해 있었다는 이유와 그 내용의 신선함과 진실한 구체성으로 호평을 받았다. 이 드라마가 가진 여러 장점들에 대해서 칭찬한다면 특히 캐릭터가 가진 진심, 곧 그냥 보통의 인간성을 재발견하고자 한 점에 관하여 칭찬할 수 있지 않을까 한다.

2. 여성의 주체성, 그러나 여전히 남성의 시선에 제한된

보통 로맨틱 코미디는 여성의 주체성을 그려내지만, 결국은 남성적 구도 체계로 편입되거나 혹은 남성의 시선 안에 포획되어 있는 경우가 많다. 브리짓 존스의 일기나 오만과 편견의 경우, 해피 엔딩의 결말 역시 남성적 세계로의 여성의 투항으로 그려지는 경우로 보인다. 로맨틱 코미디의 특성 상, 상반된 계층의 두 남녀가 결합하는 전형적인 신데렐라 스토리를 따르고 있고, 우연적인 환상성을 담지하고 있기 때문이다.

한편 이 드라마 전편부들, 중반 이전에는, 대체로 트렌디드라마의 경향을 보여주고 있으며, 이는, 유독 남성적 시선을 갖춘 카메라 초점을 유지하고 있는 경우가 많다. 진헌의 길고 깊은 사무실로 접근하는 방식이나 삼순이를 본 아페티에 처음 면접 보는 장면은 지극히 남성중심적인 카메라 시선을 유지하고 있으며, 한편으로 남성세계 내의 여성을 그리는 것으로 보인다. 드라마 연출이나 카메라 감독이 남성이어서 일수도 있겠지만, 이는, 실상 내용상의 전개와도 긴밀히 연계되어 있기 때문에, 반드시 그러한 것으로 보기도 어렵다.

진헌이 폭력적으로 삼순이의 맞선을 끝장내는 때도 진헌의 시선에서 그려져 있고, 진헌이 피아노를 연주하는 모습 역시도 삼순이의 시선이 아니라 진헌에 대한 수용자, 곧 드라마 시청자의 눈을 남성인 진헌에게 고정시키는 방식으로 남성화하는 방식을 선택하고 있다. 드라마 후편부들, 중반 이후에는, 대체로 이러한 카메라 시선은 중화되어 가지만, 여전히 희진과의 관계

속에서 그려지는 진헌의 시선이 자주 은밀하게 감추어진 방식으로 남성중심적인 눈길을 담아내고 있는 것이 사실이다.

실상 진헌의 어머니인 나사장은 유사-남성적 주체로서 등장하고 있는데, 이는, 삼순의 어머니인 봉숙 여사를 만나러 갔을 때의 폭력적인 상대방식에서나, 절간에 갔을 때 삼순을 대하는 태도 등, 그리고 그녀의 복장 등에서 유감없이 드러나고 있다. 또한 그녀의 비서 역시 투견을 좋아하는 등, 유사-남성적인 주체로서 그려지고 있으며, 이는 진정한 여성성으로 그려지지 않고 있다는 점이다. 꼬마 미주에 대해서 과연 그 비서나 나사장이 보이는 관심과 사랑이 진정한 것인지 보여주지 않는다는 점에서, 오히려 '얼음왕자'이자 '미지왕'인 진헌이 보이는 관심이야말로 진정한 것처럼 그려지고 있는 점 역시 문제가 있다.

이미지로 포장된 가부장 이데올로기는 여전히 이 드라마 속에 녹아 있으며, 한편, 가짜연애 때문에 나사장 앞에 찾아온 삼순의 태도는 매우 조신하기 그지없다. 이는 진헌이 봉숙 여사 댁에 찾아왔을 때의 자유분방함에 비하면, 지극히 대조적인 면을 가지고 있다. 이러한 자연스러운 이데올로기가 행동이미지 속에 그대로 삼투되어 있다는 것은 매우 특기할 만한 사실이다. 물론 그것이 어쩔 수 없는 세태와 예절을 담아내고 있다고는 하지만, 여전히 이데올로기가 작동하고 있는 것은 사실이기 때문이다.

또한 삼순이는 주체적으로 행동하는 것처럼 보이지만, 진헌이가 하고 싶은 대로 거의 따라가며, 실상 자신이 무엇을 선택한 경우는 그리 많지 않다는 점이다. 물론 이는 진헌이가 부르주아 가정의 아들, 곧 상속자이기 때문에 자본주의 체제 내에서 행동의 가능성이 폭넓은 데 있기 때문이라고 말할 수도 있다. 특히 계약연애를 하기 때문이라고 말이다. 그러나 계약연애가 끝나고 나서도 삼순은 진헌이가 원하는 미국여행을 그냥 둘 수밖에 없고, 희진을 자기 집으로 데려오는 등 삼순에 대한 배려가 전혀 없다는 점이다. 심지어 이름 바꾸기 가로막기 방식도 상당히 폭력적인 면이 그대로 노정된다.

삼순이의 여성적 주체성은 쉽게 모욕당하며, 그 모욕의 주체는 대체로 진헌 쪽이라는 점이다. 그러한 점에서 주체-객체 모델을 이 드라마 내에서 구성한다면, 삼순이가 주체 쪽에 서기란 그리 쉽지 않다. 드라마 후반부에 서는 심지어 주인공이 진헌이 아닌가 하는 생각도 드는 것이다. 그러니까 진헌의 연애 고민만 지나치게 부각되어 있는 것도 사실이다. 곧 삼순의 애인인 현우는 단지 속물일 뿐이나 희진-진헌의 사랑은 진정한 사랑의 이별 기에 해당하므로 이에 대한 양해각서는 시청자들이 알아서 챙기라는 식이 다.

그러므로 진헌이 삼순이의 맘을 쟁취했다는 것 말고는 현우에 비하면, 그다지 나은 것도 없는 것 같다. 또 다른 시선에서 보면, 현우가 여자사이를 왔다 갔다 하는 것과 진헌이 왔다 갔다 하는 것과 대체 양다리라는 점에서 뭐가 차이가 있는가 하는 물음도 던져볼 수 있는 것이다. 게다가 삼순이가 돈 가지고 희롱 당했다는 점은 너무나 명백한 것 아닌가 그런 점에서 현우 가 진헌보다 나을 수도 있는 것 같다. 단지 드라마의 전개와 카메라 연출 상 진헌에게 우리가 익숙해진 것에 불과한 것은 아닌지.

3. 실재(實在)가 가진 진정한 무게

나사장이 희진을 진헌과 못 만나게 하는 이유가 과거의 기억, 곧 자식인 큰 아들의 죽음 때문에 그렇다면, 왜 삼순이가 아니라 맞선을 하라고 계속 종용함으로써 진헌을 괴롭히는가 하는 문제는 나사장의 모순성을 그대로 노정하고 있다. 곧 인간미를 강조하면서 어떻게 또한 삼순이는 안 된다고 하는 몰염치가 있을 수 있을까 하고 말이다. 물론 부르주아 가정 내에서 결혼이란 대개가 진정한 인격적 결합이라기보다는 가문과 가문 간의 계약 적인 통친에 불과하다는 고전적 비판으로부터 나사장에 대해서 비판이 가능할 수 있다.

　그러나 진헌도 자주 말하듯이 삼순은 '주제파악'을 잘 하는 편이다. 실제의 현실에서는 이러한 관계는 형성되거나 유지되기란 매우 어렵다. 삼순은 파리에서 유학까지 한 고급 전문 인력인데, 삼순 같은 존재에게 이것이 쉽게 가능한 일인가 하고 물어볼 수 있다. 그것이 가능하다고 해도, 계약연애니 하룻밤을 같이 한다는 이유로 핑계를 대고 하는 상황은 실제 현실에서 일어나기란 매우 힘들다는 것은 누구나 아는 현실이 아닌가. 또한 제주도 한라산 어딘가에서 삼순과 진헌이 만난다는 설정 역시 말 그대로 드라마틱하다.

　이러한 비현실성은 한편으로 동화 같은 환상으로 전체 플롯을 포장하여 달콤한 초콜릿 상자처럼 이 드라마를 꾸며주기도 하지만, 그러나 실재(實在)의 부재로서의 진정한 인간성, 곧 삼순과 진헌의 진심어린 사랑이란 현실에서 존재하지 않는다는 것을 은유적으로 보여주기도 하는 것 같다. 이러한 꾸밈은 시각적 장치(opis)를 통해서도 잘 드러나는데, 주로 쓰이는 드라마 내의 화려한 건축인테리어나 생활양식들은 오로지 동화속의 환상처럼 왕자가 사는 궁전으로만 그려져 있는 셈이다. 다시 말해서 삼순으로 표상되는 일상은 진헌으로 표상되는 부르주아적 삶 속에서 완전히 포장되고 포획되어 후퇴되어 간다는 것이다.

　시청자의 욕망을 자극하는 달콤한 봉봉 쇼콜라처럼 그러한 시각적 장치들은 이러한 진정성에 대해서 불신하게 만든다. 왜냐하면, 먹어도 곧장 쓰디쓴 맛을 남길지 모르는 코코아 맛을 기억하기 때문이다. 다시 말해서 그들은 현실이 그렇지 않다는 것을 다시 자신들의 무의식 저 아래서 확인하면서 대리만족을 취하고 있는 것이다. 일상과 진정성, 순수한 사랑은 삼순과 진헌이 벌이는 유한적(有閑的) 라이프스타일 속에서 그러한 사랑의 불가능성을 재확인하게 하는 것이다. 곧 그 실재성을 상실한다. 우리가 항상 일을 제쳐두고 제주도 여행을 떠나거나 미국여행을 떠날 수 있는 것은 아니지 않은가.

이 드라마 속에서 상상과 환상이 너무나 빈번하게 등장하는 이유도 그러한 맥락에서 찾을 수 있다. 로맨틱 코미디들에서 자주 상상이 많이 쓰이지만, 이 드라마 속에서는 지나칠 정도로 많이 쓰이고 있는 것이다. 그러한 상상들은 인과율을 깨뜨리고, 재미를 부여하지만, 반면에 실재성을 완전히 제거하고 있다는 점에서 다시 일상에서 멀어지고, 과거의 드라마들이 취한 장르적 취향 속에 매몰되게 하는 것이다. 따라서 15편 가까이 와서 우리는 약간의 허무감과 가벼움만을 느끼게 되고, 과연 삼순이 늘상 가지고 있는 생각대로 '인생 별거 있나'라고 물어보게 된다.

그러나 실재를 가볍게 관념으로만 처리하는 방식은 쉽게 허구적 이념과 결탁해 버리는 데 그칠 위험이 있다. 16편에 들어와서 관념으로 처리된 방식은 결국 허구로 드러나고, 다시 전편으로 되돌아온다. 진실된 실재로서의 사랑은 여전히 진행되어야 하는 현실인 것이다.

김선아는 살찌지 않고 예쁘다는 점과 진헌과의 사랑은 이뤄지기 힘들다는 것. 그러한 점에서 실재는 실재 그 만큼의 무게를 가진 것이지, 환상으로 대체되지는 않는 딱 그 만큼의 무게를 가지고 있다. 마지막에 다시 토닥거리는 사랑으로 다시 돌아올 때, 진헌과 삼순의 사랑은 진실된 실재감을 부여받는다.

<내 이름은 김삼순>은 여러 가지 장점을 가진 드라마였다. 그러나 여전히 트렌디드라마의 소비지향적인 문화와 향락적인 연애문화를 그대로 노정하고 있었으며, 정통 최루성 멜로의 불치병 환자라는 소재를 다시 우려먹고 있다. 또한 전형적인 신데렐라 스토리에서는 벗어났지만, 여전히 성별이데올로기가 작동하는 구도가 남아 있었으며, 환상과 결합되는 플롯내의 이미지들은 실재성에서 일탈되면서, 다시 허구적 실재를 외부에서 강화하는 힘으로 작용했다. 일상이라는 실재, 그것은 좋은 시각적 장치나 아름다

운 영상 만으로만 채워지지는 않을 것 같다. 좋은 방송이란, 진실을 말해주어야 한다는 사명이 있다면, 좋은 드라마 프로그램을 제작하고 연출하는 것도 진실된 우리 삶을 보여주어야 한다는 점에서 마찬가지일 것이다.

인생의 의미를 되짚게 만드는 〈굿바이 솔로〉

김혜옥

공중파를 비롯하여 다양한 방송매체를 통해 송출되는 많은 드라마는 그 수량에 비해 다양한 방식으로 제작되지 못한 체 기존의 성공했던 드라마의 공식을 그대로 대입하여 '새롭고 특별한 드라마'라는 꼬리표를 붙이고 등장한다. 이미 성공했던 드라마의 공식에는 사랑, 우정, 성공, 가족애 등을 주제로 불륜, 출생의 비밀, 재벌 2세와 신데렐라형 캐릭터, 암을 비롯한 희귀병 등의 소재를 곁들이는 방식이 주류를 이룬다. 그리하여 젊은 남녀를 주축으로 이야기가 형성되고 연기력을 갖춘 조연의 감칠맛 나는 연기로 극의 재미를 더해가는 형식이다. 언제나 자극적인 소재, 모방되어 생성된 캐릭터, 비슷한 방식으로 전개되는 이야기로 구성된 드라마에서 변화하고 진화하는 것은 배우들의 교체로 이루어진 연기력의 우수성뿐이다. 그리하여 드라마란 또 다른 현실을 볼 수 있는 통로의 역할보다 대리만족을 의도로 극적인 상황에서 오는 카타르시스를 얻게 되는 행위로 고착화되었다. 또한 많은 드라마들이 외관에 치중한 채 현실을 그려내는 리얼리티의 부재, 선과 악의 극명한 캐릭터, 미화된 영상, 극적인 상황연출을 위한 비이성적인 상황을 만들어낸다. 결국 자극적인 소재나 성공이 보장된 대중적인 요소를 안고 많은 시청자를 확보하고 종국엔 높은 시청률로 결부되기를 희망한다. 이러한 척박한 환경에서 노희경 작가는 작가주의적 성향을 드러내며, 실험성과 작품성을 추구하고 자신만의 독창적인 세계를 구축한다. 기존의 드라마가 보여주는 소재에 대한 식상함과 구태의연함에서 벗어나 우리 주위에서 볼 수 있는 이웃들의 모습을 통해 세상에 대한 편견과 모순을 직설적으로 표출하면서도 인간 본연에 대한 따스함을 잃지 않는다.

노희경 작가의 2006년도 작품인 〈굿바이 솔로〉는 복잡한 과거와 상처를 안고 살아가는 7명의 주인공들의 용서와 이해의 과정을 그린 드라마이다. 젊은 남녀의 사랑이야기에 초점이 맞춰진 미니시리즈와 달리 다중시점의 러브스토리라는 독특한 구성, 과거 회상에 도입된 플래시백(장면의 순간적인 전환기법), 추리소설 같은 짜임새로 궁금증을 유발하는 구도 등 실험성을 확대했다. 또한 일상을 그리는 노희경 작가만의 섬세한 연출, 악인은 없고 갈등하는 인간적인 존재를 그리며 캐릭터마다 개연성을 부여하는 힘, 인생에 대한 심오한 내적 의미를 포함하며 작품성까지 겸비했다. 그리하여 〈굿바이 솔로〉는 작가주의 드라마의 표본으로서 드라마의 획일화를 거부하고 다양성을 추구하며, 드라마의 발전을 위한 새로운 대안의 길을 모색할 수 있는 뜻 깊은 드라마가 될 것이라 생각된다.

1. 상처를 주고받는 순환의 고리에 얽매여 살아가는 사람들

민호는 어머니가 다른 남자를 사랑해서 낳은 아이가 자신이라는 사실을 받아들이지 못한 채 가족을 떠나 홀로 살아간다. 그는 자신에게 냉담한 아버지와 형, 아직도 과거에 목매여 행복해질 수 없는 어머니의 곁에서 끊임없이 상처받는다. 그간 가족에게 받지 못했던 사랑을 식당주인인 미영 할머니로부터 받으면서, 자신이 받은 상처에 대해 담담하게 굴지만 내면의 모습은 유약하고 불안하다. 그것은 가족들에게서 받은 무관심과 냉대 속에 버림받았다는 상처에서 완전히 벗어나지 못한 채 살아가고 있기 때문이다. 오랫동안 짝사랑해 왔던 사랑이 이루어졌음에도 그 사랑의 허약함에 불안해하는 연유도 바로 이러하다. 그럼에도 민호씩은 유쾌하고 따뜻한 사람이다. 자신이 가족에게 이해받지 못하는 존재라고 하더라도 끊임없이 화해를 시도하고 관계를 회복하려고 노력하기 때문이다.

수희는 매번 남자를 바꾸며 좋은 조건에서 살고자 하는 엄마가 밉고 부끄럽다. 그래서 설치 미술작업을 하며 험한 일도 마다하지 않고 스스로 땀 흘려 돈을 번다. 엄마의 남성편력에 지쳐버린 수희도 어쩌면 민호로 인해 지안을 배신할까 두려웠을 것이다. 그러나 결국 자신의 행복을 위해 지안을 버리고 민호를 택했듯이, 엄마의 행복을 위해 어떠한 선택이든 이해할 수 있다고 말한다. 결국 엄마와 자신을 분리할 수 없다고 생각하면서 평범하게 살아갈 수 없는 엄마로 인해 자신을 피해자라고 생각했지만 그 상처를 치유하는 과정에서 자신조차도 타인에게 가해자가 될 수 있음을 시인하고 상처를 통해 성숙해져간다.

민호와 수희의 친구인 미리 역시 가족들로부터 떠나있다. 직선적이고 거칠 것 없는 성격이지만 밝고 명랑한 미리는 나이차도 많고 남들이 무서워하는 깡패인 호철을 진심으로 사랑한다. 매번 자신의 기대에 어긋나는 호철에게 실망을 하면서도 끝내는 그에게 져주고 마는 미리의 사랑은 아프지만 그 무엇보다 솔직하고 진솔하다. 그러기에 어두웠던 과거의 기억으로 인해 건달인생을 살아야 했던 호철의 마음을 조금씩 움직이게 만든다. 어머니를 폭행하던 아버지에 대한 두려움과 증오로 가정을 꾸리면서 행복하게 살수 있다는 생각을 하지 않는 호철은 가정을 이루어서 누군가와 인생을 함께 하는 것에 두려움을 느낀다. 그것은 어린 시절 어머니를 때리는 아버지를 보면서 아무것도 할 수 없었던 좌절감에서 조금도 성숙하지 못한 채 어른이 되어 버렸기 때문이다. 나 홀로 강해지기 위해 깡패가 되고 몸에 문신을 새기면서까지 나쁜 놈이라는 자각을 잊지 않는 그의 쓸쓸한 마음을 채워주는 것은 사랑이다. 그러나 책임감을 원하는 미리의 사랑에 호철은 매번 충돌은 일으킨다. 단 한순간도 자신의 인생에 책임감을 지우려 하지 않았음에도 자신 때문에 지수가 불구가 되었다는 분명한 명분으로 그녀를 지켜줘야 한다고 생각한다. 그러나 미리에게 자신을 왜 좋아하냐고 묻자, "그러게 왜 하필 아저씨니"의 말처럼 사랑에는 이유가 불분명하다. 우리가 누군가를 진정으로 사랑하는 것에는 분명한 이유가 존재하지 않는다. 그것은 사랑은 '그리하여' 사랑하는 것이 아닌 '그럼에도 불구하고' 상대방의 모든 상처를 끌어안고 이해해 주고 싶어 하기 때문이다.

영숙은 가난으로 인해 도둑질을 해야 했던 어린 시절에서 자유롭지 못한 채 어른이 된 후, 화려한 과거를 만들어 가족들을 속였다는 명분으로 이혼의 위기에 놓인다. 그리하여 남편의 요구로 정신과 의사 민재와 상담하면서 가족들에게 차마 말하지 못했던 비밀들을 털어 놓게 된다. 언제나 가족들에게 자신을 맞추며 희생했지만 가족들은 영숙의 상처에 조금도 관대하지 못하다. 왜 그랬어야 했는지가 아닌, 그랬다는 사실만 확대한 채 아내를, 엄마를 조금도 이해하려 하지 않는다. 영숙은 숨기고 싶었던 과거의 파편들과 마주치면서 그랬어야 했던 자신을 이해해 주는 정신과 의사 민재와 과거의 기억으로부터 말문을 닫고 사람들의 이야기에 귀 기울여주는 미영할머니의 위로로부터 상처를 훌훌 털어내 버린다. 아직도 과거의 기억에 얽매여 현재를 살아가는 불완전한 40대의 영숙은 땅에 떨어진 더러운 과자를 먹었던 어린 날의 자신을, 물건을 훔치며 엄마의 약값을 마련해야 했던 사춘기의 자신과 조우하게 되면서 과거의 자신을 인정하며 비로소 상처의 굴레에서 벗어난다. 그럼으로써 스스로의 자아를 찾아간다. 영숙은 여전히 불완전한 오늘과 내일을 살아가지만 더 이상 과거에 얽매여 스스로를 외롭게 만들지 않을 것이다.

때론 가족은 서로에게 끊임없는 완벽을 요구한다. 영숙의 거짓말을 이해하려는 시도조차 하지 않는 남편과 아이들, 어머니의 외도로 태어난 것이 민호의 잘못이 아님에도 용서할 수 없는 형과 아버지, 끊임없이 명목상으로 존재하는 아버지를 만드는 엄마를 거부하는 수희를 비롯하여 수만 가지의 상처들은 용서되거나 또는 이해되지 못한 채 세월 속에 묻혀버린다. 그리하여 사람들은 각기 다른 상처를 안고 과거를 기억하며, 현재를 살아간다. 과거와 현재, 그리고 미래의 연결고리가 우리의 인생을 결정하듯 서로에게 완전한 타인이 될 수 없는 상황에서 상처의 고리는 순환하고 반복된다. 그리하여 서로가 서로에게 상호 유기적인 관계를 형성하면서 나와 타인의 관계는 발전되거나 퇴화된다. 또는 자신의 얼룩진 과거의 기억에서 벗어나 타인의 상처를 어루만질 수 있는 성숙함까지 기르게 된다.

2. 결핍을 통해 드러내는 행복의 의미

<굿바이 솔로>에 등장하는 주된 상처는 가난으로 시작된다. 가족들에게 거짓말을 해야 했던 영숙은 어릴 적 가난으로 인해 아픈 어머니를 죽도록 방치했다는 과오의 아픔을, 가난에서 벗어나기 위해 깡패가 되어버린 호철, 자신을 믿었던 친구들을 배신해야 했던 지안 역시도 그 뿌리 깊은 원죄는 가난이라는 주제에 관통한다. 결국 가난은 사람들에게 결핍을 낳고 장애를 만든다. 그러나 물질적인 풍요가 인생에서의 행복의 잣대가 되지는 않는다. 가난이라는 근본적인 원죄를 해소한다고 하더라도 인생이란 또 다른 시련의 고통을 만들어 주기 마련이다. 조카를 살리기 위해 회사의 기밀을 빼돌리면서 신의를 저버려도 지안은 끝내 행복하지 못하다. 또 가족들에게 물질적인 풍요를 주었던 영숙도, 가족들에게 외면을 당하며 호철 역시 부하들의 배신을 맞게 된다. 결국 가난으로 인해 결핍이 사라진다 하더라도 그 근본적인 결핍의 원인은 어떤 형태로든 끊임없이 생겨난다. 그러나 인생의 단맛과 쓴맛을 경험하면서 진정으로 행복의 기준은 결핍의

문제가 아닌 상대적인 가치의 판단이라는 것을 알 수 있다. 똑같은 상황하에서도 사람들은 각기 다른 생각과 선택을 한다. 인생에서 절대적인 가치의 기준이 존재하지 않는 한 사람들의 행복지수는 상대적안 셈이다. 따라서 의미를 역으로 생각한다면 결핍은 장애가 아닌 장애를 초월한 승리인 셈이다. 무언가 잃고 나서야 그것의 소중함을 절실히 깨닫는 것처럼 때론 결핍이 인생의 모자란 부분을 채워가면서 얻을 수 있는 행복의 가치를 알려주는 것이다.

3. 구태의연함 속에서 삶의 진솔함을 말하다

〈굿바이 솔로〉는 평범하지만 개성이 뚜렷한 인물들의 상처와 그 상처를 치유하는 과정을 심도 있게 다루면서 따뜻함과 경쾌함을 곁들인 웰 메이드표 드라마이다. 한번쯤은 들어 봤음직한 소재에 대하여, 식상함이 아닌 사람 냄새 물씬 나는 이야기를 통해 인생에 대한 진솔함을 전달한다. 탄탄한 이야기 구성력을 갖추고 공감을 자아내는 현실감 있는 대사 또한 작품성을 높인다. 〈굿바이 솔로〉에서는 현실의 모습이 잘 반영되어 있다. 픽션이라는 가정하에 비현실적인 이야기에 이질감을 느꼈다면 7명의 주인공들이 일상을 살아가는 모습을 통해 동질감이 느껴진다. 무엇보다도 40대의 영숙과 호철을 통해 드러나는 인생의 작위적인 모순에 대한 신랄한 비판이 여실히 드러난다. 트렌디드라마에서 한번쯤은 들어봄 직한 허황된 대사의 비현실성을 꼬집어 줌으로써 묘한 카타르시스를 맛보게 한다. 거기에 주인공들이 겪어야 하는 고민과 번민 사이에서 현재의 감정에 충실한 그들을 보여줌으로써 인생에서의 단맛과 쓴맛을 적절히 맛보게 해준다. 무엇보다도 기존의 드라마에서 캐릭터를 설명하는 방식에서 벗어나 과거와 현실을 넘나들며 인물들의 감정선을 밀도 있게 그려내면서 캐릭터에 대한 개연성을 높여주었다. 또한 선과 악의 극명한 캐릭터가 존재하지 않는, 현실적이면서 공감할 수 있는 인물들의 모습도 돋보인다. 그래서 <굿바이 솔로>에는 무조건적인 악의 캐릭터는 존재하지 않는다. 때론 누군가에게 상처를 주고 잘못을 저지르지만, 미영할머니의 "다 지난일이야"라는 말처럼 누구나 그런 상황에서 잘못된 실수를 할 수 있다고 말해준다. 마치 어머니의 따뜻한 품처럼 넉넉한 관용의 미덕을 갖춘 셈이다.

<굿바이 솔로>에서 실험성과 작품성을 갖춘 데에는 주인공들의 흡입력 있는 연기력의 우수성을 들 수 있다. 과거의 기억으로 말문을 닫은 채 살아가는 미영할머니 역을 맡은 나문희의 연기는 대사가 없이, 표정연기만으로도 충분히 캐릭터의 내면을 읽어낸다. 화이트보드를 매개로 사람들과 소통하며 눈빛, 표정으로 섬세한 내면을 보여주며 젊은 연기자들이 채워주지 못하는 부분을 채워주며 무게감을 실어준다. 전작 <내 이름은 김삼순>에서의 카리스마 있는 여성 CEO의 모습은 조금도 찾아 볼 수 없다. 우리 눈앞에 있는 사람은 과거의 그늘에서 벗어나지 못한 채 죄책감을 안고 살아가는 노파의 자화상뿐이다. 그렇듯 전 작품에서 보여 주었던 캐릭터의 흔적을 남김없이 걷어내 버리고 새로운 인물을 창출해 내면서 극중 역할에 최선을 다하는 모습은 역시 프로다운 면모라고 생각된다.

<굿바이 솔로>를 통해 연기자로서의 가능성을 증명한 사람은 미리 역으로 분한 김민희이다. 한때 그녀는 반항아적인 캐릭터로 N세대의 아이콘으로 불리면서 큰 인기를 얻었지만 연이은 드라마에서의 부자연스러운 연기와 미숙한 발음으로 시청자들의 외면을 받았다. 여전히 미스 캐스팅에 대한 논란이 불거졌고 우려의 소리도 높았다. 하지만 방송이 된 후 전세는 역전되었다. 기존의 김민희가 가지고 있던 이미지인 튀는 의상, 화장기 등 외적인 치장을 없애고 극중 미리의 내면의 상처를 리얼하게 그려내면서 큰 호응을 얻게 되었다. 무엇보다도 다섯 번의 퇴짜를 맞아도 포기하지 않고 캐스팅을 따내며 연기력 향상을 위해 열연을 한 연기자 김민희의 용기에 박수를 치고 싶다. 이 밖에도 <굿바이 솔로>를 통해 캐릭터에 생명력을

불어넣으며 공감 가는 인물을 그려낸 배종옥과 이재룡을 비롯하여 연기자의 자질을 충분히 가지고 있는 천정명과 윤소이, 이한 등의 열연에 후한 점수를 주고 싶다.

4. 작가주의 드라마의 한계와 가능성

드라마는 남녀노소를 불문하고 즐겨보는 TV프로그램 장르 중의 하나이다. TV드라마는 극의 형태를 띤 가상현실이다. 가상현실에서 다양하게 일어나는 이야기의 전개는 흡사 사회의 축소판이다. 따라서 개인, 집단, 사회, 계층 등간의 갈등을 통해 드러나는 문제점을 제시하고 해결점에 도달할 수 있는 구심점 역할까지 제공하고 있다. 우리는 드라마를 시청함으로써 꾸며진 가상공간에서 타인의 가치관과 접촉하게 된다. 그리하여 타인의 가치관과 스스로의 가치관에서 절충지점을 발견하게 된다. 그것을 발견하고 확대하는 것은 스스로에 대한 자기 발전성이다. 매체 속에서 드라마의 영향이 날로 확대되고 있는 이 시점에서 드라마가 주는 영향력의 범위를 단순한 흥미위주나 오락거리로만 가둔다면 더 이상의 자기 발전성은 퇴화되고 만다. 이야기라는 형식을 이용해, 우리의 일상을 그려내는 드라마를 보면서 주제의식을 파악하고 갈등요인에 의미 깊게 생각한다는 것은 어쩌면 불필요하게 느껴질 수 있다. 그것은 결국 드라마 본연의 역할이란 시청자에게 오락성을 제공하는 것이기 때문이다. 그러나 단순히 오락성을 추구한다는 핑계로 흥미위주의 자극적인 소재로 관심을 끈다거나 이미 성공한 드라마공식을 반복적으로 대입하는 것은 식상함을 줄 뿐이다. 그런 의미에서 작가주의 드라마인 〈굿바이 솔로〉는 존재만으로도 의미가 있다. 그것은 획일적이고 모방되어 진 드라마가 아닌 차별화되는 내용과 형식을 특성을 가지며 삶의 진정성을 보여주기 때문이다. 그리하여 드라마의 완성도를 높이고 소재나 방식에 대한 다양성을 확보하며 향후 드라마의 발전에 기여하는 것이다. 그럼에도 대다수의 작가주의 드라마는 뛰어난 작품성에 비해 대중성을 확보하기란 어렵다. 그것은 드라마적 재미를 끌어내기 위해 흥미를 자극하는 것이 아닌 인생의 의미라는 다소 무거운 주제를 담고 있기 때문이다. 또한 작가주의의 성향을 가진 연출자나 작가는 독창적인 스타일로 자신의 의견을 관철하기 때문에, 매 작품마다 비슷한 성향을 가지고 있다는 시청자들의 선입견이 생기기 때문이기도 하다. 그러나 드라마의 성향에서, 말하고자 하는 주제가 비슷하다고 할지라도 독창적인 이야기를 만들어 새로움에 대한 기대를 충족시켜주기 때문에 작가주의 드라마의 가능성은 무한하다. 따라서 무한한 가능성을 펼치며 드라마의 발전을 위해서는 작가주의 성향의 드라마에 대한 끊임없는 노력과 관심이 필요할 것이다.

코미디의 새로운 패러다임을 열다

KBS <개그콘서트>

박성덕

1. 코미디 프로그램의 새로운 장을 열다

매주 일요일 저녁 9시 KBS2 TV에서 방송하는 <개그콘서트>가 같은 시간대의 뉴스 프로그램의 시청률을 앞선 지 오래다. 토크쇼 형식의 코미디 프로그램 일색이었던 한국 방송계에서 <개그콘서트>는 정통 코미디의 부활을 알리는 신호탄이었다고 할 수 있다. 어느덧 8년째에 접어든 <개그콘서트>는 과거의 코미디 프로그램과 다른 형식의 프로그램이었다. 대학로 소극장 공연을 TV에 옮겼다는 시도 자체도 그렇지만, '봉숭아 학당'을 제외한 각각의 코너가 3분 이상을 넘지 않는 빠른 전개, 언어유희와 슬랩스틱 코미디의 적절한 조화 등이 <개그콘서트>가 과거의 코미디 프로그램과 차별성을 가진 이유이다.

코미디의 목적은 재미와 웃음이다. <개그콘서트> 이전의 코미디 프로그램들이 실패했던 이유는 시청자들에게 웃음을 전달하지 못했기 때문이었다. 시청자들은 과도한 슬랩스틱과 작위적인 상황설정, 식상한 소재에서 벗어나지 못한 코미디 프로그램에서, 시트콤과 토크쇼로 눈을 돌렸다. 반면에 <개그콘서트>는 코미디 프로그램의 기본적 미덕을 갖추고 있을 뿐만 아니라, 빠르게 변화하는 시청자들의 눈높이를 맞추고 있다. 끊임없는 자기 변신, 이것이 <개그콘서트>가 코미디 프로그램의 터줏대감으로 자리매김 할 수 있었던 원동력이 아닐까?

하지만 내가 생각하는 <개그콘서트>의 진짜 매력은 단순히 웃음만을 제공하는데 그치는 것이 아니라, 유행을 만들고 더 나아가 사회를 비판하고 풍자한다는 것이다. 단순히 영화나 CF의 패러디부터, 민감한 정치 사안이나 사건사고까지 희극적으로 만들어 버리는 힘이 <개그콘서트>가 가지고 있는 매력인 것이다. 한편으로, 그러한 사회비판이나 풍자의 모습만 가지고 있는 것은 아니다. <개그콘서트>의 또 다른 코너들은 뒤틀린 시선 속에서도 사회의 건전한 가치를 추구하는 모습을 보여준다. 이 또한 가벼운 웃음 뒤에서 찾아 볼 수 있는 <개그콘서트>의 숨겨진 힘이라 생각한다.

이 글에서는 이러한 <개그콘서트>의 장점에 대해서 사례별로 짚어보고, 한편으로 <개그콘서트>가 개선해야 할 부분에 대해 살펴보고자 한다.

2. 웃음, 코미디의 지향점

서론에서 밝혔듯이 코미디 프로그램이 추구하는 바는 시청자들의 웃음이다. 웃음을 유발하는 장치가 무엇이 됐든, 코미디의 최고 목표이자 최후의 보루는 웃음이다. 문제는 시청자들의 유머 코드가 끊임없이 변한다는 데 있다. 과거의 코미디 프로그램들처럼 단순한 슬랩스틱 코미디나 작위적인 상황설정으로 만들어진 억지웃음은 더 이상 통하지 않는다. 또한 유머의 코드가 계속 변하고 있다. 불과 몇 년 전만 해도 실패한 코미디가 지금에 와서 폭발적인 인기를 끌고 있는 경우가 비일비재하다. 어느 누구도 어떤 코미디가 시청자들의 입맛에 맞는지 예측할 수 없는 것이다.

<개그콘서트>는 이 예측 불가능한 상황을 검증된 웃음코드와 대중과의 끊임없는 의사소통을 통해 극복했다. 잘 알려져 있다시피 <개그콘서트>의 모티브가 된 것은 대학로의 소극장 공연이다. 초창기 <개그콘서트>의 코너들은 이러한 소극장의 공연을 방송에 그대로 옮겨놓은 것이었다. 그리고 지금도 <개그콘서트>의 출연자들은 틈틈이 소극장 공연에 출연하고 있다. 대중이 원하는 웃음을 위한 그들의 노력인 것이다. 또한 끊임없는 아이디어 회의와 인터넷 게시판을 통해 대중들이 원하는 웃음이 무엇인지 파악하고 있다. 이러한 점들이 <개그콘서트>가 웃음과 재미라는 코미디 프로그램의 기본미덕을 지킬 수 있는 이유가 아닐까 생각된다.

사실 <개그콘서트>의 웃음은 과거의 코미디 프로그램이 시청자들에게 웃음을 주었던 코드와 크게 다르지 않다. 예를 들어 '착한 사람만 보여요'라는 코너의 경우, 아무 도구도 없이 두 사람이 나와서 인위적으로 설정한 상황에 맞춰 행동으로 웃음을 주려고 한다. 단순한 슬랩스틱 코미디라고도 볼 수 있는 코너이지만 실제로는 언어유희와 슬랩스틱이 조화를 이룬 코미디이다. 엉뚱한 행동과 더불어 끊임없이 말을 통해 웃지 않을 수 없는 상황을 만들어낸다. 또한 '공포의 외인구단'이라는 코너는 1990년대 만화를 패러디했으면서도 전혀 엉뚱한 개그를 통해 웃음을 주고 있다. 어떻게 보면 과거와 전혀 다르지 않는 형식의 코미디이지만, <개그콘서트>의 웃음이 과거와 차별을 갖는 이유는 자연스럽게 웃음을 이끌어내는 데 있다.

한편 <개그콘서트>는 대중으로부터 웃음의 소재를 찾기도 한다. 인터넷에 떠도는 다양한 자료들은 코미디의 좋은 소재가 된다. 정종철은 '봉숭아 학당'에서 자신의 합성사진을 들고 나왔을 뿐만 아니라, '아리 아리'에서는 인터넷의 사진과 똑같은 옷차림 그리고 표정으로 시청자들에게 웃음을 주었다. 시청자들이 웃음의 소재를 제공하고, <개그콘서트>는 그 소재를 이용, 다시 시청자들에게 웃음을 줌으로써 상호교감 하는 프로그램이 된 것이다. 시청자들은 이렇게 만들어진 웃음을 친숙하게 바라볼 수 있다.

3. 두 마리의 토끼를 잡는다, 유행과 사회풍자

<개그콘서트>가 가지고 있는 가장 큰 힘은 유행을 주도하는 것이다.
즉 각종 유행어를 만들어내고, 출연자들의 팬 카페가 만들어지는가 하면,
CF를 찍는 출연자들도 있다. 동시다발적으로 여러 코너가 유행을 하는 경
우도 있다. 최근 선풍적인 인기를 끌고 있는 '고음불가'는 수준급의 노래
실력을 가진 출연자들이 나와서(고음처리를 하는 이수근은 MBC 강변가요제
출신이다) 일부러 고음 부분을 낮고 어색하게 처리해 웃음을 주고 있다.
이제는 립싱크가 당연한 일로 취급되는 우리나라 가요계를 풍자한 것일
수도 있고, 과거 MBC에서 방송됐던 <허리케인블루>가 연상되기도 하지
만 수준급의 노래 실력을 가진 두 명의 출연진과, 노래의 클라이맥스에서
노래를 느닷없는 저음으로 당황스러운 상황을 연출하는 출연자가 묘한 대
조효과를 이뤄 웃음을 자아내고 있다. 폭발적인 인기를 바탕으로 CF까지
진출한 이 코너는 유행을 만드는 <개그콘서트>의 힘을 보여주는 하나의
사례로 볼 수 있을 것이다. 또 '현대생활백수'라는 코너는 "~하면 안 되겠
니"라는 유행어를 만들면서 선풍적인 인기를 얻었다. CF를 패러디한 제목
부터 흥미를 끄는 이 코너는 '백수'라는 사회적 소외계층을 소재로 코믹한
상황을 연출해내고 있다. '백수'로 출연하는 고혜성은 이 코너 하나로 수년
간의 무명 생활을 벗어날 수 있었다.

하지만 유행을 만들고 대중의 인기를 얻는 것은 코미디 프로그램으로써
는 당연한 일이다. 단순히 유행어를 만들고 인기를 얻는 것은 타 방송사의
코미디 프로그램도 마찬가지이다. <개그콘서트>가 타 프로그램들과 다르
다고 생각되는 점은 <개그콘서트>의 웃음은 사회비판적 요소와 풍자가
숨겨져 있다. 나는 이것이 <개그콘서트>가 꾸준한 인기를 얻을 수 있는
결정적인 힘이 아닌가 생각한다. 대중들은 사회의 잘못된 점을 비판하고
싶어 한다. 하지만 그들의 언로(言路)는 제한적이다. <개그콘서트>는 이러

한 대중의 욕구를 대신해서 풀어준다. 얼마 전까지 '봉숭아 학당'에서 김현숙이 분했던 '출산드라'의 경우를 살펴보자. 김현숙은 이 캐릭터를 통해 다이어트 열풍에 빠진 한국사회를 꼬집는 코미디를 보여줬었다. 사이비 종교의 교주를 표방한 듯한 옷차림을 비롯해서 성경의 한 구절인 듯한 말씀과, 절묘하게 가사를 바꾼 찬송가는 '다산과 풍요'가 더 이상 미덕이 아닌 한국 사회를 통렬히 풍자하고 있다. 하지만 그 풍자의 전달과정은 심각하지도 어렵지도 않다. 단지 생각의 전환을 통해 웃음을 유도할 뿐이다. 사회에서 통용되는 미(美)는 '출산교'에서는 악(惡)으로 탈바꿈한다. 풍족한 몸매는 축복받은 몸매요, 깡마른 몸매는 축복을 받아야 할 몸매다. 이처럼 역설적인 상황에서 시청자들은 절로 웃음이 터질 수밖에 없다. 편견으로 가득 찬 사회가 이렇게 바뀌어야 한다고 '출산드라'는 주장하지 않는다. 다만 그녀의 코미디를 통해 대중의 마음을 대변할 뿐이다.

<개그콘서트>가 비틀어서 바라보고, 풍자하는 대상은 비단 사회적 편견에만 그치지 않는다. 미디어도 <개그콘서트>의 풍자 대상에서 예외가 되지 못한다. 최근에 방송되고 있는 '문화살롱'이라는 코너는 교양 프로그램을 교묘하게 비틀고 있다. KBS에서 방영했던 <TV 문화기행>이나 현재 방영되고 있는 <문화지대>를 패러디한 듯한 이 코너는 사실 코미디의 소재가 될 만한 아이템은 아니다. 하지만 엄숙하고, 딱딱하고, 지적인 사람들만 시청해야 할 것 같은 교양 프로그램은 <개그콘서트>에서는 실제로 전혀 교양 없는 프로그램으로 탈바꿈한다. 예컨대, 사회자가 사회적 통념상 교양 있다고 생각되는 직업을 가진 초대 손님과 대화를 나누는 것이 이 코너의 기본 형식이다. 정경미가 분한 이 초대 손님의 직업은 매주 바뀌지만, 그녀의 교양 없음은 항상성을 가진다. 고상한 표정으로 대화를 하고 있지만 실제로 그 대화의 내용은 교양 있다기보다는 상스러움에 가깝다. 모순된 상황을 보고 시청자들은 웃음을 터뜨리게 되고, 엄숙하고, 딱딱하고, 지루한 교양 프로그램도 <개그콘서트>에서는 웃음의 소재에 지나지 않는

다는 것에서 만족을 느낀다.

하지만 이러한 사회비판적 요소가 <개그콘서트>에서 두드러지게 나타난다고 볼 수는 없다. 앞서 밝혔듯이 코미디 프로그램이 추구하는 바는 웃음과 재미이고, 사회비판이나 풍자가 표면적으로 드러나게 되면 자칫 시청자들이 흥미를 잃을 수 있는 위험이 있다. 그러한 측면에서 <개그콘서트>는 가벼운 웃음과 무거운 비판 사이에서 균형을 잘 잡고 있다. 시청자들의 웃음을 유발하면서 사회에 대한 날카로운 시각을 보여주는 <개그콘서트>는 두 마리 토끼를 잡는 데 성공했다고 보인다.

4. 착한 코미디 프로그램

<개그콘서트>가 가지고 있는 또 하나의 장점은 세상을 비틀어서만 보지 않는다는 것이다. 가벼운 웃음 뒤에 사회풍자와 비판의 시선이 있듯이, 한편으로 건전한 가치의 추구가 그 웃음 뒤에 숨겨져 있다. <개그콘서트>의 간판이자 장수 코너인 '봉숭아 학당'을 살펴보자. '봉숭아 학당'의 주제는 대부분 이런 것이다. '즐거운 우리 집', '내 인생의 스승', '부모님의 은혜' 등. 실제로 '봉숭아 학당'의 내용은 이런 주제와 전혀 상관없는 내용이지만 선생님의 마무리 멘트는 항상 주제를 강조한다. 사실 주제와 내용의 관련성이 있었으면 아쉬움도 없지 않지만, 이러한 주제를 언급하고 지나간다는 사실만으로도 <개그콘서트>가 시청자들에게 웃음뿐만 아니라 메시지 또한 전달하고자 한다는 것을 알 수 있다.

'사랑의 가족'이라는 코너 또한 가족이라는 가치에 대해서 생각해 보게 한다. 물론 '사랑의 가족'은 전혀 사랑스럽지 않다. 사회적 통념으로 봤을 때 결코 잘 생긴 얼굴이라고 볼 수 없는 세 명의 출연진이 나와서 펼치는 코미디는 코너의 제목과 전혀 어울리지 않는 출연진들의 외모 때문에 웃음을 유발한다. 이 코너의 내용과 별개로 '아버지'로 분한 박준형은 가족의

소중함에 대해서 강조하고 끝을 맺는다. 서로에 대한 비하가 이 코너가 웃음을 주는 요인이라 아쉬움이 있지만, 결론에서 전달하는 가족의 소중함에 대한 메시지는 새겨들을 만하다. 이렇게 세상을 비판의 눈으로만 바라보지 않고, 바른 가치와 시각을 제공한다는 점은 <개그콘서트>가 모든 세대가 즐겨 보는 코미디 프로그램임을 고려해 볼 때 긍정적인 측면으로 평가 받아져 할 것이다.

5. 웃음은 모든 것을 해결한다?

계속적으로 언급해온 사실이지만, 코미디 프로그램의 최고 가치는 웃음과 재미이다. 코미디 프로그램은 교양 프로그램도 아니고 뉴스도 아니다. 심각해야 할 필요도 없고, 특정 정보를 제공하려고 노력하지 않아도 된다. 시청자들의 지친 몸과 마음을 웃음을 통해 풀어주는 것이 코미디 프로그램이다. <개그콘서트>는 이러한 시청자들의 욕구를 충족시키고 있다. 항상 시청률의 상위권에 자리 잡고 있다는 점은 시청자들이 <개그콘서트>에 만족하고 있음을 대변한다.

그러면 웃음은 모든 것을 해결해 주는가? 앞서 <개그콘서트>가 가지고 있는 세 가지 장점, 웃음과 사회비판과 건전한 가치추구는 모두, 재미 또는 웃음이라는 요소 안에서 찾아볼 수 있는 장점이었다. 반대로 생각해 보면 웃음과 재미라는 요소가 문제점 또한 내포하고 있음을 알 수 있다. 웃음이 <개그콘서트>의 최고 미덕인 것은 사실이지만, 그 미덕이 항상 옳은 것만은 아니다.

먼저 앞에서 살펴 본 <개그콘서트>의 장점을 반대로 생각해 보자. '봉숭아 학당'이나 '사랑의 가족'은 웃음 속에서 우리가 올바르다고 생각하는 가치들에 대하여 이야기하고 있다. 하지만 그것은 전체 이야기 속에 아주 작은 부분에 지나지 않는다. 실제 내용은 그런 주제와 전혀 상관없는 내용들로 꾸며진다. '봉숭아 학당'의 학생들은 '내 인생의 스승'에 대한 주제에 대한 코미디가 아니라 매주 반복되는 자신만의 개인기를 선보일 뿐이다. 그렇기 때문에 마지막으로 '선생님'이 강조하는 주제에 대한 언급은 엉뚱하게 들린다. '사랑의 가족'도 마찬가지다. 주제에 대한 이야기는 없고, 서로에 대한 비하적인 발언만 가득하다. 시청자들은 내용을 보고 웃을 수는 있지만, 박준형이 결론적으로 언급하는 가족의 소중함에 대해서 상호 모순된 감정을 느낄 것이다. 따라서 올바른 가치에 대한 <개그콘서트>의 시도는 긍정적으로 평가할 수 있지만 내포된 메시지가 허공에 맴돌 가능성도 상당히 높다.

두 번째, <개그콘서트> 문제점은 인격이나 외모를 무시하는 웃음유발 코미디가 많다는 점이다. 또한 지나친 욕설이나 순화되지 못한 언어의 사용도 문제다. '옥동자'로 잘 알려진 정종철의 경우 다른 출연진들의 그에 대한 외모 비하적 코미디가 지나쳐, 인격까지도 모독하는 듯한 발언으로 시청자들의 눈살을 찌푸리게 한다. 특히 <개그콘서트>의 인기를 고려해 볼 때 10대 청소년들도 많이 시청하고 있고, 그들에게 외모에 대한 편견을 심어줄 우려도 있다. 그리고 출연진들의 사생활 부분을 코미디의 소재로 사용하게 되는 경우도 있다. 개인의 사생활이 웃음을 줄 수 있는 요소도 분명 있으나, 이 또한 인격모독의 여지가 있으므로 자제해야 할 것이다. 또한 과도한 욕설이나 상스러운 말도 지나치게 많이 사용되는 경향이 있다. 욕이나 거친 말이 웃음을 유발할 수 있지만 전 국민이 시청하는 프로그램임을 고려해 볼 때 자체적으로 적절한 수위를 찾아야 할 것이라고 생각한다.

마지막으로 사회에 대한 무분별한 풍자나 비판이, 심각하고 무거운 상황이나 사안을 가벼운 웃음거리로 만들 수 있다는 점이다. 황우석 박사의 줄기세포 사건을 코미디의 소재로 삼은 점이나, 선거가 가까워짐에 따라 부정선거후보를 초대 손님으로 내세운 '문화살롱'의 경우처럼 아직 논란이 되고 있고 사회에서 명확한 평가가 내려지지 않은 사안에 대해서 일방적으로 결론지어 비꼬는 코미디는 시청자들이 너무 쉽게 결론지어버리게 만들게 하는 위험이 있다. 풍자나 비판이 코미디의 중요한 요소이긴 하지만 상황을 희화화시켜 가볍게 만들 수 있다는 점에서 신중하게 접근하는 지혜가 필요하다.

6. 대한민국 간판 코미디 프로그램으로 성장하기를 기대하며

8년째를 맞이한 <개그콘서트>는 지금도 그 인기가 식을 줄을 모른다. 항상 시청률의 상위권을 유지하고 있고, 스타 개그맨을 양산했으며, 끊임없는 유행어를 만들어내고 있다. 정통 코미디 프로그램이 거의 전무하다 싶을 정도로 척박한 환경에서 <개그콘서트>가 이처럼 성공했다는 것은 놀라운 일이라고 생각한다.

무엇보다도 웃음과 흥미와 재미를 주고 있는 프로그램이라는 점에서 긍정적으로 평가하고 싶다. 방송은 프로그램에 따른 목적의식이 충실해야 한다. <개그콘서트>는 코미디 프로그램이고 시청자들에게 웃음을 주는 프로그램이다. 그리고 지금까지 그 목적과 방향성을 잃어버리지 않았다. 또한 그 웃음 이면에는 사회에 대한 비판과 풍자가 숨어있고, 더불어 올바른 가치를 추구하는 <개그콘서트>의 지향점이 숨어있다. 한 때 지나가는 웃음에 그치지 않는다는 점에서 <개그콘서트>의 웃음은 특별하다.

하지만 그렇게 장점이 될 수 있는 요소들이 독소가 될 수 있다는 것을 <개그콘서트>는 항상 염두에 두어야 한다. 웃음과 재미의 추구가 지나치다 보면 자연스럽지 못한 코미디와 억지로 꾸며낸 상황설정이 만들어진다. 지금까지 <개그콘서트>가 인기를 누릴 수 있었던 이유도 이런 함정에 빠지지 않았기 때문이었다. 최고의 인기를 달리고 있던 'GO GO 예술 속으로'나 '제3세계'를 과감하게 폐지한 것은 그러한 측면에서 볼 때 <개그콘서트>가 한층 더 성장할 수 있다는 가능성을 엿볼 수 있다. <개그콘서트>

가 지금까지 해왔던 것처럼 항상 변화하는 모습으로, 그러나 신선한 웃음을 지속적으로 공급하는 대한민국 간판 코미디 프로그램으로 성장하기를 기대한다.

굿바이, 솔로 굿바이

한국 트렌디드라마의 새로운 문법 <굿바이 솔로>

안재현

나는 기억한다. 아버지를 일터로 보낸 어머니는 분주하게 빨래를 걷어 텔레비전 앞에 앉으신다. 다리미 판 위에서 향긋한 냄새를 피우며 빳빳하게 다림질되는 아버지의 새하얀 와이셔츠. 신기하게도 어머니는 보지 않고 다림질을 하셨다. 마치 한석봉의 어머니가 불을 끄고 떡을 썰었듯이. 어머니는 한시도 아침드라마에서 눈을 떼지 못하셨으니까. 그 시절 드라마는 어머니들의 일상과 떼려야 뗄 수 없었다. 드라마는 현실과의 거리를 무한대로 좁혀들며 어머니들과 같이 고민하고 아파하며 즐거워했다. 그래서 종종 아버지의 와이셔츠 등판엔 상흔처럼 누런 다리미 자국이 눌어붙기도 했다. 또 다시 기억을 더듬어 본다. 퇴근한 아버지는 발 씻은 물을 비우기가 무섭게 텔레비전 앞에 앉는다. 어머니가 차려온 저녁 밥상엔 관심도 없고 일일 드라마에 정신을 빼앗겨 버린 아버지. 드라마는 가장의 짐을 조금이나마 망각하는 시간을 선사했다. 다음은 나의 차례. 드라마는 학교에서 가르쳐 준 것보다 더 많은 인생을 나에게 가르쳐 주었다. 드라마들이 있었기에 다음날 학교에서의 쉬는 시간의 수다는 풍성해 졌다. 인생의 8할이 텔레비전 시청 시간이라면 그 8할은 다시 드라마 시청 시간이라 해도 과언이 아니다.

하지만 이 시대 우리네 드라마를 보는 시선이 곱지 않다. 삶은 전에 비할 바 없이 극도로 팍팍해 졌음에도 불구하고 드라마는 예전만큼의 위안을 선사해 주는데 인색해졌다. 식도가 타버릴 듯한 매운 음식이 각광을 받듯 드라마 역시 갈수록 극단의 영역을 침범하고 있다. 텔레비전 시청 시간이 줄어들자 각 방송사들이 자구책으로 내놓은 비장의 카드였다. 하지만 우리들은 예전 같지 않은 드라마의 모습에 경악을 금치 못할 뿐이다. 드라마를 보며 낯을 붉히는 일이 잦아지고, 시청 연령은 거듭 하향 곡선을 그리고 있다. 이렇게 우리네 드라마가 비행의 길을 걷을 때 외국의 드라마는 갈수록 양적 질적으로 우리네 시청자들을 점령해 가고 있다. 우리의 가장 친한 친구였던 드라마는 언제쯤 다시 뽀얗고 다정한 손으로 화해의 악수를 청할 것인가?

1. 삼순이는 '왜' 삼식이를 사랑할까?

그래도 지난 일년간 방영된 드라마들이 하나같이 우려할 만하다고 결론을 내리는 것은 과장이다. 우리는 간간히 단비처럼 팍팍한 우리네 일상을 적셔주는 드라마를 만날 수 있었고 그로 인해 잠시나마 살아갈 위안을 얻곤 했다. 하지만 논쟁의 대상은 갈수록 비행을 거듭하는 '트렌디드라마(Trendy Drama)'이다. 트렌디드라마의 태생적인 문제로 치부하여 체념하는 이들도 적지 않지만 트렌디드라마에서 묘사되는 '사랑'이라는 테마가 항상 왜곡되어 나타나는 것에 대해서는 문제의식을 같이한다. 트렌디드라마에서 "삼순이는 '왜' 삼식이를 사랑할까?"의 물음 따위는 애초에 기대하기 어렵다. 우리는 트렌디드라마에게 '왜'라는 물음을 던지는 것을 거세당하기 때문이다. 트렌디드라마는 '어떻게'라는 것만을 보여주기에 급급하고 시청자들은 그 '어떻게'만을 소비하기 때문이다. 이제 다시금 '왜'를 물어보아야 할 시점이다. 그것이 드라마가 다시 우리를 치유해 주는 수단으로 자리매김할 수 있는 방안이기 때문이다.

2. 우리는 '왜' 사랑할까?

지금껏 그 누구도 명쾌한 답을 내리지 못한 이 전 인류적 문제의 해답을 드라마에게 기대 한다는 것은 어불성설일까? 하지만 만약에 드라마라는 우리의 가장 친한 친구가 그 해답에 대해 알고 있다면? 상상만으로도 기쁘다.

노희경이 돌아왔다. 아직도 노희경의 지난 작품들을 돌이켜 보면 가슴이 먹먹해 진다. 사랑에 대해 수많은 의문을 던지며 괴로워하던 시절 "사랑은 교통사고 같은 거야", "넌 누굴 사랑하는 게 무섭지? 사랑이 널 바보로 만들까봐"라는 주옥같은 대사들을 통해 나는 얼마나 커다란 해답을 얻고 기뻐했던가? 이것은 비단 나 혼자만의 경험은 아닐 것이라 확신한다. 하지만 노희경의 드라마는 대중의 전폭적인 지지를 등에 업어본 적은 없다. 그 이유는 노희경의 전작들 다른 드라마들처럼 관조적으로 다가설 대상이 아니었기 때문(요즘의 트렌디드라마들처럼 문제적 대상으로서가 아니다). 그렇다고 신파의 영역으로 자리하지도 않았다. 노희경 드라마의 캐릭터들은 '쿨'한 라이프스타일을 보여 주는 것 같으면서도 항상 사랑이라는 명제 앞에서는 '뜨겁게' 대처하지 않고는 살아갈 수 없는 인물들이었다. 그래서 우리는 미간에 힘을 주고 그들의 행적과 대사를 추적하게 되고 결국 몸과 마음이 다 녹아내리는 듯한 눈물을 뽑아내야 했다. 그래서 이러한 불편한 시청에 익숙하지 못한 많은 대중은 채널을 돌려 버린 반면, 노희경은 현존하는 드라마 작가 중에 가장 탄탄한 마니아층을 보유하게 되는 축복을 누리게 된 것이다.

하지만 <굿바이 솔로>는 전작들과 달리 전형적인 트렌디드라마의 품새로 우리에게 다가왔다. 노희경 드라마에서 우리가 기대하는 것들은 <굿바이 솔로>에서 노출되지 않는다. 사랑의 해답 같던 대사들도 가슴 시린 사랑도 납득하고 싶지 않은 부조리한 이별도 없다.<굿바이 솔로>는 처음부터 무언가를 숨기고 다가왔고 우리는 그것이 무엇인지 알아내고자 전작들에 비해 더욱 안간힘을 써야만 했다. 하지만 우리가 안간힘을 쓸수록 그것들은 우리에게서 멀어져 갔고, 우리는 자연스럽게 <굿바이 솔로>를 관조하게 되었다. 회를 거듭할수록 그물코처럼 복잡하게 얽히고 숭숭 뚫려 그 속내를 가늠하기 어렵던 것들이 어느 순간 우리의 심연에서 싱싱한 물고기들을 건져 올릴 줄은 몰랐던 것이다!

3. 트라우마(Trauma)의 수용, 사랑의 또 다른 이름

<굿바이 솔로>는 그 어느 드라마보다 다양한 캐릭터들이 등장한다. 시청자들이 극의 중심을 이끌어가는 캐릭터가 누구인지 가늠하는 동안, 드라마는 그보다 한발 앞서 캐릭터의 층위를 심화시킨다. <굿바이 솔로>를 이끌어 나가는 선장은 존재하지 않지만, 모든 캐릭터가 노를 쥐고 각자의 행로를 결정한다. 이렇게 다양한 캐릭터를 통해 노희경이 의도한 것은 무엇일까?

극을 이끌어 나가는 중심의 7명의 인물 — 미라(김민희 분), 호철(이재룡 분), 민호(천정명 분), 수희(윤소이 분), 지안(이한 분), 영숙(배종옥 분), 미영할머니(나문희 분) — 그리고 서브 인물 4명 — 주민(장용 분), 경혜(정애리 분), 민재(김현균 분), 미자(윤유선 분) — 은 공통적으로 트라우마(Trauma)를 간직하고 있다. 그들의 트라우마는 상호 접점을 이루거나 상호 대척을 이루기에 드라마는 실타래처럼 얽혀든다. 이것이 <굿바이 솔로>를 감상하는 첫 번째 포인트이다. 트라우마에서 자유로울 수 없는 그들은 '비밀과 거짓말'로 트라우마

를 감추고 극중 현실을 산다. 하지만 치유되지 못한 트라우마는 사랑에 있어서 거듭되는 문제를 일으킨다. 왜 우리는 과거의 상처에 연연하는가? 왜 비밀과 거짓말로 애써 포장해야만 하는가? <굿바이 솔로>는 그 해답을 시청자들에게 명쾌하게 제시해 주지 않지만, 극에 몰입하는 동안 신기한 '치유'에의 경험을 선사한다.

영숙은 <굿바이 솔로>에서 가장 병적인 인물이다. 영숙은 자신의 트라우마와 대면하기를 거부한다. 이 미봉책은 그녀의 일생을 통해 거듭 문제를 일으킨다. 극중 현실에서 부닥치는 모든 문제는 트라우마에 그 원인이 있지만 영숙은 자신의 과거를 용서하지 못한다. 민호와 미리와 수희 3인방에게는 그 누구보다 털털한 인생의 선배로서 '쿨'한 충고를 일삼는 그녀. "뜨거운 피를 가진 인간이 언제나 쿨 할 수 있을까?", "진짜 쿨 할 수 없다는 걸 깨닫는 게 진짜 쿨 한 거야!"라는 말은 오히려 그녀 자신에게 던지는 자조적인 말이어서 시청자들의 마음을 움직인다. 미영할머니에게 "언젠가 마음이 허락하면 고백하세요"라던 영숙에게 미영할머니는 과연 속으로 뭐라고 했을까? 게슈탈트(Gestalt) 치료의 과정 — 이것이 <굿바이 솔로>의 놀라운 점이다. 노희경의 의도적인 삽입일까? — 을 밟는 김민재와의 상담은 시청자들을 영숙의 트라우마로 초대한다. 영숙은 결국 자신을 괴롭히는 실체 — 즉, 자신은 어머니를 배반하고 죽인 '진짜 나쁜 년' — 를 인정하고 자신을 용서함으로써 치유된다. 영숙의 치유는 단지 영숙 개인에 한정되지 않는다. 어머니의 불륜으로 인해 태어난 동생 민호로 인해 상처받은 민재도 함께 치유되며 이러한 치유의 연쇄 과정은 브라운관을 넘어 시청자들까지 치유한다. 과거의 상처는 완벽하게 치유될 수 없다. 트라우마는 인생 전체를 끈질기게 따라다니는 유령이기 때문에. 그 유령의 존재를 거부할수록 자신의 등 뒤에 올라타 있는 유령은 그 무게를 가중시킬 뿐이다. 타인과의 사랑을 통해 그 유령을 내쫓고자 하지만 그 유령은 전가되지도 않을 뿐더러 자신과 타인 모두에게 상처를 준다. 하지만 영숙처럼 우리는 트라우마를 인정함으로써 유령을 공존의 대상으로 치환시킬 용기를 얻게 되는 것이다.

호철은 자신의 부모로부터 받은 상처와 이로써 유발된 자신의 인생살이가 지수에게 상처를 입혀 이중의 고통을 받는다. "인생 돛대야, 혼자 가는 거라고 기대고 싶으면 벽에 기대!"라고 말하나 호철만큼 약한 인물도 없다. 지수에 대한 죄책감에서 벗어나는 것이 호철의 트라우마가 치유되는 길이다. 지수의 잘린 다리는 폭압적인 아버지의 모습을 닮아버린 자신을 증명하기에 호철은 자유로울 수 없다. 호철의 트라우마는 속죄의 대상으로서 자신의 손가락을 내어 놓고 치유됨으로써 영숙과는 다른 방식을 띤다. 호철은 자신만의 방식으로 스스로 자신을 치유한다. 호철의 손가락과 함께 지수는 멀어졌지만 호철은 미리의 가녀린 어깨에 편안하게 기댈 수 있게 된다.

미영할머니의 트라우마는 영숙과 호철에 비해 더욱 오랜 시간 곪아 있었기에 치유까지의 과정이 매우 지난하다. 미영할머니는 등장인물 모두의 트라우마를 보듬어주는 모성적 캐릭터이다. 하지만 그녀는 그 누구도 범접할 수 없는 트라우마를 지니고 있다. 미영이 말문을 닫아 버림으로써 트라우마를 덮어 놓고 있다면 딸인 미자는 끊임없이 미영을 자극함으로써 트라우마를 표출한다. 미자가 유괴를 결심하고 그 유괴를 미영이 덮어씀으로써 미자에게 주었던 상처에 대한 속죄를 한다. 하지만 미영의 입은 열리지 않는다. 미영의 트라우마는 시청자들에게 숙제로 남겨지는 것이다. 종내까지 입을 다물던 미영이 민호에게 "민호 이뻐"라고 말하는 장면. 드라마는 막을 내리지만 미영은 <굿바이 솔로>의 캐릭터들과 함께 살아가는 과정을 통해 서서히 자신과 화해를 할 것임을 암시해 준다. 자신의 트라우마에 대면할 때 타인의 트라우마를 보듬을 때 그리고 트라우마와 함께 공생할 것을 다짐할 때 '사랑'은 또 다른 방식으로 자리매김한다. <굿바이 솔로>는 새로운 사랑의 이유와 방식을 시청자들에게 선사한다.

4. 20대의 사랑을 바라보는 시선

<굿바이 솔로>가 트렌디드라마의 외형을 갖게 된 원인은 바로 민호와 수희와 지안 때문이다. 이 3인방이 기존의 트렌디드라마의 공식에 따라 얽혀들기 때문에 <굿바이 솔로>는 노희경의 전작들과 궤적을 달리한다. 20대의 사랑을 이렇게 공식적으로 얘기하는 것도 노희경에게는 드문 경우이다. 삼각관계. 그것도 친구의 연인을 사랑하는 이 낡고 뻔한 공식이 왜 <굿바이 솔로>에서 새로워지는가? 이것이 두 번째 감상 포인트이다. 지안의 가족에 대한 콤플렉스는 민호로 인해 가중된다. 민호는 이 사실을 알기에 자신을 이용하는 지안의 이중적인 행태를 눈감아 준다. 지안은 콤플렉스를 거짓말로 포장하지만 민호는 비밀로 간직함으로써 지안을 보듬는다. 지안이 집착하는 '가족'의 개념을 민호는 거부한다. 민호의 문제는 '가족'에 집착함으로써 배태되기 때문이다. 경혜(민호 모)의 불륜으로 태어난 자신의 정체성 문제에 대해 민호는 가족을 버림으로써 회피한다. 민재(민호 형)와의 거듭되는 화해는 그래서 더욱 애틋하다. 민호의 정체성 문제로 인해 가장 큰 피해자는 민재이기 때문이다. 주민(민호 부)은 경혜를 거부함으로써 일단락을 내리지만 민재는 어머니와 동생을 동시에 잃어야 했기 때문이다. 수희 역시 문제는 가족이다. 수희는 어머니의 남성편력에 깊은 상처를 입는다. 하지만 지안을 배반하고 민호를 택하는 과정을 통해 어머니와의 상호 접점을 발견한 수희는 의연하게 이것을 인정한다. 수희는 가족이라는 문제를 유연하게 해결해 나가고자 한다. 하지만 이 문제에 있어서 지안과 민호는 쉽게 벗어나지 못한다. 수희가 지안을 이해하는 과정은 매우 쉽다. 하지만 지안을 이해하는 수희의 방식을 민호는 이해할 수가 없다. 대부분의 시청자들 역시 민호의 입장에서 수희를 바라보았다. 지안은 이해할 수 있어도 수희는 이해할 수 없는 민호처럼. '가짜 결혼식'이라는 해프닝은 <굿바이 솔로>에서 가장 논란이 되었던 부분이다. 그 어떤 트렌디드라마보다 일탈

적인 이 해프닝은 하지만 깊은 뜻을 내포하고 있다. 수희가 지안을 위해 '가짜 결혼식'을 허락하는 것은 민호에게 자신의 어머니를 상기시키기 때문에 의미가 있다. 진정한 사랑을 두고 다른 사람과 결혼을 하는 것. 그것은 민호의 근원적 문제를 상기시키기에 민호는 용납할 수 없는 것이다. 민호는 유연하지 못하다. 그래서 다시 문제에서 떠나 버림으로써 해결하려 한다.

수희와 지안의 '가짜 결혼식'은 20대의 사랑을 바라보는 노희경의 시선이다. 20대의 사랑은 일탈적으로 보인다. 하지만 우리는 그들의 사랑도 수용할 수 있어야 한다고 노희경은 말한다. '결혼'이란 것은 어떤 사람에게는 커다란 의미일 수도 있다. 미리는 호철과 지수의 혼인신고에 상처를 받는다. 호철 역시 지수와의 혼인신고에 집착한다. 그들에겐 결혼이 큰 의미이다. 하지만 어떤 이들에겐 결혼은 형식에 불과하다. 결혼에 집착하지 않는 이상 가족이란 문제는 유연하게 대처할 수 있다. 수희는 지안과의 우정을 지키는 방식으로 결혼이라는 형식적 의례를 치른 것뿐이다. 그로 인해 지안이 자신을 얽매던 문제에서 해방될 수 있기 때문이다. 서로 다른 가치관을 지닌 민호와 수희. 하지만 사랑이라는 접점으로 인해 함께 할 수밖에 없는 그들. '젊으니까 힘들' 수밖에 없는 그들의 앞날에 행복만이 가득하지는 않을 것이다. 서로 다른 사랑의 방식과 문제를 대처하는 방법은 사랑의 과정 속에서 또 많은 헤어짐을 만들어 낼 것이다. 하지만 그것이 20대의 사랑이다. 그들에게 중요한 것은 '영원한 사랑'이 아니라 '지금 이 순간 사랑'하는 것이기 때문이다. 하지만 수희와 민호는 다른 캐릭터들과 살아가는 커다란 축복을 얻었기 때문에 행복할 거라 믿는다. "지금 이 순간, 이 인생이 두 번 다시 안 올 것"이라는 명언을 들을 수 있기 때문이다.

5. 트렌디드라마를 사랑할 수 있을까?

<굿바이 솔로>는 트렌디드라마의 새로운 문법을 제시해 주었지만 시청

률 10%라는 미미한 성적으로 그 약효를 많은 시청자들에게 발휘할 수 없었다. 소비의 대상으로 전락해 버린 트렌디드라마가 다시 사랑의 진정성에 대해 물으며 다가오려면 많은 장애물을 넘어야 할 것이다. 그리고 이 장애물들을 치울 수 있는 것은 시청자들의 힘이 절실하게 요구된다. <굿바이 솔로>는 굿바이를 외친다. 수많은 사람들과 함께하지만 언제나 마음은 솔로인 우리들에게. 앞으로도 우리는 전과 마찬가지로 많은 트렌디드라마를 소비할 것이다. 굿바이를 외치고 떠나간 진정한 친구였던 드라마가 다시 우리 곁으로 돌아오길 간절히 기대해 본다. "트렌디드라마 이뻐"라고 눈물을 흘리며 말하는 온전히 시청자들의 몫이라는 것을 다시 한 번 상기시켜보며……

함께 있기에 행복한 시간, 추억으로의 유쾌한 길동무
<해피투게더 프렌즈!>

유수현

　이사를 위해 짐 정리를 하다가 먼지 쌓인 책장 한 구석 혹은 창고 옆에 쪼그리고 앉아서 나도 모르게 몇 시간이고 킥킥대던 기억, 아마 한번쯤은 갖고 있을 것이다. 그때는 뭐가 그렇게도 좋았는지 마냥 해맑게 웃고 있는 사진첩 속의 나와 친구들의 모습에 살며시 마음이 따뜻해지고, 학창시절 짝사랑 하던 그를 향한 마음이 꼭꼭 숨겨져 있는 일기장을 보며 두 볼이 그때 그 시절처럼 발그레해진다. 오늘에 대한 아쉬움과 다가올 내일에 대한 기대가 섞여있는 졸업앨범, 그리고 사랑이 무언지도 모르던 어린 날에 주고 받았던 유치한 연애편지들 위에 켜켜이 쌓여 있는 먼지가 한층 한층 사라져 가면 갈수록 마음속 깊숙한 곳에서 추억과 기억이 서서히 떠오르고 그때 느꼈던 설렘과 기쁨에 나도 모르게 입가에 미소가 번진다. 어딘가 모르게 부족한 것만 같았던 지루한 일상에 나타난 작은 기억의 조각들은 나의 하루 를 완성된 퍼즐 같은 멋진 그림으로 만들어주고, 그런 뜻밖의 행복에 또 우리는 오늘을 살아갈 힘을 얻는다.

사람들은 살면서 많은 사람들과 관계를 맺는다. '사회생활'이라는 것이 결국은 '사람과의 생활'일 수밖에 없기에 하루를 더 산다는 것은 또 다른 한 사람을 알아가는 과정과 같다. 하지만 나이가 들고 세상을 알아 가면 갈수록 아무런 계산 없이, 그 어떤 이해관계도 없이 만날 수 있는 사람들은 점점 줄어들게 되고 그럴수록 사람들은 오랜 시간을 함께 하며 있는 그대로의 나의 모습을 알아주는 사람을 그리워하고 또 고마워하게 된다. 그저 함께 있는 것만으로도 위로가 되는 사람들, 내가 숨기고 싶은 눈물과 말하고 싶지 않은 이야기를 알지만 묵묵히 지켜봐주며 내 옆에 서있어 주는 것만으로도 힘이 돼 주는 사람들. 어쩌면 가족보다도 더 많은 시간을 함께 하고 연인보다도 더 많은 이야기를 나누었을지 모르는 그 이름이 바로 '친구'이다. 이렇게 생각만 해도 애틋한 '친구'라는 명사가 주는 힘을 일찌감치 간파한 한 웹 사이트는 '친구 찾기'라는 서비스를 시도하여 상업적 성공뿐만 아니라 사회적으로도 큰 파란을 일으키기도 했다. 누구나 갖고 있지만 조금은 잊고 있었던, 언제나 그리웠지만 사는 게 바쁘다는 이유로 쉽게 다가가지 못했던 친구에 대해 사람들은 인터넷이라는 새로운 공간 안에서 좀 더 쉽고 편하게 서로를 기억해내고 만나기 시작한 것이다.

학연, 지연의 확장과 그것을 공고히 한다는 사회 비판적인 시각에도 불구, '추억'과 '정'이라는 호소력 짙은 감성은 대다수의 사람들의 기억의 운동을 촉진했고 이런 성공을 발판으로 새롭게 태어난 '싸이월드'는 '1촌'이라는 관계 짓기의 기능을 설정, 서로가 서로에게 그 '무엇'이 되는 장치를 마련하여 국민적 열풍을 일으켰다. 단순히 그냥 '아는 사이'가 아닌 나만의 특성으로 이름 지어지는 '관계'의 형성에 사람들이 열광했다는 사실은 수많은 사람들과 만나고 스쳐가며 그대로 사라지는 사이가 아닌, 그만큼 의미 있는 관계에 목말라 하는 현대인들의 욕망이 스며들어 있음을 방증하는 것이라고 해도 과언은 아닐 것이다. 이런 현대인들의 갈증을 시원하게 풀어주는 오아시스로 새롭게 등장한 프로그램이 있으니 바로 <해피투게더 프

렌즈>이다.

　사실 이 프로그램은 초기에는 단순한 오락프로그램이었다. 최고 진행자로 손꼽히던 신동엽과 최고의 인기를 구가하던 가수 이효리의 만남만으로도 이슈가 되었으며 '쟁반 노래방'이라는 새로운 형식과 함께 신, 구세대를 넘나드는 게스트와 유쾌한 동심으로의 회귀를 표방하던 이 프로그램은 2기 진행자인 유재석, 김제동으로 이어질 때까지 꾸준한 사랑을 받았다. '쟁반 노래방'을 통해 어린 시절 불렀던 동요를 함께 부르고, 교복을 입고 학창시절의 에피소드를 함께 나누며 웃고 떠들던 시간을 통해 이미 '해피투게더'는 '프렌즈'와의 만남을 준비하고 있었는지도 모른다. 학창시절이 주요 콘셉트였던 만큼 그 시절을 추억하는 데 있어 가장 큰 부분을 간직하고 있는 것이 바로 친구일 수밖에 없는 까닭이다. 하지만 정통 오락프로그램으로서의 역할에만 충실하던 <해피투게더>는 새로운 시도를 감행한다. 프로그램의 개편을 앞두고 이미 하나의 브랜드처럼 되어버린 프로그램의 이름을 버리기보다는 그 이름에 걸맞은 새로운 내용을 만들되 프로그램의 이름은 계속 가지고 가기로 한 것이다. 연예계의 친구들과 함께 옛 기억을 끄집어내며 즐거워하던 <해피투게더>는 이제 그 눈을 연예인들의 진짜 친구들에게 돌려 새로운 만남의 장을 만들었다.

1. 추억 하나 - 쌍방향의 기억으로 완성되는 친구라는 이름

　최고의 입담을 자랑하는 탁재훈과 순발력 넘치는 진행자인 유재석, 그리고 떠오르는 샛별 김아중의 3MC체제로 시작한 <해피투게더>는 그 동안의 다른 프로그램에서 보여주던 친구 찾기의 포맷을 거부한다. 스타의 기억으로 이루어지는 재연을 통한 사연 구성에서 벗어나 스타의 친구들이 기억하는 스타의 모습을 거슬러 올라가는 것이다. 그 동안 친구나 스승, 그리고 첫사랑 등 잊지 못할 기억속의 인물을 찾아주는 것으로 유명한 프로그램인 <TV는 사랑을 싣고>에서 비롯된 이런 유형의 프로그램이 성공한 이후 다른 방송국에서도 스타의 지난 추억을 매개로 소중한 인연을 만나게 해 주는 프로그램들이 양산되었지만 그때마다 기억의 소통은 연예인에게서 친구에게로, 다시 시청자에게 일방향으로 흐른다는 단점이 있었다. 기억이라는 것이 기억하는 사람의 상황이나 바람 등의 개입에서 자유로울 수 없는 아주 주관적인 것인 만큼 게스트로 초청된 스타들의 기억 속에서 존재하는 추억들은 스타 그 자신 안에서 한 치도 벗어날 수 없는 태생적인 한계를 지닐 수밖에 없는 게 사실이다. 또한 그 추억의 진위나 사실 여부를 판단할 수 없는 시청자들로서는 스타가 기억해내는 일방적인 추억의 경로를 수동적으로 따라갈 수밖에 없었다. 그렇기에 스타의 기억에만 의존하여 그들의 추억을 따라가는 여행은 너무나 단순하고 허전한 면이 있었다. 스타의 웃음과 울음에 동참하기는 하지만 일방적으로 강요당하는 웃음과 울음이었다.

하지만 <해피투게더>는 이런 일방향의 기억을 쌍방향으로 전환시키는 방법을 선택함으로써 기억을 매개가 아닌 주체로 서게 한 후, 그 기억의 양 방향에 스타와 친구들을 세워 놓았다. 오히려 스타의 기억은 한 발 뒤로 물러선 채, 그 기억의 공유자인 친구들은 스타와 대등한 입장에 선다. 아니 때로 스타는 제3자적인 입장에서 친구들이 기억하는 자신의 추억을 객관적인 입장에서 듣기도 한다. 그리고 스타와 친구들이 공유하고 있는 기억들이 조각들이 조금씩 어긋나고 비틀어질 때마다 웃음이 터진다. 그럴 때마다 시청자들은 보다 더 적극적으로 프로그램에 개입하여 그들의 기억을 함께 구성해나가는 여행의 길동무가 될 수 있게 되었다. 그리고 지금 보고 있는 이미지와는 전혀 다른, 스타의 비밀이나 첫 사랑, 감추어져 있었던 옛 모습 등을 통해 너무나 평범해서 익숙한, 그래서 더 행복했던 우리 어린 시절의 모습을 '함께' 그려보게 되는 것이다.

2. 추억 둘 - 시간이라는 울타리를 넘어서

다른 프로그램과 다른 가장 큰 차별점 중 하나는 바로 스타가 친구들을 직접 찾아야 한다는 점이다. 적게는 십 수 년에서부터 많게는 사십여 년의 세월을 뛰어넘어 출연한 스타는 스튜디오에 나와 있는 20여 명의 사람 중에 다섯 명의 진짜 친구를 찾아야만 한다. 알 듯 말 듯한 얼굴들 속에서 희미해진 기억을 떠올려 먼저 손을 내밀어야만 하는 것이다. 여기에 <해피투게더>가 가지는 두 번째 매력이 있다. 어린 날의 추억을 공유하는 '나의 친구'라는 범주를 벗어나 이제는 대중의 인기를 먹고 사는 어엿한 스타가 되어 버린 '만인의 연인'이 친구에게 먼저 내미는 손을 보며, 시청자들은 카타르시스를 느낀다. 언제나 팬의 입장에서 사람들은 스타에게 손을 내밀어야 했지만 <해피투게더>에서만큼은 그 입장이 역전되어 스타가 자신의 손을 잡아달라고 내미는 것이다. 그리고 스타의 손을 잡을까말까를 고민하는 그의 친구들의 모습에 자신의 얼굴을 대입시키며 묘한 쾌감을 느끼는 것이다.

하지만 시간이라는 울타리는 생각만큼 녹록하지 않다. 한 조각의 기억이 모자라 친구의 얼굴을 기억해 내지 못할 때, "처음 뵙겠다"는 방청객의 생뚱맞은 인사를 대신 맞이해야만 한다. 서운한 친구들의 얼굴과 당황한 스타들의 얼굴이 교차되고 어색함과 미안함이 스튜디오를 감쌀 때, 이 모든 상황을 알고 있는 시청자들은 그저 즐겁기만 하다.

3. 추억 셋 - 가장 순수했던 시절, 기억하고 싶고 기억해야 하는 나의 또 다른 모습

한국사회에서 아직은 학연과 지연의 굴레를 벗어나는 일은 쉽지 않다. 이왕이면 같은 고향사람에게, 기왕이면 같은 학교 선, 후배라면 같은 문화와 추억을 공유하고 있다는 생각에 좀더 마음을 열고 쉽게 동질감을 느끼기 때문일 것이다. 하지만 이렇게 맺어진 인간관계의 부정적인 단면을 사회 각 분야에서 심심치 않게 보아왔던 우리로서는 학연을 중시하는 프로그램을 텔레비전에서까지 보는 것은 그리 유쾌하지만은 않을 수 있다. 이는 지난 해 다른 방송사에서 고등학교 동문끼리 팀을 이뤄 출전하는 퀴즈 프로그램에서 여실히 증명되었다. 세대를 뛰어넘은 같은 고교의 동문끼리 나와 개인은 물론이고 학교의 명예를 드높이며 세대 간의 화합을 보여주고자 했던 것이 이 프로그램의 기본 취지였지만 같은 '고등학교' 출신끼리만 출전할 수 있다는 자격의 조건에 많은 시청자들은 불만을 가졌다. 한국사회에서 가장 강한 응집력을 보여주고 있는 고교 동창, 동문들의 파워 게임에 고등학교를 나오지 못한 사람들은 물론이거니와 성공한 고등학교 동문끼리만 나오는 것이 보기 불편했다는 것이 그 이유였다.

이렇듯 학연이라는 것은 쉽게 접근할 수는 있어도 편하게 받아들이기에는 조금 위험할 수 있는 소재다. 하지만 <해피투게더>는 이러한 부분을 초등학교 동창을 찾는 것으로 설정함으로써 그 위험성을 비켜갈 수 있었다. 사회적으로 초등학교는 의무교육이기 때문에 초등학교조차 나오지 않은 사람들은 거의 없을뿐더러 경제적, 사회적 위치나 입장을 전혀 고려하지도, 고려할 수도 없을 만큼 철없고 순수한 때가 바로 초등학교 시절이기 때문이다. 스타가 될 것이라는, 텔레비전에서 나오는 사람이 될 것이라는 특징을 크게 가늠할 수 없는, 말 그대로 평범한 시절의 이웃 같은 스타의 옛 모습을 친구들의 솔직한 증언으로 훔쳐볼 수 있는 재미에 더해 오래된 추억이기 때문에 친구를 기억해 내는 데에 있어 가장 어려움을 느낄 수 있는 시절이라 방송의 극적 긴장감과 드라마틱한 요소를 배가시키는 데에도 일조를 할 수 있다는 장점까지 가지는 일석이조의 효과를 누릴 수 있었던 것이다.

4. <해피투게더>가 모두 함께 행복한 시간이 되기 위하여

1년이라는 시간의 항해를 거쳐 오면서 <해피투게더>도 변화의 바람이 불었다. 초기 진행자였던 이효리가 복귀하고 김아중과 탁재훈이 하차하면서 2MC체제로 바뀌었으며 탁재훈의 공백을 메우려는 듯 최근 '고음불가'로 인기를 구가하고 있는 이수근이 <해피투게더>를 이끌어가는 '반장'의 역할로 투입됐다. 그리고 친구가 돌발적으로 일어나 내가 친구라고 외치는 '돌발 친구야'와 반장인 이수근이 친구를 추천하는 '반장추천'의 코너가 도입되었다. 1년이라는 긴 방송시간을 거치면서 너무 안이하게 흐를 수 있는 프로그램에 활력을 불어 넣으려는 시도인 것으로 보인다. 하지만 아직까지 이수근의 필요성이 크게 증명되지 못한 가운데 새롭게 도입된 코너도 큰 변별력을 갖지 못하고 있다. 도입 초기라 아직 제대로 자리를 잡지 못했기 때문이라고도 볼 수 있기 때문에 조금 더 지켜볼 필요는 있을 것이다. 다른 프로그램과는 달리 이 프로그램은 출연한 연예인보다는 연예인의 친구들 이야기를 듣는데 더욱 집중을 해야 하는 포맷을 가지고 있는 만큼 패널로 나오는 연예인에게 시선이 분산되어서는 안 될 일이다. 이는 좀 더 보완해야 할 필요성이 있다.

또한 각 출연자의 연예인 친구 패널로써 회당 2~3명의 다른 연예인들이 나오긴 하지만 프로그램 내내 단 한 마디도 하지 않는 경우가 대부분이며 화면에 전혀 비춰지지 않는 경우도 부지기수다. 단순히 자리 채우기 용으로 기용되는 것 같아 보기에 안쓰러운 생각이 들 때도 있다. 옛 친구와 새 친구들이 함께 어우러지는 자리도 아닌데 출연한 스타와 과연 친분이 있기는 한 건지 의심이 들기까지 한 연예인들이 나와 자리만 채우고 사라지는 점은 떼거리로 나와서 일단 시청자의 눈부터 충족시켜주려고 하는 현행 오락프로그램의 관행에서 비롯된 것이 아닌가 하는 생각이 든다. 차라리 예전의 친구들과 현재 가깝게 지내는 지인들이 나와 서로 같이 어울릴 수 있는 시간을 마련한다거나, 옛날의 모습을 알고 있는 초등학교 동창들과 현재의 모습을 잘 아는 연예인 친구들이 출연연예인에 대한 이야기를 나누는 것도 의미 있을 수 있겠다. 이점은 <해피투게더>가 좀 더 고민을 해볼 필요가 있는 문제라고 생각한다.

5. 함께 있기에 더욱 소중한 이름, 친구

프로그램이 마쳐지면서 마지막에 스타와 친구들이 조촐한 술자리를 가지는 장면을 보는 것은 이 프로그램이 가지는 백미다. 너무나도 편안해 보이고 즐거워 보이는 그들의 미소에 보는 사람마저도 마음이 따뜻해지기 때문이다. 더불어 전파의 공공성을 입증이라도 해주는 듯이 일반인들이 인터넷 게시판을 통해 올려놓은 동창회 소식들을 자막으로 보내주는 친절함까지도 보여준다. 이 시간이 단순한 오락으로 끝나는 것이 아닌, 시청자들도 이번 기회에 그동안 잊고 지냈던 동창들과 추억으로의 여행을 떠나보라는 제작진의 배려일 것이다. 그런 따뜻한 마음을 가지고 지친 몸을 뉘이며 하루를 마감할 때, 사람들은 입가에 흐르는 흐뭇한 웃음을 안고 다가오는 내일을 기다릴 수 있다.

사람은 내일을 꿈꾸며 오늘을 살고, 하루하루 추억을 만들어가며 그 기억으로 산다. 코끝 아려지는 지난날의 향수에 두 눈을 지그시 감고 한번 생각해 보자. 누가 떠오르는가? 그 이름이, 그 손길이 느껴지는가? 그럼 주저하지 말자. 함께 있을 때 친구라는 이름은 완성되는 법이다.

재미있는 뉴스가 뜨고 있다
YTN <돌발영상>을 중심으로

유우현

"쓰레기만두 파동으로 손만두집들까지 휘청거립니다. 만두의 옥석이 가려지고 있으니 이제 만두 먹어도 되는 거 아닙니까? 저희도 저녁에 만두 시켜먹었습니다."

"미국 대통령 조지 부시가 연예인들의 反부시운동에 직면해 있습니다. 개그맨, 가수 등 대거 참여했는데 영화 <부시맨>에서 주인공 했던 사람은 빠졌습니다."

위의 발언은 요즘 한창 주가를 올리고 있는 <개그콘서트>에 등장하는 만담이나 일간지 시사만평의 주요 내용이 아니다. 다소 싱겁다는 표현이 어울릴 정도로 엉뚱하지만 단순히 유머로만 보기도 어려운 이것은 국내 굴지의 방송사 앵커가 뉴스 진행 중에 한 멘트의 일부이다. 이는 흰색 와이셔츠에 감색 계열의 정장을 차려입고 속칭 2대 8 가르마를 한 남성 앵커와 단아한 정장에 캐리어 우먼을 상징하는 듯한 커트 머리의 여성 앵커가 진행하던 뉴스에서는 상상도 할 수 없는 내용이다. 물론 최근 앵커나 아나운서의 외향이 1980년대 '땡전뉴스'시절과는 많이 달라졌지만 여전히 신뢰감이 생명인 뉴스 프로그램에서 이러한 멘트는 누구나 할 수 있는 평범한 것은 아니다.

그러나 더 놀라운 것은 이처럼 황당해 보이는 멘트가 해당 뉴스 앵커를 일순간에 스타로 만들고 동시에 뉴스 시청률까지 동반 상승시키는 예상치 못한 결과를 가져왔다는 사실이다. 요즘 들어 9시 뉴스를 시청하면서 '시원하다', '통쾌하다', '배꼽 빠지도록 웃기다'란 기분을 느껴본 사람은 흔치 않을 것이다. 세상사가 불쾌하고 우울한 소식만으로 가득 차있다는 현실이 가장 큰 이유가 되겠지만 뉴스 프로그램의 일률적 형식에 제작자나 시청자 모두가 얽매여 있다는 사실 역시 무시하기 힘들다. 일반적 사고로는 이해하기 힘든 앵커의 멘트가 인기를 끌고 그로 인해 시청자들이 다시 브라운관 앞으로 모여들 수 있었던 것은 진부한 형식의 뉴스 프로그램에 익숙한 시청자들에게 옆집 아저씨가 농담조로 던지는 듯한 멘트는 그야말로 신선한 충격이었기 때문이다. 하지만 이제 이러한 시도도 점차 뉴스 프로그램의 특정 포맷으로 자리잡아가고 있으며 그보다 더 파격적인 형태의 뉴스도 서서히 나타나고 있다. 따라서 이런 시점에서 최초로 뉴스 프로그램의 형식 파괴를 주장하며 언론계에 등장한 YTN의 <돌발영상>이 지니는 위치와 의미는 남다르다고 할 수 있다.

2003년 3월 뉴스 전문 채널 YTN의 <뉴스퍼레이드>란 일일 정규뉴스의 한 꼭지로 출발한 돌발영상은 그 동안 정규 뉴스에서 소화되지 못하고 버려지던 수많은 보도영상들을 재편집하여 되살리고 동시에 묻혔던 취재 뒷이야기까지 가감 없이 담아내보자는 의지에서 비롯되었다. 특히 편집 과정에서 영상의 리얼리티를 적극적으로 살려냄으로써 일반 정규 뉴스에서는 찾아보기 힘든 재미와 해학을 중심으로 이야기를 전개해 나간다. 과감한 뉴스 형식 파괴라는 기획성에서 일단 주목을 끄는 <돌발영상>은 시청자들의 인기를 업고 '데일리 돌발', '말과 말씀', '돌발 만평'과 같은 세부 섹션을 탄생시켰고, '노컷뉴스(CBS)', '生뉴스(MBC)', '헤딩라인 뉴스(미디어 몹)'와 같은 타방송사의 아류작 탄생에도 한 몫 하게 된다. 또한 각종 인터넷 포털 사이트에서 뉴스 서비스로 제공되는 등 온라인 공간에서도 그 성장세를 이어가고 있다.

1. 재미있는 뉴스가 뜨고 있다

돌발영상의 가장 큰 특징은 뉴스가 재미있다는 것이다. 하지만 여기서 재미있는 뉴스란 코미디 프로그램에서 등장하는 웃음과는 다른 차원의 웃음을 의미한다. 즉 작위적인 재미나 해학이 아닌 말 그대로 돌발적인 상황에서 발생하는 예측 불가능한 웃음이다. 그렇다면 사람들은 왜 각본 없는 드라마를 더 잊지 못하고 그것에 열광하는 것일까? 이는 우연성과 의외성이 가진 특징 때문이다. 매일 반복되는 기계적인 생활 속에서 현대인들은 우발적이며 돌발적인 상황을 찾고 즐기는 경향이 강해졌다. 곤경에 처한 연예인이나 일반 시민들의 반응에 주목했던 '몰래 카메라(MBC)'나 '실험 카메라(SBS)'같은 프로그램이 인기를 끌었던 이유도 이런 사람들의 욕구를 자극했기 때문이다. 따라서 돌발영상 역시 꾸미지 않은 돌발적인 상황을 통해 시청자들을 자극하고 웃음을 만들어 낼 수 있었다.

그러나 돌발영상이 단지 우발 상황에서 비롯되는 웃음 만들기에만 치중한 것은 아니다. 돌발상황에서 비롯되는 우연성과 의외성에 은유, 대조, 비교, 가정과 같은 희화화 작업을 통해 새로운 의미를 부여하고 있기 때문이다. 또한 위치를 가리지 않고 시도 때도 없이 등장하는 자막과 말풍선 역시 돌발영상의 진면모를 나타내는 훌륭한 장치이다. 2월 6일 '극과 극' 편은 대조의 극치를 보여주는 방송이었다. 에버랜드 편법 증여 사건으로 사회적 물의를 일으킨 삼성 이건희 회장과 줄기세포사건의 핵심 인물 중한 명인 박종혁 연구원의 귀국 장면을 절묘하게 대조적으로 구성한 것이다. 뉴스는 수많은 경호원들에 둘러싸여 유유히 입국해 "역시 한국이 좋네요"란 소감을 밝히고 무사히 공항을 빠져나가는 이회장 일행의 모습과 역시 수많은 취재진에 둘러싸여 힘겹게 입국해 "너무 힘들거든요"란 상반된 소감을 밝히고 어렵게 공항을 빠져나가는 박연구원의 모습을 대조적으로 엮어 대기업 총수와 일반 연구원의 신분 차이를 실감나게 그려내고 있다. 두 인물 모두 사건의 경중(輕重)을 가리기 어려울 정도로 큰 사회적 문제와 연루되어 있었지만 경제적 신분 차이로 인해 한 사람은 개선장군이 그리고 다른 한 사람은 유력한 용의자가 되고 말았다는 점을 강조한 것이다. 결국 여기서 우리는 두 사람 모두 검찰의 수사대상임에도 불구하고 이 회장은 제외하고 박연구원만을 즉각 소환한 검찰의 차별적 수사행태를 비판하는 제작진의 의도를 엿볼 수 있다.

한편 '국회가 재미없어질 때'란 제목의 2월 24일 방송분은 전날 국회대정부질문 현장의 모습을 통해 국회의원들의 자질을 은유적으로 비난하고 있었다. 뉴스의 대부분은 의원들의 터무니없는 말꼬리 잡기식의 질의 행태로 채워져 있지만 정작 하이라이트는 바로 후반부 마지막 장면이었다. 텅 빈 의원석 장면과 함께 등장한 자막은 "여야 간 싸움이 없었던 이유?"란 질문과 "싸울 선수가 별로 없었다"는 우스꽝스러운 답변이었다. 게다가 최종적으로 "의원님들이 국회에 오지 않으면 돌발영상은 오늘처럼 재미없어 집니다"란 자막으로 내용은 끝이 난다. 이에 따르면 국회의원은 수준 이하의 인신공격만 일삼는 천하의 싸움꾼이며, 그들이 싸우는 모습은 K-1 격투기에 버금갈 정도로 재미있을 것이라는 상상을 하게 만든다. 그러나 이 역시 표현은 유머러스한 내용으로 치장되어 있지만 그 안에는 국회의원들의 행태를 강력하게 비판하고자 하는 의도가 담겨져 있다.

2. 특권층에 대한 환상이 무너지다

돌발영상의 주요 등장인물은 대통령, 국회의원, 장관 등과 같은 정치적 인물이 대다수이다. 2006년 1월부터 4월까지 총 81회 방송분 중, 정치적 이슈와 정치인을 주요 대상으로 한 뉴스는 74회로 절대 다수를 차지하였다. 반면에 정치인을 제외한 기타 인물이 주요 인물로 등장하는 횟수는 7회에 불과하였다. 정치인은 재벌, 연예인, 유명 운동선수 등과 함께 이 사회의 오피니언 리더(opinion leader)로서 여론 형성에 결정적인 영향을 미친다. 특히 정치인이 누리는 사회적 특권 때문인지 그들은 여전히 일반 대중에게 선망의 대상이다. 물론 최근 들어 정치인이 '부패'와 '타락'의 선두주자라는 부정적 이미지로 낙인찍혀 있지만 그래도 여전히 여의도 입성을 목표로 노력하고 있는 자가 이 땅에 넘쳐나고 있다는 현실은 정치인에 대한 일반인들의 뜨거운 시각을 그대로 반영하는 대목이다.

<돌발영상>은 이런 국민적 선망의 대상인 정치인들의 언행이나 행동에 초점을 두고 영상뉴스를 제작함으로써 정치인에 대한 특정 이미지 형성에 한 몫 하고 있다. 하지만 그들의 이미지는 사실 긍정적인 것보다는 부정적인 것이 태반이다. 우선 정치인은 일반 국민과 다르다는 특권 이미지를 과감히 깨버리고 오히려 해학적인 이미지를 심어주었다. 정치인들의 사적 대화를 가감 없이 보여주고 우스꽝스러운 표정이나 실수하는 모습을 강조해 그들은 개그 프로그램에나 나올법한 엉뚱하고 우스운 집단이라는 이미지를 형성한 것이다. 2월 9일 '정회(停會)' 편에서 정세균 산자부장관 후보자의 인사 청문회에 등장하는 국회의원들의 모습은 정말 허탈한 웃음이란 무엇인가를 확실하게 보여주었다. 후보자가 여당대표 시절에 사학법이 처리된 것을 두고 사과를 요구하는 한나라당 의원들과 그에 반발하는 열린우리당 의원들의 고성과 고함이 난무하는 상황에서 청문회는 오전 내내 이루어지지 못하다 점심시간을 앞두고 정회에 들어가고 만다. 그런데 이처럼

험악한 상황이 연속되다가 점심시간을 앞두고 정회가 선포되자 의원들 사이에서 나오는 소리란 "식사 어디서 합니까?", "참복집", "의원님들은 앞에 참복집에서 하신답니다"와 같은 식사장소와 메뉴에 대한 이야기였다. '끼니까지 거를 수야 없겠지만 왠지 모를 허무감'이란 자막이 오랫동안 뇌리에 남을 수밖에 없는 상황이었다.

또한 교양과 학식 면에서 둘째가라면 서러워할 법한 국회의원들이 초등학생도 이해하기 힘든 억지를 부리거나 언행을 하는 모습을 통해 그들이 정치인이기에 앞서 과연 정식 교육을 받은 문화인인가 하는 의문을 가지게 한다. 3월 3일 '오분지일' 편은 국회 재정경제위 표결방법을 둘러싼 여·야 국회의원 간의 설전을 담고 있다. 무기명 투표를 요구하는 한나라당 의원들과 기명 투표를 주장하는 열린우리당 의원들은 국회법상의 해당 조항에 대한 해석을 둘러싸고 뜨거운 논쟁을 벌인다. 양당의 변호사 출신 의원들이 주요 인물로 등장하여 '코에 걸면 코걸이 귀에 걸면 귀걸이'라는 식의 터무니없는 논쟁까지 벌이며 양측의 대결은 최고점에 다다르게 된다. 어느 측의 주장이 옳은지 모르겠지만 돌발영상은 '초등학생도 다 아는 내용'이라는 표현까지 운운하면서 그들이 얼마나 하찮은 논쟁중인지를 보여주고 있다. 끝으로 제작진은 "자꾸 형식 논리적으로만 하면 우스꽝스러운 모습입니다"란 모 의원의 자제발언을 결론부에 등장시켜 다시 한 번 국회의원들의 비논리적이고 자기모순적인 측면에 일침을 가하였다.

3. <돌발영상>의 눈과 시청자의 쓴웃음

현재 <돌발영상>은 케이블 채널을 통해 방송되고 있을 뿐만 아니라 YTN 홈페이지와 다수의 인터넷 포털 사이트를 통해서도 다시보기가 가능하다. 따라서 시청자들은 <돌발영상>을 지상파 방송에 비해 접근성과 주목도가 떨어지는 케이블 채널보다는 온라인을 통해 접하는 경우가 더 비일

비재하다. 이러한 인터넷상의 뉴스 제공 서비스와 같은 미디어 창구의 확대
는 분명히 단점보다는 장점을 많이 지니고 있다. 장소와 시간에 구애받지
않고 누구나 원하는 뉴스나 정보를 접할 수 있게 되었을 뿐만 아니라 일명
'댓글문화(reply culture)'로 대표되는 쌍방향 커뮤니케이션의 활성화를 가져
온 것이다. '댓글문화'란 인터넷 게시판 이용자들 사이에 주고받는 글쓰기
문화를 일컫는 것으로 사이버 공간상에 회원 또는 불특정 다수가 사용하는
인터넷 게시판이 활성화되면서 나타난 신조어이다. 돌발영상의 경우 출발
당시부터 오프라인과 온라인 공간 모두에서 유명세를 떨치며 인기몰이를
해왔다. 따라서 인터넷을 통해 돌발영상을 본 후 네티즌들이 올린 댓글은
미약하나마 현재 화제의 사건이나 인물에 대한 여론 추이를 가늠하게 한다.
　　그러나 기대와는 달리 돌발영상에 대한 네티즌들의 댓글은 논리적인 비
판보다는 정치인들의 언행을 감정적으로 비난하는 내용이 대부분이었다.
특히 정치인들의 험담과 비아냥거림, 자기모순적인 질의 자세에 대하여
신랄한 비판이 이루어지고 있으며 분에 못 이겨 육두문자가 난무하는 경우
도 흔하게 발견할 수 있다. 4월 17일 '몽롱' 편에서 한나라당 모의원은
입법부 관료들을 앞에 두고 정책질의보다는 전직 법무부장관이었던 여당
의 서울시장 예비후보 비난에 주력하는 모습을 보였다. 이에 대해 "잡놈",
"약주 좋아하시는 분이라 한잔 하셔서 몽롱하신 거 아닌가요?", "한심하다
당신 같은 사람이 국회의원이라니", "밥은 먹고 다니냐"와 같은 많은 비난
의 댓글이 쇄도하였다.
　　부정적인 댓글 외에도 상황설정과 편집방향이 재미있고 통쾌하다는 식
의 격려메시지도 많이 등장하고 있다. 3월 2일 이해찬 전국무총리와 홍준표
한나라당 의원의 설전을 다룬 '웃는 게 웃는 게 아냐' 편은 고성을 지르며
격하게 논쟁을 벌인 이총리가 제자리로 돌아가는 뒷모습을 가수 리쌍의
<내가 웃는 게 아니야>란 노래의 후렴구와 접목시켜 이총리의 불쾌한
심리상태를 나타내기도 하였다. 이에 대해 네티즌들은 "돌발영상 역시 실

망시키지 않는군요", "누구 아이디어에요? 정말 똑똑한 돌발영상팀", "돌발영상 공중파에서 방영해"와 같은 찬사의 댓글들을 남겼다.

4. 신(New)돌발영상의 탄생

뉴스 프로그램의 혁신이라 불릴 만큼 참신한 기획에서 출발한 <돌발영상>은 뉴스를 보면서도 웃을 수 있다는 가능성을 현실화하였다는 점에서 일단 후한 점수를 주고 싶다. 그러나 소재 선택과 기사 작성에서 지나치게 재미와 흥미에 초점을 맞추다보니 자칫 프로그램의 성격이 모호해지는 부작용도 보이고 있다. 명목상으로는 뉴스 프로그램이지만 실제 내용은 흥미 위주의 가십(gossip)성 뉴스로만 채워지는 경우가 다반사이기 때문이다. 특히 언론계와 학계 전반에 걸쳐 돌발영상의 가치를 인정하면서도 한편으로 걱정하는 것은 재미 위주의 편집방향과 소재 선택으로 인한 뉴스의 연성화(軟性化)이다. 뉴스의 연성화 문제는 미디어의 상업화로 인해 더 이상 피할 수 없는 과제가 되고 말았다. 돌발영상뿐만 아니라 많은 뉴스 프로그램들이 지루한 토크 형식에서 벗어나 재미와 흥미를 추구할 수 있는 방향으로 변해 가고 있으며, 소비자들도 그런 뉴스에 더 관심을 기울이고 있는 상황이다.

따라서 이러한 걱정과 불신 속에서 재미있는 뉴스를 정착시키기 위해서는 <돌발영상> 역시 변화가 필요하다. 우선 외부 요인에 얽매이지 않고 객관적이며 주체적인 신념을 가지고 뉴스를 제공해야 한다. 단지 시청률과 여론의 주목을 끌기 위해 재미있는 뉴스를 만드는 것이 아니라 일반 정통 뉴스 프로그램에서는 묻힌 소재나 차별화된 시각을 통해 재미있는 뉴스를 생산하는 것이다. 또한 난해한 경제, 의학 뉴스 등에 대한 시청자들의 이해를 돕기 위해 좀 더 유머러스하게 접근하는 등의 방법상 개선도 생각해 볼만 하다.

다음으로 다양한 소재의 개발과 접근이 요구된다. 돌발영상에 주로 등장하는 정치인들의 대립과 논쟁 상황은 사회적 이슈이기는 하나 어제 오늘의 일이 아니며, 이미 기존 언론을 통해서도 수차례 방송된바 있다. 이제 그들의 아웅다웅하는 모습은 시청자들의 입만 더럽게 하며 수명만 재촉하는 역할밖에 하지 못한다. 따라서 돌발영상은 정치적 이슈에만 매달릴 것이 아니라 사회, 경제, 스포츠 등 좀 더 다양한 영역으로 소재를 확장시켜 나가야 한다.

<돌발영상>의 등장으로 이제 뉴스 프로그램의 형식은 많이 바뀌었다. 하지만 여전히 시청자의 신뢰를 받으며 뉴스의 중심에 있는 것은 단정한 모습의 앵커들이 진행하는 종합뉴스 형식의 뉴스 프로그램이다. 다매체 다채널 시대가 왔지만 여전히 국민들은 저녁 9시면 어김없이 뉴스를 보고, 아침이면 으레 조간신문을 넘기며 하루를 시작한다. 아무리 재미와 흥미를 추구하는 방식의 뉴스가 등장하더라도 전통적인 저널리즘 환경은 쉽게 변하지 않기 때문이다. 따라서 돌발영상은 기존의 뉴스 프로그램과 경쟁하며 그들을 딛고 일어서려 하기보다는 자기만의 영역을 개발하며 상호 보완해 나가는 자세를 견지해야 한다. 각 뉴스 프로그램은 그들 나름대로의 역할이 존재하다는 점에서 돌발영상은 기존 뉴스 프로그램이 소화하지 못하거나 보지 못하는 부분을 발견해 적절하게 지적할 수 있는 특화된 모습으로 나아 가야 한다는 것이다.

골든 벨, 더 이상 미래의 자랑이 되지 않는다

윤은지

1. 현 교육제도의 문제점을 그대로 담고 있는 <도전! 골든 벨>

세계 최강의 교육열을 자랑하는 한국. 이 땅에 사는 청소년들은 오늘도 전국의 동무들을 인생의 경쟁자로 칭하며 책상 위에 앉아 수많은 학습도서와 머리싸움을 하고 있다. 그들의 진로고민은 그저 어느 대학 무슨 과를 갈 것인가가 전부다. 선생님이 해주시는 진로상담도 대학입학의 틀을 크게 벗어나지 않는다. 우리나라 총 인구의 7.6%를 차지한다는 청소년. 그들의 시선은 애석하게도 같은 길을 향하고 있다. 그 획일화된 길 안에서는 한 발자국이라도 더 전진한 사람이 승리한다. 이는 사회와 기성세대가 뿌리내린 성공의 틀과 기준 속에 철저히 입수되고 있는 청소년의 모습을 보여준다.

우리나라 교육은 다양성을 지향한다 하면서도 끊임없이 획일화를 향해 달려가고 있다. 그러한 교육이 평가하는 항목은 단 하나뿐이다. 한 문제라도 더 맞는 사람이 앞서나가는 것이고 한 문제라도 더 틀린 사람은 인정받지 못한다는 것. 요리를 한다는 아이들, 음악을 한다는 아이들, 미술을 한다는 아이들은 보통에서 벗어난 '특기생'으로 간주된다. 청소년들이 걸어가야 할 올바른 길은 이것 하나다. 공부를 잘 하는 것. 좋은 성적을 얻는 것. 그래서 일등을 하고 부모님을 기쁘게 하는 것. 남들이 울리지 못한 골든 벨을 울리는 것.

이러한 현 교육의 패러다임을 그대로 재현하는 프로그램이 있으니 바로 <도전! 골든 벨>이다. 전국에 있는 고등학교를 찾아다니며 제시한 50문제를 모두 맞춘 학생에게 명예를 안겨다 준다는 일종의 청소년 프로그램이자 온 가족이 함께 할 수 있는 시사교양 프로그램이다. 이 프로그램은 일등을 뽑는데 초점을 두지 않는다고 말한다. 문제를 푸는 과정에서 나타나는 청소년들의 재치와 생각을 알아보는데 주안점을 둔다고 스스로를 PR한다. 그러나 프로그램의 의도가 어찌 됐건 주말에 한 시간 동안 이 프로그램을 시청하고 나면 우리는 '요즘 청소년들은 참 끼도 많아'라는 생각보다는 '골든 벨 단상에 올라간 저 학생 참 똑똑하네'라는 생각이 먼저 드는 게 사실이다. 이는 <도전 골든벨>이 다양한 학생들의 사고의 장을 보여주는 것이 아니라, 누가 더 똑똑한가 누가 가장 똑똑한가를 전국에 공개하는 프로그램으로밖에 보이지 않는다. 청소년들의 시각으로 그들이 공부하고 있는 이야기들에 귀를 기울인 듯한 <도전! 골든 벨>! 그 실상을 지금부터 고발한다.

2. '골든 벨'은 일등주의를 부추긴다

'골든 벨'의 세계에서 일등을 하는 것은 중요하다. 아니, 그 목적이 바로 '일등을 하는 것' '골든 벨을 울리는 것'이다. 프로그램의 모든 구성은 일등 가려내기에 초점이 맞춰져 있다. 먼저 퀴즈에 출마하는 50명의 학생은 학교에서 성적순으로 선발한다. 하여 이미 학교로부터 우수인재라고 발탁되어 있는 50명의 학생이 프로그램의 대상으로 선정되어 무대 위에 등장하는 것이다. 성적이 우수하지 않으면 참여기회도 박탈당한다. 여하튼 선정된 50명의 그들은 1번 문제부터 김보민 아나운서의 말을 경청하며 칠판에 하나하나 답을 써내려 간다. 처음에는 다소 쉬운 문제부터 출발한다. 20번을 넘어서면 문제의 난이도가 조금씩 올라가고 이내 오답자들이 출몰하기 시작한다. 한 문제라도 더 맞춰야 한다. 중간에 실수는 있어서는 안 되며 한순간이라도 집중을 소홀히 해선 아니 된다. 패자부활전이라는 실수를 만회할 수 있는 기회가 한번 주어지지만 그것도 모두에게 해당되는 사항이 아니라 패자 중에서도 문제의 답을 맞혀 너보단 내가 더 가능성이 있다는 것을 표출한 사람에 한에서다. 그렇게 문제를 풀어나가며 실력자를 가지치기로 가려낸다. 마지막으로 남은 일인은 이제 골든 벨을 울리기 위해 총력을 동원해야 한다. 마지막 희망이 되는 것이다. 그 일인이 한 문제 한 문제 풀어나가는 것은 긴장의 연속과도 같다. 혹시라도 틀리지 않을까. 여기서 '골든 벨'에 실패하는 것은 아닐까. 학교 선생님뿐만 아니라 전교생들, 진행자들의 관심 심지어 시청자들의 관심까지도 최후의 일인에 모아진다. 그는 진정 프로그램의 주인공이 된다. 프로그램의 기대주가 된다.

49번 문제까지 무사히 정답을 맞힌 일인은 드디어 오르기 힘들다는 '골든 벨' 단상에 자리 잡고 앉아 마지막 문제를 받아들일 준비를 한다. 이미 문제에서 탈락한 학생들과 애초에 프로그램 대상에도 선발되지 못했던 모든 학생들은 '골든 벨' 단상에 앉아 '골든 벨' 문제를 기다리는 최후의 일인을 선망하듯 우러러본다. 최후의 일인은 그 모든 동무들의 우상이 된다. 혹시라도 '골든 벨' 문제를 맞히게 된다 치자. 그건 바로 학교의 경사이자 자랑이 된다. 프로그램 상에서도 '골든 벨'을 울린 학생을 역사에 길이 남기기 위해 명예의 전당에다 그 위대한 이름을 아로새긴다. 일인은 여기저기로부터 장학금을 지원받고 위풍당당하게 명성을 날린다. 순식간에 인근 학교로 소문이 난다. '옆 학교 아무개가 골든 벨을 울렸다더라', '역시 걘 해낼 줄 알았어', '공부를 좀 잘해야 말이지' 등의 이야기들로 골든 벨에 성공한 학생은 자신들의 집단에서 크게 명성을 떨치게 된다. 골든 벨에 성공하지 못하면 진행자 외 그 자리를 함께하는 사람들은 크게 아쉬워한다. 틀릴 수도 있는 문제인데 큰 것을 실패한 마냥 기대주였던 일인이 오답으로 인해 한순간에 그저 프로그램을 위해 끝까지 수고한 학생으로 전락한다.

옳은 것인가? 의문을 던질 수밖에 없다. '도전! 골든 벨'이 아니라 '도전 일등!'이라고 해도 손색이 없겠다. 전국에 있는 고등학교를 돌아다니며 하는 일이 일등 찾기 또는 가장 똑똑한 학생 선발이다. 이 프로그램은 이미 장학금의 대상과 골든 벨의 모델을 일 등하는 아이, 백 점 맞는 아이로 설정해 놓았다. 청소년 프로그램이라고 가장하지만 이 프로그램이 소구하는 청소년은 공부하는 청소년으로 한정된다. 그리고 그들에게 공부를 잘해야만, 남들 보다 더 많은 문제를 맞혀야만 그게 바로 성공이고 인정받는 것이고, 골든 벨을 울리는 것이라고 알려 주고 있다. 공부를 못하는 아이들은 단지 조금 모른다는 이유로 소외된다. 이런 식으로 청소년을 실력주의의 틀에 가둬놓고 일등을 해야만 한다는 강박관념을 은연중에 심어주고 있다.

3. 획일화된 교육을 받드는 <골든 벨>

프로그램이 진행되는 중간 중간에 끼가 있는 아이들이 한 번씩 출현하여 자신의 끼를 마음껏 펼치곤 한다. 제작진들은 이 점을 크게 봐 달라고 하소연하고 있는 듯하다. 프로그램의 취지가 바로 이러한 청소년들의 끼와 열정을 통해 그들의 문화와 코드, 가치관과 생각들을 시청자에게 알리는 것이라 한다. 그러나 프로그램 실상은 어떠한가. 이들의 예능무대는 전혀 프로그램의 중심이 되지 않는다. 그저 들러리로 비춰질 뿐이다. 따분할 수 있는 퀴즈풀이 진행에 중간 중간 웃음을 던져 줄 수 있는, 어쩌면 희생양인 것이다. 프로그램의 원래 의도가 실제적인 방영에서는 이런 식으로 변색되고 있다. 이 프로그램에서 주목 받는 것은 단지 최후의 일인, 단 한 명뿐이다.

프로그램의 결과로 봐도 이번 주엔 골든 벨의 주인공이 탄생하였나 못하였나가 관건이지 이번 주엔 어떤 학생들이 나와서 어떤 장기를 펼쳤느냐 하는 것은 전혀 궁금증이 되지 못한다.

이러한 프로그램 구성은 청소년들의 다양성과 개성을 반영한다고 받아들이기 힘들다. 전제된 구성 자체가 똑똑한 학생 발굴. 그 똑똑한 학생에 기준이 집중되어 있다. 아이들에게 어떠한 꿈이 있는지 어떠한 특기가 있는지 이 학생은 어떤 것을 잘하고 또 저 학생은 이 학생과는 달리 어떤 솜씨가 있는지를 중심에 두지 않는다. 이 '골든 벨' 세계에서는 그들의 특수한 장기나 자신만의 고유한 소질은 사실상 필요 없다. 실업계 학생도 예고 학생도 문제만 잘 풀면 장땡이다. 이러한 모양새는 현 교육 형태에서 문제점이라고 제시되는 학생들의 획일화와 그 맥락을 함께하고 있다.

한국이라는 나라는 유교적인 영향으로 인해서 단일민족, 단일국가, 한마음 한뜻을 상당히 강조하는 나라이다. 그리하여 다양한 인종, 다양한 사고를 인정하는 것을 어려워하며, 합심하고 하나로 뭉치는 것을 미덕이라 생각한다고 한다. 획일화된 교육이 당연시 되는 풍조는 어쩌면 여기서부터 출발되는 것이 아닌가도 싶다. 그러나 그 출발이 어찌 됐던 간에 문제점을 직시했다면 고쳐져야 하는 것이 마땅하다. 저마다 다른 색깔을 가진 학생들을 사회가 마련한 하나의 기준과 색깔에 끼워 맞추는 것은 절대적으로 옳은 교육이 되지 못한다. 방송이 앞장서서 교육의 문제성을 직시하고 문제가 되는 사고를 전환시키는 역할을 하는 것도 성에 차지 않을 마당에 방송이 앞장서서 교육의 획일화를 부추기고 있다니 이는 말이 안 되는 소리다. 공부 좀 못해도 괜찮아야 한다. 문제 하나 못 맞추더라도 괜찮아야 한다. 학교를 다니지 않고 공부를 하지 않는 청소년도 방송은 포용해야 한다. 너는 이것을 잘하고 나는 이것을 잘한다는 사고를 심어줘야 한다. 우리는 잘하는 게 다르다는 생각이 필요하다. 아무도 틀리지 않았다. 그저 다를 뿐이다. 학생들의 개성을 방송이 인정해야 비로소 사회가 인정할 것이다.

4. 별반 다를 것 없는 퀴즈 프로그램

처음에는 <도전! 골든 벨>은 기존과는 다른 퀴즈 프로그램이라 여겼다. 부저를 누르지 않고 개인용 칠판에다 자필로 글씨를 쓰며, 패널들이 스튜디오를 찾아가는 게 아니라 제작진이 학생들이 숨 쉬는 학교로 달려온다. 소개되는 학교의 문화를 알려주며 전교생과 함께 방송을 만들어 나간다. 이것만 봐도 얼마나 새로운 아이템인가. 그러나 기본이 되는 플롯의 구성은 기존의 퀴즈 프로그램과 다를 것이 없으며, 학생으로부터 학교라는 일상의 틀을 벗어나게 하는 하나의 수단이 되지 못했다.

누가 더 많은 문제를 맞히는 가하는 퀴즈게임의 형식을 <도전! 골든 벨>은 벗어나지 못하고 있다. 객관식, 단답형의 퀴즈게임이 아닌 논술형식의 이야기의 장을 펼치기 정도의 프로그램이라면 괜찮았을지도 모른다. 매일을 시험문제와 머리싸움 하는 학생들에게 단답형의 퀴즈게임은 또 다른 시험의 연장선상밖에 되지 않는다. 학교의 일상과 <도전! 골든 벨>은 실상 다를 바가 없다. 하나라도 더 정답을 맞히는 학생이 명예를 얻는 것이다. 성적이 나쁘면 알아주지 않는다. 이러한 패러다임은 일종의 스트레스가 된다. 청소년 프로그램으로서 학생들의 일탈구가 되어 주지 못하고 있다. 그저 학교홍보 프로그램으로써 이름날 뿐이다.

5. '골든 벨'. 청소년의 미래를 향해 울려야 한다

우리가 살아가야 할 인생에는 답안이란 없다. 인생은 주관식이고 그림은 자기가 그리기 나름이다. 모두가 제 각각의 작품이 있고 그것은 모두 인정되어야 할 가치이다. 방송은 청소년들에게 이를 가르쳐야 하고 더불어 용기를 주어야 한다. <도전! 골든 벨>을 볼 때마다 문제에 실패하여 주눅 들어 무대를 퇴장하는 학생들을 보며 참 마음이 아팠다. 그들이 무얼 잘못해서 문제 하나 틀렸다고 패배의식을 가져야 하는 건가. 문제풀이가 그렇게 중요한건가. 사회는 무한한 가능성을 가진 눈부신 십대들을 문제 하나로 저울질해서는 안 된다. 방송 역시 마찬가지다.

<도전! 골든 벨> 본래 기획의도대로 요즘 청소년들의 사고와 가치관, 문화들을 소개하여 기성세대와의 사이를 좁힐 참이라면 청소년들이 어떠한 생각을 갖고 있는지에 초점을 맞춰야 하는 것이 당연하다. 문제를 몇개 더 맞추느냐, 그로 인해 너 보다는 얘가 좀더 우월하다는 식의 등수재기는 이제는 시대착오적인 아이템이다. 현대를 살아가는 청소년들을 보라. 날로 개성이 다양해지고 있으며 자신의 고유함을 스스로 인정하려 노력하고 또 인정받으려 노력한다. 이러한 청소년들의 시대적인 흐름에 방송 프로그램도, 그리고 교육모양새도 부합해야 한다. 그러므로 청소년을 대상으로한 시사교양 퀴즈 프로그램을 만들 것이라면 어떤 현안에 대해 소개하고 이러한 현안에 대해 어떤 생각을 가지고 있느냐는 방식으로 프로그램을 진행하는 것이 더 맞겠다. 그리하여 실업계를 다니는 학생들도 특목고를 다니는 학생들도 방송은 똑같은 청소년의 입장으로 동등하게 대우하여 그들의 다양한 생각과 사고를 수렴하고 또 북돋아 주어야 한다. <골든 벨>은 이 점에서 크게 엇나갔다.

작년 즈음에 구미의 한 여고에서 골든 벨을 두 명이 울렸다고 인터넷 등에서 이슈가 된 적이 있었다. 학교는 두 명의 학생 덕에 큰 명성을 얻게 되었고 그 학교를 졸업한 내 친구들도 총망한 후배들을 자랑스러워하느라 여념이 없었다. 그들이 주목받는 이유는 도대체 무엇인가? 방송에서 만점 받는 것만이 청소년들의 히어로가 된다하니 그저 마음 아프다. 청소년 개개인 모두가 주목받을 수 있는 프로그램을 만들어야 한다. 꿈이 많은 청소년들을 위해서 그 싱싱한 젊음을 대변하리라는 <골든 벨>은 과연 제 역할을 하고 있는지 한없이 의심스럽다.

'고발'에서 '해결'로
시사 프로그램의 새로운 장을 열다
<긴급출동 SOS24>에 거는 기대와 우려

이선주

1. 들어가는 말

우리 방송의 시사 프로그램들은 그동안 일정한 변화를 거쳐 왔다.

초기의 시사 프로는 주로 한 가지 주제를 심층 취재한 후 고발하는 형식을 띠었는데, <PD 수첩>, <추적 60분>, <그것이 알고 싶다> 등 각 방송사의 간판 프로그램들이 그것이다.

그 뒤 세 가지 정도의 아이템을 정해 피디와 기자가 함께 취재와 진행을 하는 <시사매거진 2580>, <취재파일 4321> 등이 등장했다. 이 프로그램들은 심층 취재보다는 기동성과 소재의 다양성, 그리고 감동적인 요소를 겸비한 새로운 형식을 시도했다.

최근에는 시사정보와 미디어 비평 프로그램으로 그 영역이 확장된 것을 볼 수 있는데, <시사투나잇>, <W>, <암니옴니>, <미디어포커스> 등이 이런 유형의 시사 프로그램들이다.

이처럼 시사 프로의 변천사를 살펴보면 '단순 고발' 프로그램에서, '이슈 개발과 확장', 그리고 '정보의 제공과 자아비판'까지 일정한 패턴의 변화를 읽을 수 있다. 그러나 이들 모두 사회적 문제에 대한 '고발'을 주된 임무로 한다는 점에서는 기본적으로 일관된 흐름을 갖고 있다.

이들 프로그램은 문제를 의제화하고 관계당국의 관심과 처벌을 유도하는 것으로 언론의 공적인 역할을 담당해 왔다. 고발을 넘어서는 해결의 영역은 방송이 아닌 관계기관(사회)의 몫이었기 때문이다.

물론 방송이 어떤 문제에 대한 직접 개입과 해결을 담당한 사례가 없는 것은 아니다. 그러나 이는 주로 예능 프로에서 다뤄졌다. 말장난과 과잉벌칙, 선정성 등으로 꾸준한 비판을 받아온 예능 프로들이 이를 쇄신하기 위해 다양한 사회문제에 대한 예능적인 접근을 시도해 온 것이다.

대표적으로 '러브하우스', '책을 읽자-기적의 도서관', '아시아 아시아', '눈을 떠요', '우리 아이가 달라졌어요', '칭찬합시다' 등은 예능 프로이면서도 사회적 문제에 대한 관심과 공감을 불러일으키는 캠페인을 진행해 좋은 평가를 받았다. 이들 프로는 저소득층 가정의 주거환경 개선, 낙후된 지역의 도서관 건립, 장기이식에 대한 사회적 환기, 이주노동자들에 대한 관심과 지원 등 여러 사회문제들에 대해 긍정적인 관심을 갖게 하였다.

이들 프로그램이 사회에 끼친 파장은 시사 프로그램 못지않게 컸다. '공익'을 그 정체성과 상징성으로 하는 시사 프로그램은 '고발'에 머문 반면, '재미'를 정체성으로 하는 예능 프로그램들이 오히려 사회적 문제를 직접 개입해서 '해결'해 온 아이러니한 모습을 보인 것이다.

2. 고발→개입→해결→사후관리, <SOS>의 새로운 시도와 긍정적인 차별성

SBS의 <긴급출동SOS 24>(이하 SOS로 칭함)는 이런 시사 프로그램의 변화 경향과 예능 프로그램과의 경계선에서 유의미한 지위를 갖는 프로그램이다. 2005년 말 방송을 시작한 <SOS>는 사회적 차별의 가장 극단적인 형태인 '폭력'에 대한 고발과 치유를 목표로 삼고 있다.

<SOS> 제작진은 프로그램의 기획의도에서 "폭력의 문화는 가정과 학교, 사회에서 습득되며 학습되고 키워진다.……(중략) 즉 일상화된 개인적 폭력은 약자에 대한 강자의 폭력으로, 사회적 약자에 대한 사회 일반의 폭력으로 변질되어 가게 되는 것이다"라고 말하고 있다.

폭력은 개인의 문제가 아닌 사회의 문제이며, 사회적 약자에 대한 사회 일반의 폭력을 드러내고 이를 해결하는 것은 곧 우리 '사회'의 아픔을 치유하는 것이라는 <SOS> 제작진의 의도를 읽을 수 있는 대목이다.

군사독재를 경험하고 권위주의적인 사회문화가 강한 우리나라에서는 특히 사회적 약자에 대한 폭력이 심각한데, <SOS>의 피해자들 대부분이 여성, 아동, 노인 등 사회적 약자들이다.

이들에 대한 고발을 넘어 '해결'과 '사후관리'까지 목표로 내세운 <SOS>의 시도는 시사 프로그램의 역사에서 또 하나의 새로운 정형을 창출할 것인지 관심을 갖게 한다. 또한 <SOS>는 시사 프로그램으로서 다른 프로그램들과 다른 몇 가지 차별성을 갖는다.

우선 <SOS>는 물리적인 폭력뿐 아니라 감금, 방치, 강제노동, 데이트 강간 등 폭력의 범위를 넓게 잡았다는 점에서 의미 있는 시도를 하였다.

<SOS>는 다양한 형태의 폭력들에 주의를 기울인다. 특히 데이트 강간이나 쓰레기 모으는 엄마 등은 이제껏 우리 방송에서 다뤄지지 않았던 새로운 분야에 대한 고발이어서 의미가 있었다. 비록 물리적인 폭력이 없다 해도 당사자들에게는 폭력으로 느껴질 수 있는 상황을 조망하여 정형화된 폭력이 아닌 다양한 형태의 폭력을 드러냄으로써 '폭력에 대한 새로운 정의와 발견'을 하게 만든다.

둘째로, 유사 교양 프로그램과 달리 폭력을 직설적으로 고발하고 성찰한

다는 점이다.

<SOS>의 내용은 "세상에 어떻게 저런 일이……" 하는 탄식이 절로 나올 만큼 놀라운 사연들뿐이다. 그러나 그와 같은 탄식은 독특한 미담이나 가슴 찡한 휴먼스토리를 보여주는 <세상에 이런 일이>나 <TV특종 놀라운 세상>과 같은 프로그램과는 다른 차원의 것이다.

이들 프로에도 장애인이나 노인 등 사회적 약자들의 사연이 곧잘 등장하지만, 그 아픔을 정면으로 직시하는 대신 때로는 희화화하고, 자신이나 이웃, 혹은 가족들의 헌신적인 사랑이나 노력 등을 부각함으로써 불편보다는 감동을 하게 만든다. 이는 사회적 약자에 대한 비현실적인 판타지이다.

예를 들어 할아버지가 계속 폐품을 주워와 쌓아 놓는 바람에 잘 곳조차 없이 살아가는 노인 부부의 모습은 이들 프로에서는 휴먼스토리가 되지만, <SOS>의 관점으로 보자면 잘 곳조차 없이 내몰린 아이들에게 폐품을 계속 수집하는 엄마의 행동('쓰레기 모으는 엄마' 편)은 '폭력'적인 것이다.

이처럼 비슷한 경우를 두고도 <SOS>는 이들의 상황을 다른 시선으로 바라본다. 즉, 폭력을 정면으로 바라보게 하여 시청자들을 불편하게 하고 분노하게 만드는 것이다.

우리가 그저 웃고 지나치거나 쉽게 감동하는 사연들 속에 켜켜이 쌓여 있는 폭력성, 일상의 무관심속에 덮여 있는 잔인한 폭력의 존재를 다시 한 번 성찰하게 만드는 것이 <SOS>가 갖는 미덕이다.

셋째, <SOS>는 솔루션(solution) 프로그램을 내걸었듯, 단순 고발에 그치지 않고 전문가와 지역사회가 해결위원회를 꾸려 직접 개입한다는 면에서 차별성을 갖는다.

사법적 권한을 갖고 있지 않은 방송의 현실에서 고발자의 역할을 넘어 해결자나 처벌자의 역할까지 기대하기는 힘들다.

그러나 <SOS>는 문제의 해결을 위한 '솔루션 위원회'를 꾸리는데, 이 위원회에는 관련 분야의 전문가들뿐 아니라 동네의 동장 등 지역사회의 개입까지 포함된다. 지역사회 관계자의 개입은 사례에 대한 사후관리를 가능하게 한다는 점에서 매우 바람직하다. 사회적 폭력은 지속적인 사회적 관심을 필요로 하므로 일회성 개입에 그치지 않고 이들을 개입시키는 것은 폭력의 해결에 꼭 필요한 일이다.

3. 아직 2% 부족한 아쉬움

지금까지 <SOS>가 다른 시사 프로그램들과 어떤 차별성을 갖는지 세 가지 측면에서 살펴보았다. 그렇다면 <SOS>가 앞으로 더 분발하고 보완해야 할 점은 무엇이 있을까?

여러 새로운 시도들에도 불구하고 아직 <SOS>에는 부족한 부분이 많이 드러나고 있다. 특히 사회적 반향이 컸던 24회 ‘노예할아버지’ 편과 25회 ‘쓰레기 모으는 엄마’ 편의 예를 들어 구체적으로 살펴보도록 하겠다.

우선 피해자와 그 주변인물에 대한 세심한 배려와 선정성에 대한 보완이 필요하다.

‘노예할아버지’ 편에서는 수십 년 간의 학대로 정상적인 인지 능력을 갖지 못한 할아버지를 두고 “정신이 모자란다”는 자막을 내보냈다. 피해자의 인권을 세심하게 배려하지 않는 이런 표현은 이 프로그램의 의도를 무색하게 만든다.

‘쓰레기 모으는 엄마’ 편에서도 자녀들과 이웃들, 학교 선생님 등의 화면 처리가 제대로 되지 않아 모습이 그대로 노출되었다. 출연자들의 인권 보호에 더욱 세심한 배려가 필요하다.

또한 ‘쓰레기 엄마’ 편에서는 쓰레기로 가득 찬 집안모습을 십여 차례나 반복해서 보여주어 눈살을 찌푸리게 했다. 한 시간 정도의 방영 시간에 십여 차례나 같은 장면을 반복해서 보여주는 것은 과잉이다.

특히 극단적인 모습은 처음 두세 차례 보여준 것으로 상황을 충분히 파악할 수 있는데도 이를 계속 반복하는 것은 시청자를 불편하게 만들 뿐 아니라 불쾌하게까지 만든다. 폭력을 성찰하는 카메라가 오히려 폭력적일 수도 있음을 늘 유의해야 한다.

둘째로 2차적 낙인(stigma)의 위험이다.

<SOS>의 주인공들은 가해자이면서 피해자인 양면성을 가진 경우가 많다. 아버지의 학대를 경험한 아이가 엄마를 학대하거나, 쓰레기를 모으는 엄마 또한 수집강박증이란 병을 앓고 있는 정신장애인이기도 하다. ‘쓰레기 모으는 엄마’ 편을 보면 갑자기 들이닥친 제작진 때문에 불안해진 엄마가 과잉방어를 하게 되는데, 이런 상태의 엄마에게 쓰레기가 자식보다 더 중요하냐고 묻는 제작진의 질문은 오히려 “자식들 양육권 포기할 테니 다 데리고 가라”는 극단적인 발언을 유도할 뿐이다.

“아이들보다 쓰레기를 택하겠다는 엄마”와 같은 자막은 패륜적인 엄마의 모습을 부각시켜 재차 사회적 낙인을 찍게 만드는 행동이다. 또한 엄마와 대립하고 있는 큰 딸이 어린 동생들에게 “엄마 저렇게 쓰레기 모으는 거 싫어 좋아?”라고 묻는 장면은 언니와 엄마 사이에서 곤란해진 어린 동생들을 오히려 고통스럽게 한다.

제작진이 올바른 개입을 하려면 엄마의 병리적인 현상에 대해 자녀들이 이해하도록 도와야 한다. 엄마의 문제행동을 자식 입으로 단죄하려는 것은 패륜적인 관점이며 시급하게 치료가 필요한 환자인 엄마를 오히려 비난하는 일이다.

세 번째 문제는 사례에 관련된 정보를 풍부하게 제공해야 하는 점이다.

<SOS>는 고발을 넘어 해결을 도모하는 프로그램이다. 그러기 위해서는 사건의 현상만 다룰 것이 아니라 본질과 예방책까지 제시하는 것이 필요하다. 쓰레기 모으는 엄마 편을 볼 때 시청자로서 가장 궁금했던 점은 수집강박(Compulsive Hoarding)이 무엇인지, 왜 저런 병을 앓게 되었는지 그 원인에 대한 것인데 관련 정보가 제공되지 않았다.

이 병을 앓는 환자는 어떤 초기 증상을 보이는지, 혹 이상 증세를 보일 때 가족이나 주변에서 대처하는 방법은 무엇인지 등을 알려줬다면 비슷한 사례의 시청자들에게 도움이 될 수 있었을 것이다. 그러나 문제점만 선정적으로 부각시키려다 보니 필요한 정보제공에는 소홀했다. 폭력을 사회적인 문제로 바라본다면 개입의 방법도 사회적이어야 하듯, 우리 사회에 존재하고 있을 유사사례들에 도움이 되기 위해서는 시청자들에게 풍부한 정보가 제공되어야 한다.

네 번째로 인권의 사각지대, 복지의 사각지대에 있는 우리 이웃들에 대한 지역사회의 역할을 더 강조하고 비판해야 하는 점이다.

'쓰레기 모으는 엄마' 편이나 '노예 할아버지' 편 모두 동네 사람들이 이들의 문제를 알고 있었음에도 방치되어 왔다. 노예할아버지의 이웃들은 할아버지에게 가해진 수십 년 동안의 폭력을 문제의식 없이 일상적으로 받아들이고 있었으며 가해자에게 온정적인 태도를 보이기까지 하였다. 지역사회복지시스템이 제대로 작동하기만 했다면 할아버지가 수십 년 동안 한 동네에서 학대받는 일은 없었을 것이며, 쓰레기 모으는 엄마의 아이들도 위험하게 방치되지 않았을 것이다.

앞서 말했듯 <SOS>가 다른 개입프로그램들과 다른 점은 지역사회의 개입을 끌어낸 점이다.

'러브하우스'의 해결은 지역사회의 지지체계가 아닌 특정 전문가의 도움을 받는 1회적인 것으로 지속적인 사후관리가 불가능하다.

그러나 <SOS>의 솔루션위원회는 동장, 사회복지사, 경찰 등 지역사회에 존재하는 지지체계를 활용해 지속적인 관리를 하도록 하였다. 노예할아버지에게 제공된 지역 복지시설의 요양과 치료, 쓰레기 모으는 엄마에게 제공된 동사무소의 지원과 사후관리 약속 등 지역사회의 자원을 이용한 보장은 의미가 크다.

이는 지역사회가 폭력의 피해자에게 끔찍한 감시망이며 저항할 의지를 잃게 하는 무기력의 원인이 될 수도 있지만, 평화로운 공동체일 때 구성원의 문제를 해결해 주는 복지의 주체가 될 수도 있음을 보여 준다. 폭력에 대한 지역사회의 관심과 노력은 아무리 강조해도 지나치지 않다. 더욱 더 지역사회의 역할에 대한 관심과 비판을 기울여야 한다.

마지막으로 제도적인 문제점을 개선해 제2, 제3의 사태를 방지하도록 노력해야 하는 점이다.

<SOS>는 문제에 대한 해결과 개입을 목적으로 하는 프로그램인 만큼 해결을 방해하는 현실적인 문제를 밝혀내고 이에 대한 개선 방안을 짚어내는 것이 꼭 필요하다.

쓰레기 모으는 엄마의 경우 위험한 환경에서 양육되고 있는 아이들을 시급하게 격리해야 하는데도, 보호자인 남편이 동의해야만 개입할 수 있어 어려움을 겪었다. 방치된 아동들의 보호와, 치료가 시급한 환자의 인권보다 보호자의 동의 여부가 우선인 현 법제도의 비현실성이 문제로 드러난 것이다.

방송을 통해 이런 제도상의 문제에 대해 알리고 개선책을 마련하도록 적극 노력하는 것이 제2, 제3의 사태를 제도적으로 예방할 수 있는 길이며, 사후개입보다는 사전예방이 진정한 의미의 솔루션이 될 수 있을 것이다.

4. 맺으며-폭력을 일관되게 치유하는 프로그램이 되길

지금까지 <SOS>가 시사 프로그램의 영역에서 갖는 차별성과 보완점에 대해 살펴보았다.

<SOS>는 방영초기부터 사회적으로 큰 반향을 불러일으켰다. 특히 지난 5월 2일 방영된 제24회 '현대판 노예할아버지'의 경우는 노인인권문제, 노인복지시스템문제, 지역복지 전달체계의 문제 등 우리 사회 곳곳에 자리 잡은 복지의 사각지대와 그 시스템의 문제를 다시 한 번 들여다보게 하였다.

‘노예할아버지’ 편이 방영된 후 정치권은 독거노인들의 복지급여 전달에 대한 집중 점검과 노인 보호 전문 기관을 설치, 학대 노인 보호와 대국민 홍보를 강화하는 등의 대책을 발표했다.

사회복지정책의 신설을 끌어낼 만큼 방송의 사회적 파장이 얼마나 큰지, 또한 방송이 가져야 하는 사회적 책임이 얼마나 막중한 것인지 새삼 깨닫게 하는 일이다.

최근 시사 프로그램들이 고전하고 있는 상황에서 <SOS>가 처음의 마음을 잃지 않고 우리 사회의 ‘폭력’을 일관되게 치유하는 진정한 솔루션이 되길 바라는 마음 간절하다.

아는 만큼 보인다고 다양한 형태의 폭력을 제대로 인식할 수 있을 때 우리 사회의 인권에 대한 감수성도 더 풍부해지고 민감해질 수 있을 것이다.

사건의 단순한 해결이 아닌 ‘올바른 해결’을 위해 더욱 노력할 때, <SOS>는 진정한 솔루션으로 시사 프로그램의 한 페이지를 장식하게 될 것이다.

팩션-영웅신화에 대한 재해석

이준목

1. 현실적인 시대의 욕망 반영하는 퓨전 사극

요즘 안방극장은 그야말로 시대극의 전성시대다. 지난 한 해 동안 <해신>, <서동요>, <불멸의 순신>, <신돈> 같은 다양한 작품들이 등장하며 대중들의 많은 사랑을 받았고, 올해는 고구려 역사를 연대기 형식으로 구성한 4편의 작품들이 비슷한 시기에 잇달아 제작되며 시대극 열풍을 실감하게 하고 있다.

종래 조선 시대의 궁중야사와 정치투쟁에 천착하던 과거의 패러다임과 달리, 현대의 시대극은 2000년대 이후의 '탈(脫) 조선화' 바람을 등에 업고 고려, 통일신라, 삼국 시대에 이르기까지 그 범위를 확장해 왔으며, 소재에 있어서도 정치사 위주의 이야기 전개에서 벗어나 당대 민중들의 세속사와 인물 중심의 이야기로 그 영역을 넓히고 있다.

최근 시대극의 특징은, 안방극장의 '블록버스터'로서 웅장한 스케일과 볼거리를 두루 갖춘 대형 사극, 고증과 재현에 연연하기보다 현대적인 정서와 상상력을 가미한 퓨전 사극으로 정의 내려진다. 안방극장에 이처럼 새로운 시대극이 유행하게 된 배경은, 최근 대중문화 전반에 불고 있는 팩션 열풍(Faction)과 연관 지어서 생각할 수 있다.

2. 팩션 - 역사적 사실과 자유로운 상상력의 만남

종래 팩트(Fact)와 픽션(Fiction)을 합성한 신조어로, 역사적 사실이나 실존 인물의 이야기에 작가의 상상력을 덧붙여 재창조하는 기법을 가리기는 팩션은, 이제 그 자체로서 하나의 고유한 문화예술장르로 자리 잡은 지 오래다.

팩션은 그동안 주로 소설에서 시도했던 기법이었으나 최근에는 영화, TV드라마, 연극 등 다른 문화예술 분야로까지 폭넓게 확산, 변주되며 현재 대중문화 전반에서 가장 주목받는 트렌드로 급부상했다.

영화로도 제작되어 화제를 모은 댄 브라운의 베스트셀러 <다빈치 코드>나, 1천만 관객을 동원하며 한국 영화의 흥행 기록을 갈아 치웠던 <왕의 남자>는 모두 팩션물의 전형을 보여준 대표적인 성공사례로 이야기할 수 있다.

<다빈치 코드>는 중세 기독교의 비밀과 관련된 야사에서 출발하여, 음모이론을 결합한 추리적인 구성으로 대중의 호기심을 자극했다. 연극과 영화로 제작된 <왕의 남자>는, 『조선왕조실록』「연산군일기」(60권 22장)에 짧게 등장하는 궁중광대 공길의 기록을 바탕으로, 동성애 멜로와 정치풍자극을 결합한 새로운 형태의 사극을 탄생시키며 화제를 불러일으켰다.

그럼 대중들은 왜 팩션에 열광하는 것일까? 팩트에 충실한 작품은 이야기를 풀어나갈 수 있는 여지가 좁기 때문에 극적 구성의 재미가 덜하다는 단점을 지닌다. 반면 픽션은 철저히 작가의 상상력만으로 만들어지기 때문에 진실성이 결여되기 쉽다.

팩션은 분명한 역사적 실화에 기초하고 있다는 점에서 대중에게 리얼리티에 대한 신뢰감을 안겨주는 반면, 반드시 고증과 재현에 연연하기보다 작가적인 상상력을 바탕으로 이야기를 풀어나간다는 점에서 픽션의 장점까지 두루 갖추고 있다는 것이 최대의 매력이다.

안방극장에서도 최근 이러한 트렌드에 힘입어 팩션 장르가 새롭게 주목받고 있다. 장르 특성상, 국내 드라마에서 팩션이라는 기법을 가장 유용하게 구사할 수 있는 분야는 역시 시대극이다. 안방극장에서 본격적으로 팩션물의 가능성을 선보인 것은, 2000년대 이후 <태조 왕건>과 <허준>을 시작으로 <대장금>, <다모>, <상도>, <해신>, <신돈> 등으로 이어지는 '퓨전 사극'들이었다.

<태조 왕건>과 <제국의 아침>, <무인시대>(이상 KBS), <신돈>(MBC)으로 이어지는 '고려사 시리즈'는, 오랫동안 조선 시대에 편중되어있던 국내 사극에서 처음으로 새로운 시대 범위와 소재를 배경으로 한 작품의 성공 가능성을 입증했다는데 의미가 있다. 종래 역사에서 악역의 이미지로 그려지거나 제대로 평가받지 못했던 궁예, 견훤, 광종, 최충헌, 신돈 같은 실존인물들을, 영상매체 속에서 살아 숨쉬는 캐릭터로 복원했을 뿐 아니라 현대적인 시각으로 재해석해낸 상상력은 시청자들에게 신선한 반향을 불러일으켰다.

또한 <허준>과 <대장금>(이상 MBC), <해신>(KBS), <서동요>(SBS) 같은 작품들에선, 종래 정치사와 지배 계층 위주의 거시적 사관에서 벗어나, 민중들의 삶과 풍속사 위주의 미시적 역사관으로 접근하는 이야기 구조로 주목받았다. 궁중문화와 전문직 집단의 장인정신을 비롯하여 선조들의 삶이 담겨있는 전통의학과 궁중요리, 민생치안, 과학기술, 해상무역을 넘나드는 다양한 소재를, 특정 인물들의 전기 드라마라는 형식 속에 흥미진진하게 녹여낸 이 작품들은 시대극의 새로운 패러다임을 제시하며 많은 사랑을 받았다.

그러나 허준과 서장금, 장보고, 서동(무왕) 등은 역사 실록에 등장하는 실존인물이지만, 드라마 속 인물들의 이야기는 결국 작가가 만들어낸 완벽한 허구의 세계다. 여기서 드라마가 역사적 기록과 반드시 일치하지 않는다는 것은 이런 작품들 속에서 그리 중요하지 않다.

팩션은 다큐멘터리나 논문과 달리, 비록 실화 혹은 실존 인물에서 출발하고 있다할지라도, 기본적으로 드라마의 극적 문법에 맞추어 완전히 새롭게 창조해낸 가상현실이기 때문이다. 등장인물들의 캐릭터와 배경의 디테일에 이르기까지, 고증은 단순한 역사적 기록의 나열이나 재구성이 아니라 작품의 기획의도와 주제의식을 강화해 주기 위한 수단으로써 다채롭게 응용된다.

오늘날 사극의 시대 배경이 점차 삼국시대를 비롯하여 고대로 거슬러 올라가고 있는 것도 이와 무관하지 않다. 최근 드라마의 인기 배경이 되고 있는 고대는 우리에게 역사적 기록보다 신화로써 남아있는 미지의 세계다. 조선시대처럼, 철저한 사료와 고증에 기초한 리얼리티 중심의 정통사극과는 달리, 고대는 계급제도의 모순과 전쟁 스펙터클 등의 요소를 적극 활용할 수 있고, 때로는 판타지적인 상상력을 가미하거나, 비극적이고 운명적인 멜로라인을 풀어나가기에도 용이하다.

조선시대나 한국의 근현대사에 비하여, 과거에 대한 자료가 상대적으로 적은 시대로 거슬러 올라갈수록 역사적 재구성에 대한 대중의 선입견도 적다. <해신>이나 <서동요> 같은 작품 속에서 제작진은 좀 더 자유분방한 상상력과 현대화된 감수성을 바탕으로 이야기를 풀어나갔다. 극중 인물들의 캐릭터와 복식, 대사와 멜로 구도 등에서 느껴지는 감수성은 알고 보면 현대의 그것과 크게 다르지 않다.

최근 시대극의 주류를 이루고 있는 '퓨전 사극'은, 이처럼 역사적 재현의 강박관념에서 벗어나 자유로운 상상력을 중시하는 팩션의 매력에 충실한 구성을 취하고 있다는 게 특징이다.

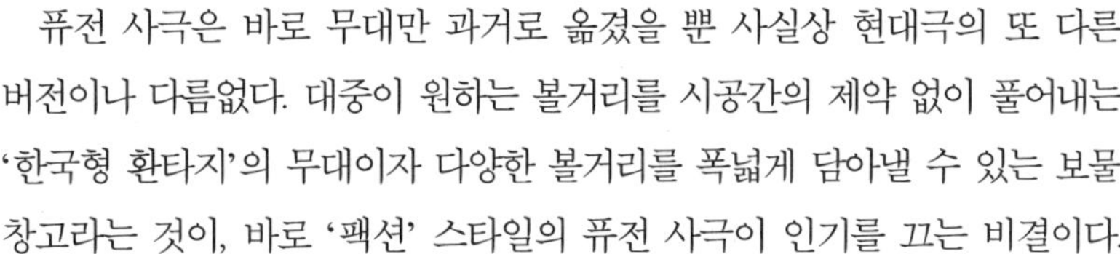

퓨전 사극은 바로 무대만 과거로 옮겼을 뿐 사실상 현대극의 또 다른 버전이나 다름없다. 대중이 원하는 볼거리를 시공간의 제약 없이 풀어내는 '한국형 환타지'의 무대이자 다양한 볼거리를 폭넓게 담아낼 수 있는 보물 창고라는 것이, 바로 '팩션' 스타일의 퓨전 사극이 인기를 끄는 비결이다.

3. 영웅 신화의 재발견

지난해부터 새롭게 등장하고 있는 시대극의 두드러진 경향 중 하나는, 바로 '영웅 신화의 재발견'이다. 지난 한 해 동안 방영되었던 <해신>과 <불멸의 이순신>, <신돈> 같은 작품을 비롯하여 최근 방영 중인 <주몽>에 이르기까지 역사 속에서 두드러진 활약을 보였던 입지전적인 영웅들의 전기 드라마가 주류를 이루고 있다.

현실이 고단하고, 사회가 혼란할수록 대중들은 점차 과거 지향적이 되는 경향이 있다. 한 시대를 풍미했던 영웅들의 삶을 지켜보며, 대중들은 새로운 리더십에 대한 동경과 함께, 역경을 극복하고 승리를 쟁취하는 과정의 대리만족을 체험하게 된다. 실존했던 인물들의 이름 위로 드라마틱한 픽션을 가미한 최근의 시대극은, 영웅의 탄생과 고난, 승리, 좌절의 희로애락을 시청자와 함께 나눈다.

극중 인물들은 대개 지극히 밑바닥에서 출발하여 성공 신화를 일궈낸 진취적인 '개척자형' 영웅상으로 그려진다. 비참한 선창 노예에서 시작하여 동북아시아 해상무역의 패권을 장악한 장보고, 해군 역사상 최고의 명장이라는 평가에도 불구하고 끊임없는 정치세력의 견제에 시달려야했던 이순신, 출생의 비밀과 신분의 차이라는 온갖 역경을 딛고 선화공주와의 사랑을 쟁취했던 무왕, 고려말기 공민왕을 도와 사회개혁의 초석을 쌓았던 신돈에 이르기까지, 이들은 모두 당대의 기득권 세력에 맞서 싸웠던 소수자의 입장에서 그려질 뿐 아니라, 시대 요구와 민중의 삶을 대변하는 인물들로 등장한다.

그러나 드라마는 이러한 인물들의 일대기를 현대적인 시각으로 재해석하는 과정에서, 단순히 찬란한 성공과 무용담을 나열하는데 그치지 않고 그 이면에 숨겨진 외로운 내면과 인간적인 고뇌를 통해 인물들을 다시 조명하려고 한다. 종래 승자의 기록이나 사대주의적인 사상에서 벗어나 보다 '현실적이고 인간적인 영웅'을 복원해내는데 그 핵심이 있다.

팩션 스타일의 사극에서 보다 관심을 가지는 것은, 거대한 역사의 흐름에 묻혀 제대로 평가받지 못했거나, 혹은 편향적으로 묘사되었던 인물(혹은 사건)들에 대하여 과감한 재평가에 있다. 주인공들은 그저 남들과 다른 비범하고 완벽한 영웅이 아니라, 저마다 보이지 않는 콤플렉스와 약점에 시달리는 유약한 면도 지닌 인물로 그려진다.

<불멸의 이순신>에서는 초기 거북선의 침몰 같은 이순신의 실패와 시행착오를 통해 이순신의 젊은 시절을 우유부단하고 불완전한 성격으로 묘사한다. <해신>의 장보고에는, 계급제도의 철폐를 통하여 귀족들의 기득권에 저항하던 개혁가와 체제 전복을 꿈꾸는 반역자의 모습이 엇갈린다. <서동요>에서는 선화공주와의 사랑과 백제-신라 간의 국익 사이에서 고뇌하던 무왕의 모습이 있다.

여기서 인물들은, 모두 우리가 흔히 생각하는 단순 명료하고 모범적인 영웅상과는 다소 거리가 있다. 특히 감정에 쉽게 휘둘리며 시행착오를 거듭하는 주인공들의 젊은 시절을 묘사하는 시선은, 다분히 감수성이 예민한 현대의 젊은이들을 연상시킨다.

올해 5월 종영한 <신돈>은, 최근 시대극을 통틀어 가장 미묘하고 다중적인 개성을 지닌 주인공을 제시하여 눈길을 끌었다. 고려사에서 요승의 이미지로 그려지는 신돈의 삶을 재조명한 이 작품에서 주인공인 신돈 '편조'는, 이순신이나 장보고같이 철저하게 대의명분에 충실한 고전적 영웅상도 아니었고, 자미부인(해신)이나 사택기루(서동요)처럼 개인의 욕망에 충실한 야심가도 아니었다.

알 수 없는 선문답과 초인적인 능력, 시니컬한 냉소와 연민이 뒤섞인 모습으로 세상을 바라보는 그의 시선은, 인물의 정체성에 대한 평가를 끝까지 의미심장하게 만드는 독특한 '반영웅'적 캐릭터로 눈길을 끌었다. 신돈과 동반자 관계를 이루는 공민왕 역시, 초기의 개혁 군주에서 권력의 풍파와 잃어버린 사랑 속에 무너져가는 비극적 로맨티스트로서의 다중적인 캐릭터로 묘사한다.

명분과 현실의 사이에서 고뇌하며 영웅과 반영웅의 경계를 넘나드는 복합적인 인물들이 등장하고 있는 것은, 최근 역사적 기록에 얽매인 묘사에서 벗어나 영상매체가 상상력에 기초하여 인물을 현대의 감수성으로 재구성하는데 유래한다.

주인공에게 드러내는 약점과 결함들은 실존인물들이 남긴 업적이나 가치를 비하하기 위한 수단으로써가 아니라, 오히려 인물들에 인간적인 매력을 부과하는 요소로써 작용한다. 한 시대를 풍미한 영웅이었지만 결국 모든 행복을 다 가질 수는 없었던 인물들의 꿈과 좌절은, 과거 멀게만 느껴지던 거대한 신화의 그늘에서 벗어나, 동시대 대중들의 정서와 밀접한 유대관계를 지니는 인물들로 재창조되고 있는 것이 최근 영웅 사극의 특징이다.

4. 사실과 픽션 사이의 균형감각

여기서 드라마는 저마다 뛰어난 재능과 노력에도 불구하고 시대의 운을 타고나지 못해 시련을 겪어했던 미완의 영웅들을 바라보는 애석함과 연민을 드러낸다. 시대와 충돌하는 비극적인 영웅의 모습은, 흔히 영웅 신화가 빠지기 쉬운 달콤한 대리만족의 판타지에서 벗어나 우리가 살고 있는 현실에 대한 끊임없는 문제제기의 형식으로 나타난다. 이것은 과거시대를 배경으로 하는 영웅 신화라 할지라도 역시 당대 대중들의 현실적인 욕망을 투영하는 거울임을 드러낸다.

<불멸의 이순신>이나 <태조 왕건>같은 작품을 통하여 새로운 리더십과 지도상의 확립에 대하여 생각해 보게 되고, <신돈>을 통해 개혁이라는 화두가 시대를 관통하는 키워드임을 상기하게 만든다. 신돈이나 장보고 같은 역사 속의 실패한 권력자(혹은 개혁가)들은 왜 좌절할 수밖에 없었는지 현대적인 시각에서 분석해 보는 것은 최근의 사극을 감상하는 중요한 키포인트이다. 곧 팩션 사극의 성공은 동시대의 사회적 이슈를 얼마나 작품 속에 효과적으로 조화시키는가에 달려 있다고 해도 과언이 아니기 때문이다.

국내의 대중들이 이처럼 팩션 형태의 사극에 열광하는 이유는, 곧 한국인 특유의 역사적 체험과 무관하지 않다. 고대에서 근현대사에 이르기까지, 어느 민족 못지않게 다양한 역사적 체험을 겪어오면서 살아온 한국인들은, 현실의 정서가 반영되어 있는 이야기를 선호하는 특성이 있다. 이것은 미국이나 중국에서, 리얼리티보다는 예술적 상상력과 창의성이 중시되는 SF나 무협 판타지에 열광하는 것과 대비되는 현상으로 이야기할 수 있다.

여기서 딜레마는 결국 사실과 픽션 사이의 균형감각으로 되돌아온다. 팩션은 사실과 픽션 중 어디에 방점을 찍느냐에 따라 뚜렷한 시각 차이를 동반한다. 대개 '만드는 이'의 입장에서는 대체로 역사적 사실의 재현보다는 표현의 자유에 기초하여 작가적 상상력이 발휘되는 픽션에 더 비중을 두게 마련이고, '보는 이'들은 영상매체가 자의적으로 역사를 왜곡할 수 있는 가능성에 민감하게 반응하기 마련이다.

다큐멘터리가 아닌 대중문화로서의 드라마에서, 시청자들은 어차피 역사적 사실보다는 극적 재미에 더 쉽게 반응하고 열광하기 마련이다. 문제는 드라마가 이러한 극적 구성에 치우친 나머지 균형감각을 잃는 것이다.

<신돈>은 고려와 원의 갈등관계를 부각시키고 신돈을 복원하는 과정에서, 고려인 출신의 기황후를 일방적이고 전형적인 악역으로 묘사했다, <불

멸의 이순신>의 경우, 일본군을 격파하는 조선 수군의 무용담을 통해 대중들에게 짜릿한 카타르시스를 선사했으나, 이순신의 일대기와 리더십을 새로운 각도에서 조명하려던 초기의 기획의도는 퇴색된 채, 중반부부터 반일 감정과 민족주의적 감성에 기댄 고전적 영웅담으로 우향우했다. 시청률이라는 유혹에서 자유로울 수 없는 영상매체의 특성상, 극적 재미를 위하여 드라마가 현실과 타협하거나 자칫 일방향적으로 흐를 수 있는 위험을 보여준 것이었다.

여기에 최근 들어 잇달아 제작되고 있는 '고구려 사극'은 대부분 고대 영웅들의 투쟁과 무용담을 다루고 있는 전쟁 사극들이다. 동북 공정과 독도 분쟁 등으로 우리 역사에 대한 경각심이 높아지고 있는 지금, 한국사에서 가장 진취적이고 역동적인 시대를 살았던 고구려인들의 이야기는 우리 고대사에 대한 자긍심과 올바른 역사인식을 심어주는 긍정적인 작용을 할 수 있다. 하지만 한편으로는 자칫 국수주의적이고 폐쇄적인 역사인식으로 흐를 경우, 오히려 대중들에게 역사를 지나치게 미화하거나 선동적인 감성으로 흐를 위험성도 경계해야한다.

드라마는 물론 그 자체가 현실은 아니다. 그러나 영상매체가 가진 놀라운 파급력이 우리의 역사의식과 가치관에 적지 않은 영향을 끼치게 될 때, 드라마는 결코 드라마로만 끝난다고 볼 수 없다. 시대극은 결국 작가와 제작진이 지닌 역사관의 반영이고, 그것이 바로 우리가 속한 공동체에 대한 진지한 현실인식이자, 문제제기이기 때문이다.

대중의 지지(시청률)와 바른 역사 인식, 두 마리 토끼를 모두 잡아야하는 현실은, 시대극이 태생적으로 짊어지고 가야할 딜레마이다. 그러기 위해서는 오늘날 시대극의 주류가 되는 팩션이, 그저 단순히 역사의 기록으로부터 극적 소재를 빌리는 차원에 그쳐서는 곤란하다.

"역사는 과거와 현재의 끊임없는 대화"라고 이야기했던 E. H. 카의 격언처럼, 시대극은 과거의 신화들을 예찬하며 결과론을 늘어놓는데 그치는 것이 아니라, 선조들의 삶 속에 남은 역사적 교훈과 의의를 탐구하는데 그 의의가 있기 때문이다. 오늘날 각박한 현실 속에서 역사의 무대를 통해 희망을 찾는 대중들이 늘어날수록, 작가와 제작진의 공적인 책임감과 균형 있는 역사인식이 절실히 요구된다.

폭풍의 하늘에 걸린 무지개

KBS 2TV <부부클리닉 사랑과 전쟁>에 관한 소고

이태연

1. 들어가며

가족이란, 더불어 살아가는 인간 사회에 있어서의 최소의 집단이자 구성
단위이다. 그렇기 때문에 개인과 사회 모두에게 가족은 매우 중요한 의미를
지닌다. 가족과 가정이 아늑한 보금자리로서의 역할을 해낼 수 있을 때,
개인과 사회는 비로소 안정적인 관계를 맺고 발전할 수 있게 되는 것이다.

그런데 최근의 한 조사결과에 따르면 한국인 네 명 중 한 명은 자신이
'불안한 상태'에 있다고 생각하는 것으로 밝혀졌다. 사람들의 생활에 있어
가족과 가정이 차지하는 비중을 생각할 때, 이는 세계경제협력개발기구
(OECD) 국가 중 이혼율 2위, 세계 최저 수준의 출산율(1.08명), 점차 높아져
만 가는 결혼 연령 등 우리나라의 전통적인 가족제도 및 가족관의 붕괴
양상과 무관하지 않을 듯싶다. 평균적으로 매일 스물세 쌍이 결혼하고 열네
쌍이 이혼한다는 통계도 있을 정도이며, 가정에서의 대화의 부재나 가정
폭력 문제의 대두 등 수많은 가정 문제들이 사회 문제로 확대되고 있는

것 역시 안타깝지만 분명한 현실이다.

이런 안타까운 현실 때문일까, 매주 금요일 밤 늦은 시간에 방영되는 KBS 2TV의 <부부클리닉 사랑과 전쟁>(이하 <사랑과 전쟁>)은 6년이 넘는 방송 기간 내내 적지 않은 관심과 사랑을 받아 왔다. 제작진이 기획의도에서 밝히고 있듯, "부부 사이에서 일어날 수 있는 크고 작은 문제들을 드라마로 재구성해서 보여주고, 이를 화해-조정하는 클리닉 과정을 통해 결혼의 진정성을 모색하고 사회적 담론을 이끌며, 성 주체성의 건강한 회복을 도모하여 부부의 재발견 및 건강한 가정을 위한 공존의 룰을 제시하고자" 한다는 이 드라마의 목표는, 오늘을 살아가고 있는 수많은 부부들의 관심사인 동시에 지향점이기도 할 것이다. 그러나 <사랑과 전쟁>은 이혼 조정과정을 통하여 부부간의 분쟁을 다룬다는 특수한 설정에서 기인하는 잠재적 문제점들을 지니고 있기도 하다. 툭하면 불거져 나오는 선정성 시비가 바로 그 전형적인 예라 할 수 있다.

그렇다면 <사랑과 전쟁>이 지니고 있는 미덕과 한계는 무엇이며, 과연 그 본래의 목적 달성을 위하여 나아가야 할 바람직한 방향은 무엇일까.

2. 미완성의 드라마가 주는 성찰의 기회

<사랑과 전쟁>은 한낱 이야깃거리에 불과할 수도 있는 부부간의 문제를 드라마로 재구성하는 데 그치지 않고, 그것에 대한 시청자들의 성찰과 판단을 요구한다는 특징을 지닌다. 전형적인 드라마트루기의 구조가 '발단-전개-절정-결말'이라면, <사랑과 전쟁>은 그 결말을 생략한 형태를 지닌다. 그리고 드러나지 않은 결말은 온전히 시청자의 몫이 된다. 드라마 속의 부부가 4주간의 조정기간을 거친 뒤 끝내 이혼을 하게 될 것인가의 문제는 시청자 스스로 드라마 속의 인물이 되어 선택하고 결정할 문제로 남겨진다. 말하자면, 시청자는 제작진이 결정해 놓은 결론을 수동적으로 따르는 것이

아니라, 스스로 생각하여 그 나름의 결론을 제시할 수 있는 것이다.

즉, 시청자는 매주 방송되는 <사랑과 전쟁>을 통하여 부부간에 겪을 수 있는 여러 문제들을 간접적으로 체험하게 되며, 자신이 등장인물이라면 어떤 선택을 해야 하는지에 대하여 심사숙고할 기회를 가진다. 드라마 속의 주인공들이 4주간의 조정기간을 갖듯이, 시청자는 1주일간의 기간을 갖는 것이다. 물론 드라마는 허구이며 가상이기에, 대부분의 시청자들이 그 내용을 자신의 실제 생활처럼 심각하게 받아들일 리는 없다. 그러나 오히려 그것이 가상으로 조작된 허구임을 잘 알고 있기에, 시청자들은 그 내용에 대하여 객관적으로 접근할 수 있고 명확한 결론을 내릴 수도 있다. 아울러 이러한 간접 체험들이 축적됨으로써 시청자는 자신의 실제 결혼 생활에서 야기될 수 있는 문제들에 대해 진지하게 미리 생각해 볼 기회를 갖게 된다. 말하자면, <사랑과 전쟁>은 너무나 진부하고 통속적일 수 있는 주제를 다루면서도, 시청자들에게 끊임없는 성찰과 반성의 기회를 제공하고 있는 것이다.

<사랑과 전쟁>이 지니고 있는 가장 큰 미덕은 바로 여기에 있다. 단순히 현실의 재구성에 그치지 않고 시청자들의 상상과 결정을 이끌어냄으로써 자발적인 해결책의 모색을 꾀한다는 것이다. 또한 홈페이지를 통하여 '이혼찬반투표'를 실시하고 그 결과를 다음 방송분 말미에 제시함으로써, 문제에 대한 우리 사회 전반의 시각과 해법을 도출하도록 유도한다는 점도 간과할 수 없는 장점이다. 이는, 제작진과 작가가 만들어낸 결론을 일방적으로 흡수하고 수긍할 수밖에 없는 일반적인 드라마가 결혼생활의 전형을 제시함으로써 시청자들이 이를 무의식중에 모방 내지 변용하도록 만드는 것과는 큰 차이가 있다. 결론이 만들어지지 않았기에 <사랑과 전쟁>은 언제나 미완성의 드라마이며, 그 미완성의 드라마를 완성하는 것은 바로 시청자들의 상상과 선택, 더 나아가 우리들 모두의 실제 결혼 생활이 되는 것이다.

3. 아득한 사랑의 미로

<사랑과 전쟁>을 볼 때마다 느끼는 가장 아쉬운 점은, 이 드라마가 제시하는 대부분의 소재가 극단적이고 비현실적인 것이라는 점에 있다. 즉, <사랑과 전쟁> 속의 설정은 대부분의 사람들이 실제로는 경험하기 힘든 사건들이고, 그렇기에 이 드라마 본래의 기획의도와는 달리 시청자들이 선뜻 이에 공감하기보다는 오히려 흥미로운 남의 얘기쯤으로 받아들이기 쉽다는 것이다. 예컨대 남편이 결혼 전 호스트 바에서 일했다거나(제314화 '리키라 불리던 남편'), 수혈로 인해 에이즈에 감염되었다거나(제317화 '일편단심 민들레'), 시동생이 자신의 여동생과 불륜관계에 있다거나(제326화 '시동생과 처제'), 심지어 임신했다고 속이고 결혼한 아내가 영아를 납치한다는(제328화 '사기결혼') 등의 설정은 그와 유사한 실제 사건들이 존재함에도 불구하고 드라마로서의 최소한의 개연성만을 충족시킬 뿐, 대부분의 시청자가 현실로 받아들이기에는 힘든 것이 사실이다. 느닷없이 남편의 친모가 나타난다든가(제335화 '두 시어머니'), 복권에 당첨된 남편이 불륜을 저지른다는(제336화 '인생역전') 설정 역시 대다수 시청자들에겐 그야말로 상상 속에서나 가능한 일이다.

더욱이, 그러한 비현실적이고 극단적인 문제 상황들은 대부분 결혼 생활의 시작에서부터 잠재되어 있는 경우가 많다. 말하자면 <사랑과 전쟁>에서 제시되는 부부간의 문제와 갈등은, 대부분 결혼 상대자 자체의 그릇된 선택으로 인한 필연적인 갈등인 것이다. 즉, 결혼 전의 연인을 잊지 못하는 배우자(제310화 '남편을 훔친 아내', 제325화 '사마귀의 키스', 제327화 '남편의 월급이 새고 있다' 외 다수) 혹은 결혼에 내재된 비밀과 음모(제315화 '이 여자가 사는 법', 제316화 '아내의 남자들', 제328화 '사기결혼', 제333화 '위험한 결혼' 외 다수) 등에 의하여 사건은 필연적으로 발생한다. 이러한 설정은, 실제 결혼 생활 과정에서 야기되는 사소하고 복잡다단한 갈등이 부부 문제의

대부분을 차지하는 시청자들의 실생활과는 다소 거리가 있을 수밖에 없다. 더구나 '건강한 가정을 위한 공존의 룰을 제시하고자' 한다는 <사랑과 전쟁>의 본래 의도와는 달리, 결혼에 내재한 음모와 비밀 등의 무리한 설정은 결혼 생활을 바람직한 방향으로 이끌기보다는 결혼 자체에 대한 거부감을 만들어낼 우려도 적지 않다.

지나친 선정성 역시 거론하지 않을 수 없는 문제다. <사랑과 전쟁>에 등장하는 대부분의 부부들은 앞서 언급한 기본적인 문제 상황에 더하여 '불륜'이라는 풀기 힘든 문제를 덤으로 지니고 있으며, 이는 드라마 속에서 농도 짙은 애정 묘사가 빈번하게 반복되는 형태로 표현된다. 이에 따라 '이혼 = 불륜'이라는 그리 바람직하지 못한 공식이 성립되며, 모든 문제 상황은 불륜을 중심으로 한 복합적인 갈등이 심화됨에 따라 최악의 상황으로 치닫고 마는 것이다. 극단적인 문제 상황 속에서 그것을 더욱 심각하게 만드는 이러한 불륜 설정의 남발은 성인 시청자로서도 불편한 경우가 적지 않다. 문제를 인식하고 공감하며, 상상을 통해서나마 진지한 해결책을 모색해야 할 시청자가 오히려 지나친 애정 묘사와 심각한 갈등구조 때문에 불편해지게 된다는 얘기다.

물론 드라마의 재미를 위해서는 압축된 설정이 요구된다 할 수 있으며, <사랑과 전쟁>의 인기는 바로 이에서 기인한바 적지 않을 것이다. 그러나 이처럼 비현실적이고 극단적이며 필연적인 문제 상황을 설정하고 그것을 주로 '불륜'을 통하여 심화시킴으로써 시청자에게 결혼 생활의 문제와 대안을 성찰하게 만든다는 것은 불가능해 보인다. 시청자들은 그저 어느 노래의 가사처럼 '끝도 시작도 없이 아득한 사랑의 미로' 속에서 하염없이 헤매고 있을 뿐이다.

<사랑과 전쟁>은 액자 드라마의 형식을 지니고 있다. 이혼 협의를 위하여 조정위원들 앞에 앉게 된 현재 시점의 부부가 액자의 틀이라면, 과거 시점으로 재현되는 부부의 내밀한 이야기들은 액자 속의 그림인 셈이다. 그런데 현재 시점에서 부부의 갈등을 조정하고 화해를 이끌어내야 할 조정위원들의 역할은 안타깝게도 지극히 제한적이기만 하다.

그들은 대체로 이야기의 전환점에서 새로운 이야기가 등장하게 되는 계기만을 제공할 뿐이다. 예를 들어 남편의 시점에서 본 아내의 문제점에 대한 이야기가 한 차례 끝나면, 조정위원들은 화해의 가능성을 조심스럽게 언급한다. 그러면 남편의 이야기를 반박하는 아내의 시점 혹은 더욱 심각한 이야기를 이끌어내는 남편의 시점에서 다시 액자 속의 그림이 펼쳐지는 것이다. 두 사람의 모든 이야기가 끝나고 난 후에도 조정위원들은 "한 사람만의 문제가 아니니 서로 이해하고 심사숙고할 필요가 있다"는 식의 상투적이고 원론적인 발언을 잠깐 제시한 뒤, 결국 '4주의 조정기간' 또는 '다음 조정일'에 모든 것을 맡겨 버린다. 문제 상황을 이해하고 바른 결정을 내리기 위하여 드라마 속의 부부와 드라마 밖의 시청자 모두에게 반드시 필요한 삶의 지혜나 실용적인 지식은 거의 발견하기 어렵다.

'시청자 배심원'들의 이혼 찬반 투표 역시 안타깝기는 마찬가지다. 이혼 찬반 투표를 통해 우리 사회의 평균적인 시청자들이 해당 문제 상황에 대하여 어떤 시각을 지니고 있는지 짐작할 수 있다는 점에서는 의미가 있겠지만, 이혼찬성 몇 퍼센트, 이혼반대 몇 퍼센트 식의 수치는 시청자들의 진지한 성찰에 도움을 주기는 어렵다. 예컨대 '사랑'을 최우선의 가치로 삼는다고 해도 저마다가 다른 해법을 도출할 수 있고, 그에 따라 찬성 혹은 반대라는 상반된 결론을 이끌어 낼 수 있다. 하물며 그렇게 도출한 '이혼찬성'이라는 결론이 '물질적 가치'를 최우선으로 삼은 동일한 결론과 같은 의미를 지닐 수 없음은 자명한 일이다.

따라서 찬반 투표보다는 시청자의 폭넓은 의견을 수렴하고 이를 정리하여 직접 보여주는 것이 보다 바람직한 방향이 아닐까 싶다. 아울러 전문가가 제시하는 해당 문제에 대한 직접적이고 구체적인 해결책을 프로그램 말미에 시청자에게 제공하는 것도 진정한 공감과 모색을 위한 대안이 될 수 있을 것이다. 물론 드라마 속의 조정위원들로 하여금 그러한 해결책을 보다 자세하고 폭넓게 제시하도록 하는 것도 일면 바람직할 수 있다. 하지만 해당 문제에 대한 실제 전문가가 직접 출연함으로써 시청자들로 하여금 더욱 진지한 문제의식을 갖게 하고, 더 나아가 구체적 해결책에 대하여 각자 생각할 수 있는 기회를 갖도록 유도한다면 <사랑과 전쟁>을 단순한 드라마가 아닌 진정한 '부부클리닉'으로 만드는 데 있어 보다 확고한 현실적 기반을 제공할 수 있지 않을까.

5. 맺으며

<사랑과 전쟁>은 분명 드라마이다. 그러나 동시에 그저 그런 단순한 드라마가 아니기도 하다. 이 프로그램은, 전통적인 가족의 해체라는 풀기 힘든 문제를 고민해야 할 뿐만 아니라 세계 최고 수준의 이혼율과 최저 수준의 출산율에 대한 막연한 대안을 모색하며 살아갈 수밖에 없는, 오늘 이 땅에서 살아가고 있는 우리들의 자화상이기도 한 것이다. 더욱이 이 드라마가 이야기하는 '결혼의 진정성'과 '건강한 가족'이야말로 우리들 모두의 궁극적인 지향점이어야 함을 알고 있기에, <사랑과 전쟁>은 그 존재만으로도 값지고 소중한 프로그램이라 할 수 있을 것이다.

다만 최근의 <사랑과 전쟁>은 오해받기 쉬운 발걸음을 내딛고 있다. 단순히 재미만을 위하여 별다른 해결책도 없는 극단적인 갈등을 양산하고 이를 그대로 방치하고 있지는 않은가, 하는 시청자로서의 노파심이 바로

그것이다. 불륜 설정의 남발에서 비롯되는 선정성 시비 역시 안타까운 부분이며, 이 프로그램의 진정한 가치를 망각하게 만드는 요소로 작용한다.

따라서 비현실적인 갈등 설정, 불륜과 선정성 등과 같은 문제점들에 대한 보완은 앞으로 이 프로그램이 반드시 극복하고 이루어나가야 할 부분이다. 또한 드라마에서 제시된 문제점에 대한 전문가의 해결책을 제시하거나 조정위원들이 드라마 속에서 실질적이고 구체적인 해결을 모색하는 등의 대안 창출 과정을 추가하고, 이에 대하여 시청자들의 의견을 보다 폭넓게 수렴하고 제시하는 등의 피드백 과정을 제공함으로써 <사랑과 전쟁>을 부부와 가족의 진정한 대화의 장으로 만들어가는 것 역시 제작진과 시청자 모두에게 주어진 크나큰 과제라 할 수 있다.

<사랑과 전쟁> 홈페이지에는 "결혼이란 폭풍의 하늘에 걸린 무지개"라는 바이런의 말이 인용되어 있다. 폭풍이 몰아치고 있는 하늘에서 무지개를 찾아내기 어렵듯이, '사랑과 전쟁'으로 요약되는 우리들의 결혼생활에서도 무조건적인 행복이나 희망이란 발견하기 쉽지 않다는 이야기가 아닌가 싶다. 하지만 달리 생각하면, 그처럼 발견하기 어려운 무조건적인 행복이 분명 하늘 어딘가에는 걸려 있을 것이기에 폭풍의 하늘 속에서도 안식과 위안을 찾을 수 있는 것은 아닐까. 앞으로도 <사랑과 전쟁>의 제작진들이 그처럼 찾기 어려운 희망과 행복을 발견하기 위한 노력과 수고를 마다하지 않는다면, 그로 인해 안식과 위안을 찾을 시청자들의 성찰과 즐거움은 계속될 수 있을 것이다.

TV와 책의 아름다운 결혼을 위하여

정민호

1. TV와 책, 화해의 악수를 하다

TV와 책이 상극처럼 여겨지던 때가 있었다. 화려한 영상을 앞세운 TV는 '보는 문화'의 선두 주자로서 '읽는 문화'를 대표 격인 책을 구시대의 것으로 밀어냈다. 하지만 그것도 잠시였다. TV는 책 속에 폄하할 수 없는 중요한 가치가 있다는 것을 인정하게 됐다. 때문에 TV는 책을 향해 화해를 청했다. 극적인 사례가 문화방송의 <느낌표>이었다. 좋은 책을 선정해 알리겠다는 의도로 제작된 <느낌표>는 침체돼 있던 출판시장에 활력을 불어넣었다.

하지만 <느낌표>는 하나의 '권력'화가 돼가며 몇 가지 문제점을 드러냈다. 느낌표가 선정한 책만 주목받게 만든 것이다. 당연히 그 외 절대 다수의 책은 소외돼 갔다. 더욱이 선정한 책들에 관한 방송도 문제가 있었다. 어떻게 읽어야 하는지를 알려주는 방식이 사람들로 하여금 '획일'적인 감상을 하게 만드는 부작용을 초래한 것이다. '시청률'을 의식한 TV의 논리에 책은 고유의 맛을 내지 못했고, 그 결과 <느낌표>는 '흥행프로그램'으로 기억될지 몰라도 책의 역사에서는 베스트셀러 제조기로 취급될 뿐이다.

<느낌표>가 시청률을 의식하는 방송을 거듭해 비판받던 당시 한국방송 1TV에서는 <TV, 책을 말하다>라는, 또 하나의 화해가 모색되고 있었다. <TV, 책을 말하다>는 보는 문화를 앞세운 <느낌표>와 달리 '읽는 문화'와 '보는 문화'의 공정한 방송을 만들려고 노력했다. 오락성을 최대한 배제하는 것과 동시에 다양한 각도에서 책을 바라보려고 시도했다. 쉬운 일은 아니었다. 사회자들이 미숙했고, 패널로 참석한 전문가들이 평론집에서나 할 법한 언어를 사용하는 등 몇 차례 시행착오를 겪기도 했다.

그럼에도 <TV, 책을 말하다>는 <느낌표>가 책을 포기한 지금도 여전히 제 자리를 지키고 있다. 지난 3월 27일에 200회 특집방송으로 건재함을 과시했을 뿐만 아니라 갈수록 방송의 완성도가 더해져 TV와 책이 공생할 수 있다는 것을 보여주고 있다. 그 비결은 무엇인가? 200회 특집 방송 이후 최근 두 달 동안 방영된 8개의 방송을 토대로 그 이유를 분석해봤다.

※ **중점적으로 살펴볼 방송 목록**
  4월 3일 방송 - 노암 촘스키의 『세상의 물음에 답하다』
  4월 10일 방송 - 마흔 이후, 이륙을 준비하라
  4월 17일 방송 - 신정일의 『다시 쓰는 택리지』
  4월 24일 방송 - '에코토이 지구를 인터뷰하다'
  5월 1일 방송 - 한국의 평등주의, 그 마음의 습관
  5월 8일 방송 - 어린이책 특집 - 책이랑 놀고 싶어요
  5월 15일 방송 - 아내가 결혼했다
  5월 22일 방송 - 우리는 왜 달리는가

2. 시기적절한 책 선정, 효과적인 메시지 전달이 돋보여

지난 두 달 동안 <TV, 책을 말하다>가 선정한 도서들은 대체적으로 시기적절했다고 평가할 수 있다. 달리기에 관한 관심이 높아지는 때에 '우리는 왜 달리는가'는 인간의 원초적인 스포츠가 지닌 의미를 적절히 분석했고, 이혼율이 높아지는 때에 세계문학상 수상작인 '아내가 결혼했다'는 결혼과 가족을 새롭게 조명하는 기회를 마련했다.

또한 부익부 빈익빈 현상이 가속화되며 '평등'이 논란이 되던 와중에 '한국의 평등주의, 그 마음의 습관'은 평등의 의미를 생각하는 것은 물론 한국 사회가 걸어온 길을 돌아오게 해줬다. 다른 책들도 시의 적절하기는 마찬가지였다. '에코토이, 지구를 인터뷰하다'는 환경을, '다시 쓰는 택리지'는 국토를, '마흔 이후, 이륙을 준비하라'는 중년을, '촘스키, 세상의 물음에 답하다'는 국제 정세의 냉철한 면모를 살필 수 있는 기회를 마련해 책을 통해 오늘날을 꿰뚫어볼 수 있다는 사실을 알려줬다.

하지만 책 선정이 탁월한 것은 전체적으로 보면 크게 중요한 것은 아니다. 아무리 좋은 책을 고를지라도 그것을 전달하는 방식이 잘못됐다면 본의 아니게 책의 가치를 평가 절하할 수가 있다. 그렇다면 <TV, 책을 말하다>의 메시지 전달은 어떻게 평가할 수 있을까? 충분히 긍정적이라고 말할 수 있다.

그 이유는 세 가지로 압축할 수 있는데 첫 번째는 등장 패널로 책의 전문가가 아니라 책이 다루는 분야의 전문가가 등장함으로써 다양한 지식을 비교할 수 있게 해줬다는 사실이다. 가령 '우리는 왜 달리는가'는 직접 저자와 대화를 나누며 정확한 내용을 전달했을 뿐만 아니라 패널로 올림픽

마라톤 우승자인 황영조가 참가해 저자의 입장과 다른 각도에서도 달리기를 바라볼 수 있도록 해줬다. 책의 내용을 정확히 파악하되, 책과 다른 내용까지도 접할 수 있고 그로 인해 서로 비교하며 달리기의 의미를 깊이 있게 파고든 것이다. 책의 내용을 소개하는데 그쳤다면, 시청자들로 하여금 일방적으로 책의 내용을 수용하게 될 우려가 있는데 <TV, 책을 말하다>는 효과적으로 그것을 방지하고 있다.

두 번째 이유는 책에 대한 정보가 없던 사람들까지도 방송 시청이 가능하도록 쉬우면서도, 흥미롭게 구성하고 있다는 것이다. 가령 '에코토이, 지구를 인터뷰하다'같은 경우 직접 프랑스로 찾아가 저자들이 여행했던 과정을 재연했는데 이는 굉장히 획기적인 방식이었다. 일종의 책 시사회라고 할까? 방송은 '에코토이'가 무엇인지, 이들의 여행이 무엇인지를 알려주기에 충분했고 그로 인해 책의 가치를 정확히 짚어줬다. '아내가 결혼했다'도 마찬가지였다. 남자와 여자 패널이 서로의 입장에서 책 속의 상황을 이야기했는데 이는 소설의 핵심을 짚어주기에 충분했으며 또한 이 소설이 말하는 문제의식을 쉽고 정확하게 알려줬다. 먼저 책을 읽지 않더라도 책이 말하는 것이 무엇인지, 논란의 핵심이 되는 것이 무엇인지를 보여주는데 부족함이 없었다.

방송이 내용을 효과적으로 전달하고 있다는 것을 긍정적으로 평가하는 세 번째 이유는 '진짜 방청객'이다. 일부 오락프로그램이나 음악프로그램을 제외하고 방송사들은 방청객을 고용한다. 일종의 들러리다. 하지만 <TV, 책을 말하다>는 방청객을 모집하고 있다. 이런 경우에 기대할 수 있는 것이 책이 다룬 주제에 흥미를 지닌 사람들이 방청을 하게 된다는 것이다. 이들의 역할은 중요하다. 방송을 한층 더 가깝게 만드는 요소가 될 뿐만 아니라 책이 말하는 것을 효과적으로 전달해 주는 매개체가 될 수 있기 때문인데 <TV, 책을 말하다>는 그 효과를 톡톡히 누리고 있다. '우리는 왜 달리는가'에서 자연을 보며 이곳에서 '달리고 싶다'는 충동으로 마라톤을 즐기게 됐다는 방청객과의 인터뷰나 '마흔 이후, 이륙을 준비하라'에서 중년에 접어들었거나 중년 이상인 방청객들이 자신들의 솔직한 이야기를 털어놓은 장면들은 시청자들로 하여금 공감대를 형성하는 기폭제가 되기에 충분했다.

이런 이유들을 본다면 <TV, 책을 말하다>는 적어도 <느낌표>처럼 책이 TV에 흡수되는 현상을 막을 수 있을 것으로 보인다. 하지만 이것으로 만족해서는 안 된다. <TV, 책을 말하다>는 단순한 화해의 장을 넘어서야 한다. 즉, TV는 책을 말하는데 그치지 말고 '책 읽는 문화'를 'TV 보는 문화'처럼 이끄는 디딤돌이 돼야 한다. 그것이 200회 특집방송 이후 <TV, 책을 말하다>가 얻은 과제다. 그것은 어떻게 할 수 있는가? 지금까지 안정적인 방송을 만드는 데 주력했다면 이제는 사람들이 책을 스스로 읽도록 하는 내용들을 보충해야 한다. 새로운 시도가 요구되는 것이다.

3. '시청자'를 '독자'로 바꾸자

<TV, 책을 말하다>는 한 권의 책을 가지고 방송을 구성하고 있다. 하지만 꼭 그래야 할 필요가 있을까? 서로 다른 의견을 펼치는 책들을 다루면 어떨까? 아니면 '주제'를 방송 주제로 삼는 것도 좋다. 방송에서 한 가지 주제를 삼은 뒤 그것에 관해 다양한 책들을 말하는 것이다.

물론 <TV, 책을 말하다>가 이런 방식을 채택하지 않은 것은 아니다. 가령 2004년 9월 24일에 방송된 '남과 북의 황진이'는 비슷한 시기에 시장에 나온 전경린과 홍석중의 황진이를 비교했다. 하지만 이 방송은 여러모로

아쉬움을 남겼는데 이유인즉 패널들 대부분이 전경린의 작품이 낫다는 식의 발언을 했기 때문이다. 책들을 비교하려는 시도는 좋았지만 정작 등장한 패널들이 작품의 우열을 가리는데 치중해 원하는 효과를 내지 못했다.

하지만 방송이 나쁘다 하여 의도까지 폄하할 수는 없다. 즉, 시도 자체가 신선했을 뿐 아니라 유익했다는 것을 부정해서는 안 된다는 것이다. 사실 이런 것이야 말로 책에 대한 관심을 증폭시키는 첫 걸음으로 포기할 수 없는 시도다. 더욱이 이렇게 서로 대비되는 의견이나 공통된 주제를 다룬 책을 이야기한다면 방송이 '권력화'되는 것을 스스로 방지할 수 있는 효과가 기대할 수 있으니 적극적으로 시도해볼 필요가 있다.

여기서 한발 더 나아가 굳이 방송에서 자세히 언급하지 않더라도 '함께 읽으면 좋은 책들'을 알려주는 것도 좋다. 그렇다면 <느낌표>처럼 시청한 사람들이 '시청자'로서 책을 선택하는 것이 아니라 '독자'로서 어느 주제에 대해 '책들은 이렇게 다양하게 말하고 있다'는 것을 알게 돼 폭넓은 선택을 할 수 있다는 장점이 있다. 그런 까닭에 지난 일을 반면교사 삼아 책을 다양하고 풍부하게 말하는 방송으로 구성할 필요가 있다.

또한 <TV, 책을 말하다>의 방송은 '단발'적으로 흐르고 있는데 이것을 신중하게 생각해봐야 한다. 가령 '마흔 이후, 이륙을 준비하라'에서 중년에 대해 이야기했다면, 책의 여운은 그 방송으로 끝인 것이다. 이것은 책을 '이벤트'적으로 만들 가능성이 크다. 지난 방송에서 다룬 책을 읽은 독자들의 소감을 한줄 서평 같은 식으로 다루거나 '책이 어떻게 독자를 변화시켰나!'를 알려주는 방법 등으로 책을 꾸준히 볼 수 있도록 자극하는 장치가 필요하다.

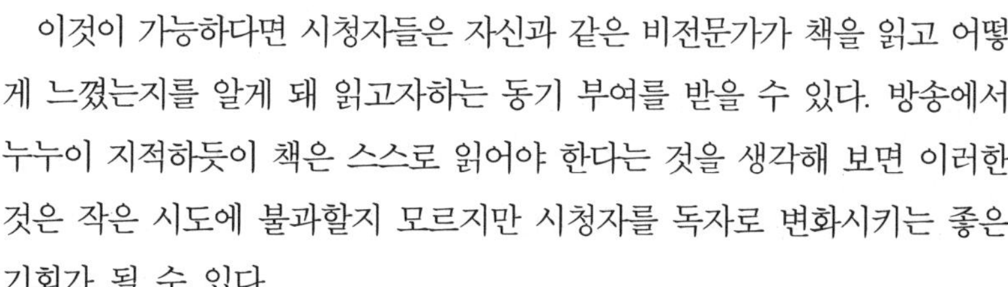

이것이 가능하다면 시청자들은 자신과 같은 비전문가가 책을 읽고 어떻게 느꼈는지를 알게 돼 읽고자하는 동기 부여를 받을 수 있다. 방송에서 누누이 지적하듯이 책은 스스로 읽어야 한다는 것을 생각해 보면 이러한 것은 작은 시도에 불과할지 모르지만 시청자를 독자로 변화시키는 좋은 기회가 될 수 있다.

4. 스스로 '읽는 문화'를 만들자

또한 그 동안 방송에서 다룬 책들을 보면 대부분 '어른 지향적'이라는 것을 알 수 있다. 어린이날을 기념한 특집방송을 제외하고는 어린이나 청소년에 관한 방송은 사실상 전무하다고 할 정도로 드물다. 특집방송에서도 강조했듯이 어린 시기부터 책 읽는 습관을 들여야 한다는 것을 생각해본다면 이는 아쉬운 일이 아닐 수 없다.

방송시간대를 고려해 본다면 어린이나 청소년들이 직접 방송을 보기에는 어려움이 있다. 하지만 부모들은 충분히 시청이 가능하다. 그렇기에 그들로 하여금 방송을 본 뒤에 자식들의 독서를 지도해줄 수 있는 역할을 수행할 수 있다. 그것이 가능하다면 <TV, 책을 말하다>는 일종의 '지도'가 될 수 있다. 어디로 떠나야 할지 모르는 사람들에게 갈 수 있는 다양한 길을 알려주는 지도처럼 부모가 아이들에게 '책 읽는 것'이 무엇인지를 알려주는 귀중한 역할을 할 수 있는 것이다. 이것이 가능하다면 '어린 시절부터 책을 읽게 하자'는 구호가 추상적으로 머무는 것이 아니라 현실화될 수 있으니 한 달에 한번, 혹은 두 달에 한번이라도 이런 내용의 방송을 준비할 필요가 있다.

또한 어린이들의 적극적인 독서를 위해 '이벤트'를 여는 것도 괜찮은 방법이다. 상업적인 이벤트는 지양해야겠지만 어린이들이 스스로 책을 읽게 만드는 이벤트라면 적극 장려할 필요가 있다. 가령 '전국 어린이 독후감 대회' 같은 건 어떨까? 1등이나 2등을 가리는 독후감 대회가 아니다. 순수한 독후감 대회로 내가 읽은 책을 다른 아이는 어떻게 보았는지를 알아보는 자리를 마련하면 된다. 이런 기회는 어린이들에게 독서의 즐거움을 알리는 계기로 충분하다. 굳이 이런 방식이 아니더라도 고민하면 좋은 방안은 많다. 중요한 건, TV에서 마련한 이런 행사가 아이들로 하여금 책 읽는 즐거움을 알려줄 수 있으며 스스로 읽게 만드는 계기가 될 수 있다는 것이다.

하지만 가장 중요한 건 <TV, 책을 말하다>가 부모들, 즉 어른들이 먼저 스스로 책을 읽어야 한다는 사실을 알려줘야 한다는 것이다. 사실 아이들이 스스로 읽게 하기 위해서는 어른들이 먼저 읽는 모습을 보여줘야 한다. 굳이 아이 때문에 아니더라도 마찬가지다. 아이들만큼이나, 아니 그 이상으로 어른들도 책을 읽는 즐거움을 알아야 한다.

어른들의 경우는 어떻게 할까? 자극하는 것이 필요하다. 그러기 위해서는 '다른 사람들이 책을 읽음으로써 어떻게 변했는가?'를 알려줘야 하는데 효과적인 것은 직접 그 사례를 보여주는 것이다. 현재 인터넷에는 '책 읽는 사람들'의 모임이 계속해서 생기고 있다. 이 모임들은 온라인뿐만 아니라 오프라인에서도 모임을 계속하고 있다는 것이 특징인데 그것이 가능한 이유는 '책' 덕분이다. 참가자들이 스스로 선정한 책을 읽고 그것에 대한 의견을 나누며 나와 다른 이의 생각이 어떻게 다른지를 깨닫고, 그로 인해 생각을 전환할 수 있다는 건 이러한 모임에서만 얻을 수 있는 즐거움이다.

<TV, 책을 말하다>는 자연스럽게 이러한 즐거움을 알려줘야 한다. 그래서 직접 책을 읽는다는 것이 얼마나 즐거운 일인지를 깨닫게 해줘야 한다.

어린이들도 물론이지만 어른들에게 '무조건 읽어라!'고 말하는 건 아무런 의미가 없다. 그들 스스로 행동하도록 만드는 방향으로 방송을 제작해야 한다. 그래야만 책과 TV, 모두 즐거워질 수 있고 시청자이자 독자인 '사람' 도 즐거워질 수 있다.

5. TV와 책, '디지로그'처럼 공생하라

전 문화부 장관이었던 이어령 씨는 <디지로그>에서 그동안 디지털과 아날로그가 '제로섬' 게임을 반복했는데 앞으로는 '윈-윈' 이론으로 '디지로 그'를 탄생시켜야 한다고 주장했다. 왜냐하면 그것이 '인간'을 위한 것이기 때문이다.

TV와 책의 관계도 마찬가지다. 더 이상 "책을 보기 위해서는 TV를 꺼야 한다"는 말이나 "아이들이 TV만 재미있어 한다"는 말이 나와서는 안 된다. TV와 책은 서로가 없어야만 살 수 있다는 관념에서 벗어나야 한다. 그런 의미에서 <TV, 책을 말하다>는 지금껏 잘해왔지만 조금 더 노력해야 할 필요성이 있다. TV와 책이 공생할 수 있는 문화를 창조하는 당당한 '선두주 자'가 되기 위해 앞에서 지적한 몇 가지 사항만 신경 쓴다면 "TV 때문에 책을 읽는다"는 말이 나올 수 있다.

좋은 방송이란 다른 것이 아니다. 재미와 감동을 맛보게 해주고 그 여운 으로 사람을 옳은 방향으로 나아가게 만들며 궁극적으로 '좋은 사회'를 만드는 데 기여하는 것이 좋은 방송이다. <TV, 책을 말하다>는 어느 방송 보다 좋은 방송이 될 잠재력이 충분하니 이제 본격적으로 그것을 스케치하 도록 하자. 그것이 가능하다면 TV와 책의 동거를 '아름다운 결혼'으로 이어 갈 수 있는 좋은 방송으로 거듭날 수 있을 것이다.

진실을 찾아가는 색다른 여정, 〈W〉
MBC, 해외시사 프로그램 <W>의 가치와 한계

정재호

1. 들어가며

망각이 꼭 역사의 적이라고는 할 수 없지만 적어도 국제문제를 다루는 TV의 적인 것만은 분명하다. 특히 요즈음에는 많은 국외의 사건, 사고들이 너무 빨리 나타났다 사라지고 또 그만큼 빠르게 잊혀진다. 수십만 명의 인명피해가 난 '동남아시아의 지진해일'은 이미 우리 기억 속에 잊혀진지 오래다.

미국의 3대 방송사라 불리 우는 NBC, CBS, ABC와 AP, 로이터 등의 4대 통신사와 같은 서구 언론(대표적으로 미국)에 절대적으로 의존해 국제뉴스를 전달받는 국내 시청자들에게는 국내방송사의 '누가 먼저 전하냐'의 속보경쟁을 통해 단순한 사실만을 전달받기 십상이다. 하지만 정말 그게 사건의 전부일까? 모두 다 사실일까?

작년 4월부터 신설된 MBC의 해외 시사 프로그램 <W>는 이러한 의문에 대한 해답찾기 프로젝트다. 짧은 스트레이트 뉴스나 부정기적 다큐멘터리를 넘어 시청자들이 세계의 겉모습만이 아닌 배후의 질서와 변화의 맥락까지 파악하는데 도움을 줄 수 있는 프로그램을 표방한다.

〈W〉는 국제뉴스를 심층적으로 소개하는 'World Issue'와 세계 속의 한국과 한국인의 위상을 객관적으로 조명하는 'Wide Korea', 국제 이슈를 다큐멘터리적인 개념으로 접근하는 'W-Special' 이렇게 세 코너로 구성된다. 〈W〉는 이 코너들을 통해 시청자들의 '망각' 늦추기와 무뎌진 '감성' 찾기를 시도한다. 이 시도는 성공했는가? 아니면 실패했는가?

이러한 의문에서 출발해 〈W〉의 긍정적인 역할과 가치 그리고 드러난 한계점은 무엇인지 요목조목 살펴보고자 한다.

2. 〈W〉만의 가치

1) '사실'에 가려진 '진실'을 찾는 작업

지난 2월 3일 방송된 '그들은 왜 하마스를 선택했는가? -팔레스타인 총선'을 살펴보자. 우리가 그 동안 지상파 방송에서 접할 수 있었던 지구촌 뉴스에서 하마스는 미국과 무장투쟁을 벌이는 '알카에다'와 구별되지 않는 테러리스트의 이미지로 비춰졌다. 또한 그들은 중동평화에 위협이 되는 존재에 불과했다. 서구 언론에 의해 재단된 겉모습이기 때문에.

'지난 1월 25일 10년 만에 치러진 팔레스타인 총선에서 국제사회의 예상을 뒤엎고 하마스가 압승을 거두어 이스라엘-팔레스타인 간의 평화가 위협받고 있다'는 서구 언론의 우려 섞인 보도를 거두고 〈W〉라는 현미경으로 자세히 바라본 하마스는 자살폭탄테러를 저지르는 테러집단이기 이전에 가난한 지역에 학교와 병원을 세우고 미망인과 고아들을 돌보는 자선단체였고 어느 당보다 국민의 지지를 받는 정치단체였다. 또한 화면 속의 팔레스타인은 폭력과 테러로 점철된 증오만으로 가득 찬 사회가 아니라 서로의 이데올로기를 인정해 주는 관용도 담겨있는 사회였다.

여기에 <W>의 첫 번째 가치가 있다. 바로 뉴스 전달자의 일방적인 전달에 그치지 않고 수용자가 궁금해 하는 사실을 넘어서 이면을 바라볼 수 있게 취재 대상에 가까이 다가간다. 이렇게 함으로써 시청자와 보도물이 전달자와 수용자로 분리된 것이 아니라, 하나의 교집합으로 연결될 수 있게 한다. 기존의 '정보전달' 뉴스를 보고 들은 뒤 쉽게 망각했던 시청자들에게 수용자의 입장에서 한 번 더 생각할 것을 요구한다. 하지만 받아들이라고 강요하거나 가르치려들지 않고 생각하고 느껴보라고 정중하게 권유하는 식이다.

지난 2005년 12월 9일 '아메리칸 드림 - 국경을 넘는 이민자들'의 방송에도 이러한 권유가 담겨있다. 이 꼭지에서는 미국-멕시코 간 국경지대를 멕시코이민자들이 위험을 무릅쓰고 넘어 오려하는 모습을 밀착 취재했다. <W>의 카메라는 그들을 불쌍한, 연민의 시각으로 바라보는 데 그치지 않고 왜 그들이 그러한 상황에 처할 수밖에 없었는지에 대한 정치, 사회학적인 시각으로 그들을 바라보도록 유도한다. 'NAFTA(북미자유협정) 시행으로 농업만으로는 생계를 잇기 힘든 멕시코인들의 현실'을 솔직히 말한다. "인권은 아무 소용없다. 우리를 아무도 도와주지 않는다"는 불법이민자 마리오의 절규 섞인 목소리는 마치 시청자에게 '이 절박함이 느껴지니?'라고 말하는 듯하다.

이는 국제정치학적, 경제학적 시각을 제공해 그동안 사실에 익숙해 '망각'에 쉽게 노출되어 있던 시청자들에게 사안에 대해 심도 있게 생각해볼 것을 권유하고 다시 한 번 되새기게 하는 순기능을 발휘한다.

이것이 이제까지 제도미디어의 뉴스에는 없었던 <W> '월드이슈'만의 큰 가치이다. 정보의 기계적 전달을 고집하는 기존의 뉴스를 뛰어넘는 가치와 의미를 지니고 있다 할 수 있다.

2) SUPER KOREAN! 아니 그냥 코리안

일반 언론에 비친 혹은 우리에게 익숙한 세계 속의 한국인은 어떤 이미지일까? 또한 TV는 어떤 이미지의 세계 속의 한국인을 선호할까?

얼마 전 뉴스채널만 돌렸다하면 등장했던 혼혈인 풋볼스타 하인스 워드의 보도를 통해 그 이미지를 발견할 수 있지 않을까? 방송사는 앞 다퉈 성공한 하인스 워드 성공신화를 만드는 데 정신이 없었다. 가난하고 어려웠지만, 외국인이라는 편견과 차별의 역경을 딛고, 노력과 의지만으로 성공을 이루어 낸 하인스 워드는 그야말로 한국인의 자부심을 느낄 수 있는 'SUPER KOREAN' 이미지 그대로였다. 그동안 시청자들도 이러한 'SUPER KOREAN' 성공신화에 익숙해 같은 한국인으로서 자부심을 느끼고 더 많은 성공신화에 기대하며 열광해 왔다.

하지만 만약 슈퍼볼에서 우승하지 못한, 단지 시민권투쟁을 위해 싸우는 '그냥 한국인' 하인스 워드라면?

2005년 11월 4일 방송된 '나는 정당한 미국의 시민이다'에서는 '아메라시안 시민권 부여 법안'을 위한 한국 혼혈인들의 시민권 투쟁 현실이 고스란히 담겨 있다. 이 속에는 하인스 워드 같은 자랑스러운 세계 속의 한국인은 없고 시민권을 받지 못해 슬퍼하는 혼혈 2세대 제시카와 혼혈 때문에 취직하지 못했던 혼혈인 오홍주 씨 같은 '그냥 코리안'이 전부다. 이처럼 〈W〉에서는 우리가 일상 속에서 접할 수 있는 '서민형' 코리안을 담아 이들의 애환을 쫓는다.

여기에서 〈W〉만의 두 번째 가치를 찾을 수 있다. 〈W〉는 'Wide Korea' 코너를 통해 세계 속의 한국과 한국인에 대해 주관적인 시각이 아닌 객관적 시각으로 그들을 꾸미지 않고 노골적으로 조명한다. 그들의 괴로움과 고통을 배제시키지 않는다. 흔히 배고프고 못사는 '제3세계' 사람들의 고민과 세계 속의 한국인의 그것과는 별반 차이가 없어 보인다. 똑똑하고 활기찰 것만 같았던 'SUPER KOREAN'의 신화와 환상을 깨고 '이방인'으로 살 수 밖에 없는 그들의 모습은 기존의 프로에서 시도되지 않았던 의미 있는 '신화 깨기' 작업인 것이다.

   3) '다름'에 가려진 '틀림'을 찾는 작업
   그동안 인도의 카스트 제도나 아프리카의 주술사와 같은 전통은 우리에게 그저 색다르고 신기하게만 보여 지는 그들만의 전통, 그 이상 이하도 아니었다. '문화적 상대주의'란 미명 아래 우리는 그것들을 문화로 받아들인 게 사실이다. 이러한 시각은 이전의 언론보도에 노출돼 형성된 결과일 것이다. 하지만 <W>는 'W-Special'을 통해 이것을 문화라고 말하지 않고 부조리와 폭력이라고 강하게 문제제기 한다. 월드이슈와 와이드코리아 코너에서 사실에 가려진 진실을 찾아, 있는 그대로 보여주며 '소리 없는 항의'를 했던 것과는 달리 이번에는 이것들을 전통이라 하지 않고 직설적으로 '폭력'이라 말한다. 이렇게 <W>는 '다름'에 가려진 '틀림'을 찾는 노력을 하고 있다.
   인도 카스트제도의 문제점을 적나라하게 파헤친 '누가 그를 사슬에 묶었는가? -인도의 불가촉천민들'(2005년 10월 21일 방송)과 남아프리카의 주술로 인한 마녀사냥을 다룬 '아프리카의 마녀사냥'(2006년 3월 3일 방송)에는 이러한 문제제기가 강하게 드러난다.
   흔히 종교는 가상을 만든다. 정상인은 대개 가상과 현실의 차이를 알지만 정치가 예술이 되고, 예술이 유미주의가 미적 종교가 되고 그 종교가 광신에 빠질 때 가상과 현실의 경계는 흐려지고 착란이 시작된다. 이러한 '경계 흐림'으로 인해 부조리한 폭력과 희생의 강요가 시작된다. 왜 하필 그(흔히 기득권층)에게 그 폭력이 행사되는지 말할 수 있는 자는 아무도 없다. 그리하여 집단과 하나가 되는 개체만 안전할 수 있고 집단과 동일시에 실패하거나 따르지 않은 자는 공동체의 성스러움을 지키기 위한 희생양이 된다. W는 '전체 빼기 하나'에 속한 사회적 약자에게 카메라를 들이대고 그들의 목소리를 전달한다. IT강국 인도에서 상층계급에게 2년 동안 쇠사슬에 묶인 체 산 우펜드라와 현대화 도시 남아프리카 요하네스버그에서 주술사에게 마녀로 몰려 죽임을 당하는 여성들의 목소리를 전달해 그 불합리함에 강하게 항의한다. 집단속에 묻힌 개별자들, 합리적이라고 여기는 현대화속에 감춰진 부조리의 이면에 문제제기를 하는 〈W〉의 노력은 동시대의 시청자들에게 '우리 사회는 정상인가'라는 근원적이면서도 언젠가는 고민해야 할 '성찰 꾸러미'를 던져준다. 이전에 다른 유사 프로에서 볼 수 없었던 '다름'에 가려진 '틀림'을 찾은 〈W〉의 노력이 돋보이는 마지막 이유다.

3. 〈W〉가 빠질 수 있는 함정

1) 시사교양 프로만의 딜레마

하루살이라는 이름 안에 하루살이의 운명과 한계가 고스란히 담겨 있듯이 어쩌면 〈W〉의 'World Wide Weekly'라는 프로그램명 안에는 그 한계 또한 고스란히 담겨 있을지 모른다. 넓디넓은 세계 각지에서 현재 이슈가 되고 있는 소식들은 일주일에 하나씩 전달하려는 이 프로그램의 취지는 자칫 속보성과 심층성의 두 마리 토끼를 잡으려다 아무것도 잡지 못하는 한계에 부딪힐 수 있기 때문이다.

실제로 이러한 우려는 지난 3월 24일 방송된 '한류열풍, 미국 상륙 현장을 가다'에서 발견된다. 한국영화와 한류스타들이 참가하는 '파워코리아 2006' 행사를 통해 미국 내의 한류의 실체와 가능성에 대해 진단한다고 했던 이 꼭지는 하지만 '파워코리아 2006'이라는 이슈와 속보성에 치중한 나머지 한류를 진단한다는 심층성은 찾아볼 수 없었고 이는 곧 행사에 출연한 한류 스타들 빼고는 아무것도 남지 않은, 내용의 빈곤성을 드러냈다. 속보에 치중한 기획은 취재력의 한계와 내용의 단편화로 이어졌고, 〈W〉만의 심층성과 진지함이 실종되었다. 이러한 것들이 넓디넓은 세계 각지의 이슈를 쫓는 <W>가 태생적으로 빠질 수 있는 첫 번째 함정이다.

이와 더불어 '시사교양 프로그램의 딜레마'에서 <W> 또한 자유롭지 못한 것도 한계로 지적될 수 있다. 이 딜레마란 다름 아닌 작품성(내용)과 시청률의 간극에서 비롯된다. '재미없는' 시사교양 프로그램에서도 최소한의 시청자를 확보하려는 제작자들의 욕심은 자칫 선정적이고 화제성이 강한 소재 선택의 유혹에서 자유롭지 못한 결과를 초래한다.

영국 다이애나비의 죽음과 관련된 2부작 '16년간의 동거, 다이애나'(2005년 6월 17일 방송)와 '다이애나의 죽음, 왕실의 죽음'(2005년 6월 24일 방송)과 같은 화제성 강한 소재나 아프리카 여성 할례의 문제를 다룬 '전통이란 이름의 폭력, 여성 할례'(2006년 1월 20일 방송)에서 나타난 선정성은 <W> 또한 '시사교양 딜레마'에서 자유롭지 못하다는 걸 여실히 드러냈다. 그동안에도 여러 차례 성매매와 살인 등의 자극적 소재가 꾸준히 문제제기되어 왔다. 하지만 핵심적인 문제는 자극적이고 선정적인 소재 선택이 아니라 이러한 선정적인 소재를 가지고 얼마나 선정적이거나 자극적이지 않게 표현해 그들의 아픔과 참상의 고갱이를 시청자들에게 전달할 수 있느냐에 있다. 할례를 당하는 여성의 성기를 보여주고 총에 맞아 피 흘리는 사람의 모습을 적나라하게 보여주는 것이 깊이 있고 심층적인 것은 아니라는 뜻이다.

하지만 '전통이란 이름의 폭력, 여성 할례'(2006년 1월 20일 방송)에서 본 W는 '적나라함=심층적인 것' 것이란 단순화에 빠진 듯 보였다. 피해 여성들의 정신적 고통과 속내는 할례 자체의 적나라함에 가려 진정성은 찾아볼 수 없었다. 이러한 '시사교양의 딜레마'또한 W가 앞으로 계속해서 유혹을 받을 수 있는 두 번째 함정인 것이다.

4. 그들만의 프로?

'시청자들에게 폭넓은 세계관과 국제 감각을 키울 기회를 제공하고 아울러 국제적 사안에 대해 정확한 판단을 내릴 수 있는 근거와 자료를 제시한다.'

애초 〈W〉가 표방한 기획의도 중 하나다. 하지만 갈수록 전쟁, 평화, 인권과 같은 거대 담론에 집중하다 보니 국제정치학적인, 다분히 전문적인 배경지식이 요구되는 소재들이 넘쳐나고 있다. 이 때문에 소재에 대한 배경 지식을 가지고 있는 '쫌 아는' 시청자들만 공감하고 이해할 수 있는 꼭지가 생기게 된다. 너와 나를 위한 프로그램이 아닌 '쫌 아는 그들'만을 위한 프로그램으로 전락할 위험성을 내포하고 있다는 것이다.

티베트의 독립과 달라이라마를 다룬 '달라이라마 망명 47년, 티베트의 노래'(2006년 3월 24일)를 보면 이러한 위험성이 감지된다. PD는 애초에 티베트의 지도자 달라이라마와 중국과의 관계에 대한 사전지식을 가진 시청자들을 대상으로 꼭지를 구성한 것처럼 보였다. 내용이 사전지식 없이는 쉽게 이해되지 않았다. "티베트에 자유를!", "티베트는 독립국가다"라고 외치는 안타까운 목소리에만 초점이 맞춰져 있을 뿐 그들에게 왜 자유가 필요한지 왜 독립국가가 아닌지에 대한 구체적인 설명은 빠져있다.

어쩌면 금요일 11시 50분이라는 방송시간과 시사교양 프로그램이라는 특성상 태생적인 한계인지도 모른다. 하지만 대다수에게 절대적인 공감을 얻지 못하고 소수를 위한 프로그램으로 전락한다면 W의 애초 취지는 퇴색되기 마련이다. 이것이 〈W〉가 경계해야할 세 번째 함정이다.

5. 나오며

문화평론가 고바야시 히데오는 감정이 동반되지 않는다면 역사란 사실로서의 의미를 잃게 된다며 "감정은 곧 역사다"라고 말했다. <W>를 통해 내가 발견할 수 있었던 것은 기존의 프로에서 볼 수 없는 '감정'이었다. <W>를 통해 본 세계는 확신, 분노, 열패감, 기쁨, 좌절, 그리움, 후회 등등 이 앞서거니 뒤서거니 경쟁을 벌이며 다투고 있는 삶의 격전장 그 자체였다.

이처럼 <W>는 그동안 제도미디어가 시도하지 못한 '감정'과 '진정성' 을 담으려 노력했고 이 때문에 시청자들과 전문가들에게 호평을 받을 수 있었다고 생각된다. 나 또한 이러한 모습에 매력을 느꼈다. 하지만 이러한 '감정'은 또한 <W>가 빠질 수 있는 '함정'이 될 수도 있다는 것을 잊지 말아야 할 것이다. 자극적이고 선정적인 내용 구성을 통해 감정을 가장하고 수사적으로 치장하는 기존 시사 프로의 '오버'를 그대로 재현할 수 있기 때문이다.

<W>가 이러한 유혹과 쏠림에 주의해 진실을 향한 '조용하지만 격렬한 관찰'을 한다면 시청자들이 '휴머니즘'이란 인류의 보편가치를 깨우치는데 더 없이 좋은 길라잡이가 될 것이라 확신한다. 앞으로도 진실을 찾는 <W> 만의 색다른 여정이 기대되는 이유다.

'마이너리티 버라이어티'를 꿈꾸다
KBS 버라이어티 <해피선데이>를 꼼꼼히 읽으며

조철희

1. 버라이어티, '마이너리티'를 이야기하다.

최근 들어 '마이너리티(minority, 소수자)'를 다루는 방송 프로그램들이 눈에 띄게 늘고 있다. 교양 프로그램은 말할 것도 없고, '웃겨야 사는' 예능 프로그램에서조차 소수자를 소재로 한 프로그램들을 제작하기에 이르렀다. 물론 평가할만한 수준은 아니지만 유독 소수자에 대한 편견이 심한 우리 사회와 우리 방송 현실에서는 긍정적인 현상이 아닐 수 없다.

예능 프로그램에서는 단연 MBC <느낌표>가 선도적이다. 이 프로그램은 몇 해 전부터 '이주조선인', '외국인 이주노동자', '가출 청소년' 등을 소재로 다루어 왔으며 최근에는 '시각장애자', '혼혈아'들의 고통을 어루만지고 있다. 소수자에 대한 꾸준한 관심과 끈질긴 제작 의지는 '감동적인 웃음'의 위력을 방송가에 과시했다. 또한 오락 프로그램에서도 소수자를 소재나 주제로 다룰 수 있다는 전범을 제시해 방송제작 환경에 다양성의 토대를 일구었다.

그러나 필자가 주목하고자 하는 것은 <느낌표>가 아니다. <느낌표>가 '공익 버라이어티'를 전면 표방하고 나섰다는 측면에서 소수자를 다룬 것은 어쩌면 당연한 것. 그러나 KBS 2TV의 버라이어티 <해피선데이>는 기대하지 않았던 '가능성'을 보여주고 있다. 전형적인 오락 프로그램으로 틀졌음에도 불구하고 모든 세부 꼭지(코너)에서 소수자를 다루고 있는 것이다. 그리고 제법 공익 버라이어티에 버금가는 '감동적인 웃음'을 전하고 있다. 특히 같은 시간 프라임타임대의 경쟁 프로그램과는 차별된다는 점에서 더욱 돋보인다. 자칫 적자생존의 시청률 경쟁에서 낙오할 수 있음에도 불구하고 달변의 MC나 S라인 미녀, 꽃미남 스타들보다 고등학생과 유소년이라는 소수자 주인공들을 전면에 내세운 점은 우선 그 기획과 시도부터 높게 평가할 만하다. 아무리 <느낌표>의 전례가 있다고는 하지만 마이너리티를 이야기한다는 것은 무모한 시도일 수 있는 게 우리 예능 방송의 현실이다. 속물적 관습의 유혹을 뿌리치고 사회적 약자의 위치에 있는 이들을 주인공으로 내세우면서 상대적으로 꺼림칙하게 여겨질 만한 소재를 다루고 있다는 면에서 <해피선데이>는 시청률의 높고 낮음을 떠나 꼼꼼히 읽어볼 만한 가치가 있다.

2. 버라이어티의 주인공 꼬마들

마이너리티는 좁은 의미에서 육체적·문화적 특질 때문에 다른 사람들과 구별되고 불평등한 대우를 받는, 집단적 차별의 대상이 되는 사람들이다. 마이너리티는 수적으로 적은 집단이 아니라 힘의 관계에서 약자의 위치에 놓인 이들이다. 종종 소수자집단으로 번역되는 탓에 흑인·여성·동성애자 등 '집단'으로 한정되는 경향이 있지만 그 의미를 좀 더 넓게 해석한다면 우리 주변의 소외받는 이들 모두가 사회적 약자인 마이너리티(소수자)나 다름없다.

<해피선데이>의 '품행제로'에 등장하는 사고뭉치 고교생들은 입시지옥의 한국사회에서 분명 소외된 이들이며, <날아라 슛돌이>의 7~8세 아이들은 엄마, 아빠 없이는 아무것도 할 수 없는, 아니 아무것도 해서는 안 될 이 사회의 분명한 약자이다. 버라이어티 프로그램에서는 드물게 메인 MC를 맡은 '여걸식스'의 여성 6인은 사회적 약자인 '여성'의 지위에 놓여 있다. <해피선데이>는 이들 마이너리티들의 버라이어티다.

우선 <해피선데이>의 인기 꼭지로 자리매김한 '날아라 슛돌이'. 7~8세 아이들이 '아이매치' 축구경기를 치르며 좌충우돌하는 모습을 꾸밈없이 볼 수 있는 리얼리티 쇼다. 'FC 슛돌이' 8명의 아이들은 축구를 통해 자신들의 건강한 활동성과 끼를 발산하고, 시청자들은 아이들의 명랑하고 순수한 모습을 지켜보면서 건강한 웃음을 얻는다. 스타 가수 출신의 감독이 그들을 지휘하지만 주인공은 다름 아닌 아이들이다. 역시 인기가수인 코치도 있고, 미모가 출중한 매니저도 있지만 슛돌이들의 명랑한 기세 앞에서 그들은 조연에 불과할 뿐이다.

출중한 실력은 아니지만 독일 원정까지 나서며 투지를 발휘하는 슛돌이들은 어쩌면 버라이어티 방송 최초의 꼬마 주인공들일지도 모른다. 사회적으로 '힘(권력)' 없는 슛돌이들이지만 주심의 휘슬에도 상관없이 공을 손에 들고 상대편 진영으로 달려가는 개구쟁이 성우나, 경기 중에도 아랑곳없이 골문을 비워두고 공상을 즐기는 골키퍼 승준이는 프로그램의 엄연한 주인공이다. '날아라 슛돌이'에서만큼은 담당 PD보다 더 막강한 '힘(주체성)'을 지닌다. 공에 얼굴을 맞아 울음을 터뜨리는 현우에게 달려가 의젓하게 다독거리는 민호도 어른 못지않은 주인공이며, 감독과 코치 아저씨에게 촌철살인의 핀잔을 퍼붓는 여자 슛돌이 지우도 더 이상 약자가 아니다. 이제 유치원에 다니거나 초등학교에 갓 들어간 꼬마 슛돌이들은 '날아라 슛돌이'에서만큼은 차별받거나 소외되는 소수자가 아닌 것이다.

방송사상 유래 없이 아이들의 목소리가 어른의 목소리보다 더 크게 들린

다. 'GOD의 육아일기'에 나온 재민이는 육아의 대상일 뿐이었고, <전파견
문록>에 나온 한 아이가 외친 소리는 어른 게스트들이 왁자지껄 떠드는
말장난에 어느새 묻혀버렸다. <우리 아이가 달라졌어요>에 나온 아이들
은 그 작은 입을 꾹 다물고 엄마의 명령이 내려질 때까지 '생각하는 의자'에
앉아 있어야만 했다. 하지만 슛돌이들은 다르다. 그들은 게스트 아저씨들이
나 엄마보다 약자가 아니다. 더 이상 차별받을 만한 존재가 아닌 것이다.

우선 슛돌이들에겐 약점이 없다. 이기고 지는 것에 연연하지 않는 그들에
게 승부는 놀이에 가깝다. 오히려 화끈한 결판이나 '하면 된다' 식의 오기를
기대하는 어른들이 무안해지기 일쑤다. 어른들의 경쟁에는 좀처럼 패자부
활전이 없지만 아이들은 언제나 친구와 함께 공을 가지고 공터로 나가면
또 다른 승부를 펼칠 수 있기에 축구는, 승부는 그저 놀이일 뿐이다. 아무리
어른이라도 사회적 약자는 경쟁에서 낙오되기 십상이지만 슛돌이들에겐
승리를 위한 경쟁과 그 과정에서의 실패가 오히려 계속되는 기회일 뿐이어
서 사회적 약자라는 자신들의 타자화 된 정체성을 당당하게 거부할 수 있다.

이처럼 사회적 약자인 아이들이 자연스럽게 그 불평등한 지위에서 벗어
나 평등한 개별 주체로서 자리매김할 수 있는 이유는 단연 제작진의 작위적
이지 않은 연출 덕분이다. 제작진은 단지 아이들에게 경기장과 유니폼을
제공하고, 상대팀을 섭외해 축구경기를 치르게 할 뿐이다. 아이들에게 전술
적인 지시도 별로 하지 않고, 도저히 상대가 되지 않을 만한 팀과도 무모하
게 경기를 주선한다. 열성 축구팬이 보기엔 답답할 노릇이지만 이기는 게
목적이 아니기 때문에 슛돌이들은 오로지 즐거울 뿐이다.

슛돌이들을 응원하다보면 자연스럽게 그들과 대화할 수 있는 기회를 갖
게 된다. 나와 다른 타자와의 차이를 인정하고, 그들을 존중할 수 있는
과정은 다름 아닌 대화를 통해서다. 리얼리티 쇼의 연출 방식이기에 아이들
의 진솔한 모습들을 자연스럽게 엿볼 수 있는 기회가 주어진다. 아이들의
한마디 한마디가 현실에 찌든 나의 의표를 찌를 때가 있고, 웅얼거리는

소리가 도대체 뭘 말하는 것인지 무척 궁금해지기도 한다. 궁금함이 커질 때면 자연스럽게 시청자 게시판에 질문을 올리곤 한다. 바로 대화를 시도하는 것이다. 이해를 위한 과정인 것이다.

'날아라 슛돌이'에 자주 등장하는 장면이 있다. 솔직한 어른이기도 하지만 그 자신이 사회적 강자임을 부정할 수 없는 코치 김종민이 아이들에게 연신 뜻 깊은 말들을 외친다. "게임을 즐겨라." "끝까지 최선만 다해다오." 그러나 정작 게임을 즐기고 최선을 다하는 것은 말하지 않아도 아이들이 더 잘한다. 아이들이 어른 같다는 게 아니다. 그들도 나와 크게 다르지 않은 우리 사회의 구성원이라는 것이다.

7~8세의 아이들을 소수자로 규정하고, 방송 프로그램을 통해서 전해지는 그들의 모습 덕분에 소수자에 대한 편견과 차별을 해소할 수 있다는 논리에는 반론의 여지가 있을 수 있다. 그러나 방송비평의 역할이 충실한 논리구조에 따른 사실분석과 문제점 비판에만 있는 것은 아니다. 드러나지 않는 모습을 드러내도록 노력하는 게 방송의 역할 중 하나라면 이야기하기 어려운 것을 이야기해 보는 것도 방송비평의 역할일 것이다. 그런 의미에서 '날아라 슛돌이'가 우리들의 편견을 해소할 수 있다는 것은 전혀 무리한 기대가 아니다.

3. '품행제로' 어른들

<해피선데이>는 '날아라 슛돌이' 이외에도 여러 '마이너리티 버라이어티'를 방영해 왔다. 2005년 5월부터 같은 해 10월까지 방영한 밝고 건강한 학교 만들기 '자유선언'. 숨 막히는 교실에서 뛰쳐나와 친구나 선생님과의 묵은 갈등을 풀고, 보다 자유로운 심성과 학교생활을 기대해 보는 내용이었다. 현재는 종영된 해외 입양아 상봉 프로젝트 '지금 만나러 갑니다' 역시 소수자들을 다룬 꼭지였다. 또한 앞서도 밝힌 바 있듯 '품행제로'는 입시지

옥에서 허덕이는 고등학생들, 특히 그 중에서도 일탈과 방황을 겪고 있는 이른바 '불량학생'들을 주인공으로 등장시킨 꼭지다. 우리 사회에서 청소년, 학생들 역시 소수자의 처지가 아닐 수 없다. 학교나 가정에서는 이미 포기하다시피 한 이 학생들의 속마음을 알아보고, 그들에 대한 편견을 버릴 수 있는 이해의 기회를 가져보자는 것이 분명 이 꼭지의 취지일 것이다. 이렇듯 <해피선데이>는 일관성 있게 소수자들을 조명해 왔기에 그 진정성을 의심하기가 어렵다. 오락 프로그램의 틀에서 이 정도의 노력이라면 그 시도와 의미를 높게 평가하지 않을 수 없다.

그러나 '품행제로'에서는 '날아라 슛돌이'에서 발견할 수 있었던 긍정적인 부분보다는 오히려 부정적인 단면들이 눈에 띈다. '품행제로'의 고교생들은 자타공인의 사고뭉치들이다. 학교에서나 가정에서나 공부도 못하고 놀기만 하는 '불량학생'들로 낙인찍힌 아이들이다. 그런데 이들의 캐스팅 과정부터가 우스꽝스럽다. 모두 6명의 주인공들은 '단계별 선발과정'까지 거쳐 캐스팅된 인원들이다. 문제아들은 체계적인 전형과정을 거쳐 가려낼 수 있다는 그야말로 편견에 치우친 발상이다. 참신했던 기획의도는 이미 뒤틀렸고, 일차원적으로 구성 및 연출된 내용의 면면은 더욱 실망스럽다.

우선 이 소외된 학생들과 대화하여 이해를 시도해 보겠다는 의지보다는 계도하겠다는 어른들의 욕심이 전면에 드러난다. 그래서 이 학생들에게 '사부'가 배정된다. 학교 선생님이나 아버지, 어머니의 뒤를 잇는 엄하신 최민수 사부와 잔소리꾼 김제동 사부다. 선생님, 아버지, 어머니도 안 통하는 너희들 이제 사부가 가르쳐 보겠다는 계산이다. 특히 최민수 사부는 이들을 '검(劍)'으로 계도한다. 검도를 통해 심성을 수련한다는 취지겠지만 실제로 이들에게 돌아오는 것은 목검에 맞은 머리가 멍하게 울리는 고통뿐이다.

방송 첫 회, 이들은 번지점프대에 올라 당당하게 자기소개를 했다. "훔치는 버릇을 고치고 싶다", "120대 20으로 싸운 적이 있다" "일주일에 네

번 정도는 지각을 한다", "합의금만 2천만 원이다"는 황당한 고백을 하면서 부끄러워하기도 했지만 새로운 기대에 부풀기도 했다. 아직은 어린 나이답게 "엄마 아빠 사랑해요"를 외치면서, 패기 있는 학생답게 "꿈을 발견했으면 좋겠다"면서 번지점프를 한 학생들. 자유롭게 창공을 가르며 이들은 비록 자신이 불량학생으로 낙인찍혔지만 누군가는 자신을 이해해 주기를, 자신도 다른 친구들과 크게 다르지 않은 몸과 마음을 지녔으며, 무엇보다 자신을 무조건 나쁜 아이로만 보아주지 않았으면 하는 절실한 바람을 가졌을 것이다.

그러나 이들의 기대는 물거품이 된 듯하다. 이들은 검도장에 이어서 이번엔 유격훈련장으로 끌려간다. 계도에는 군대식 교육만한 게 없다는 어른들의 발상이다. 우리 학교교육에서 일 년에 한 번씩 떠나는 극기훈련이나 심성수련회는 단골 이벤트인데, 학교나 방송이나 학생들을 다루는 '통제'의 방식에는 별반 차이가 없는 것이다. 학교와 군대, 그곳에서의 '감시와 처벌'은 약자를 통제하는 데는 가장 효율적인 방법이다. 가장 미디어적인 감시와 처벌의 도구는 무엇일까? 바로 카메라다. 결국 '품행제로'의 주인공 학생들은 주인공이라는 역할이 무색하게 CCTV의 감시 대상자로 전락하고 만다.

최민수, 김제동 사부는 이 학생들을 CCTV를 통해 지켜본다. 이들의 일상을 감시하겠다는 의도로 미시적인 통제 방식이다. 이쯤 되면 제작진의 "꿈을 잃고 방황하는 대한민국 청소년들을 위해 준비했다. 청소년의 청소년에 의한 청소년을 위한 <해피선데이>의 야심에 찬 뉴 프로젝트"라는 캐치프레이즈는 물 건너갔다. 이제 관음의 장치까지 동원해 노골적으로 가십적인 흥미를 유발하겠다는 '제작관습'만이 유령처럼 떠돌 뿐이다. 편견을 없애겠다는 테마는 저만치 멀어져 간다. 가십적, 신변잡기적 흥미를 유발하는 데만 더욱 집착한다. 김제동과 강수정의 열애설이 방송 내용의 한 부분을 차지하고, 아침 토크쇼에서 우려먹는 '스타의 집 공개' 아이템까지 마다하지 않는다. 오히려 '품행제로'는 어른들이다.

4. 버라이어티의 새로운 가능성

물론 오락 프로그램이기 때문에 가십적일 수 있고, 신변잡기적일 수 있다. 애초의 기획의도가 그런 것이었고, 필자가 확대해석하여 '사회적 약자'나 '편견' 따위를 무리하게 적용한 것일 수도 있다. 그러나 우리는 '품행제로'의 웃음과 '날아라 슛돌이'의 웃음의 질적인 차이를 알 수 있다. '날아라 슛돌이'의 건강한 웃음과 '품행제로'의 관음증적이고 강압적인 쾌감은 엄연히 다르다. '품행제로'는 의미 있는 기획의도와 '감동적인 즐거움'의 소재를 잘 활용하지 못하고, 오히려 씁쓸한 웃음만 자아낼 뿐이다.

'여걸식스'의 상황은 더 심각하다. 애초 버라이어티로는 드물게 여성 MC들을 전면에 내세워 남성 중심적인 방송 현실에서 도전적인 기획이었다. 여성을 대상화하고 성적으로 상품화하는 우리 방송계 '특유'의 버라이어티와는 확연히 다른 모습을 보여줄 것으로 기대됐다. 그러나 여성 6인이 MC라는 지위를 갖는다는 설정만 다를 뿐 전반적인 구성과 실제 내용은 여타의 '남녀 청춘스타 로맨틱 몸부림 게임' 버라이어티와 다를 바 없는 꼴이 되었다.

어린 아이들과 고교생 못지않게 여성들 역시 가부장적인 우리 사회의 약자임을 부정할 수 없다. 이러한 약자들이 어느 곳보다 사회의 공기(公器)인 미디어에서부터 제 위치를 찾을 때, 아니 최소한 차별과 편견의 대상이 되지 않을 때 그들은 비로소 마이너리티의 그늘에서 벗어날 수 있을 것이다. 우리 사회도 미약하나마 진일보하여 이미 지각 있는 시민사회단체를 중심으로 소수자 문제를 개선하기 위한 풀뿌리 운동을 전개하고 있다. 아래서부터의 변화를 이들이 책임진다면 방송은 사회적 소통의 으뜸가는 매개체로서 그러한 의미 있는 과업을 선도해야 한다. 방송은 그럴 의무가 있고,

또한 능력도 있다.

방송사의 슬로건으로 자주 등장하는 '건강한 사회 만들기'. 이는 거창한 캠페인으로만 완성되거나 시사교양 프로그램에서만 다룰 수 있는 것이 아니다. 버라이어티 프로그램에서도 충분히 가능하며 오히려 그 효과를 더욱 강하게 발휘할 수 있다. 버라이어티는 남녀노소 온 가족이 함께 즐겨 볼 수 있는 프로그램이기 때문이다. 한 예능 프로그램이 고교생들의 지긋지긋한 '0교시'를 폐지하는 데 결정적 역할을 한 사례도 있지 않은가. '날아라 슛돌이'가 우리 아이들을 같은 눈높이에서 이야기할 수 있는 상대로 만들고, '품행제로'가 우리 학생들에 대해 좀 더 이해할 수 있게 하고, '여걸식스'가 우리 여성들의 당당한 지위를 찾게 할 수 있을 것이다. 버라이어티의 새로운 가능성이다.

소수자를 포함한 우리 사회의 다양한(variety) 구성원들이 서로 이해하고 존중할 수 있는 토대를 앞으로도 <해피선데이>를 비롯한 많은 버라이어티(variety) 프로그램들이 일구어 줄 것으로 기대한다. 앞으로 보다 다양하고 섬세해질 '마이너리티 버라이어티'를 꿈꾸며 이 글을 마친다.

스포츠 패스트푸드점들을 고발한다

이은하의 <아이 러브 스포츠>를 들으며

천현정

부드러운 두 개의 빵, 그 사이에 끼워진 양상추와 고소한 치즈 한 장, 달콤한 소스가 곁들여진 고기 페티. 여기에 프렌치프라이라 불리는 노릇하게 튀겨진 감자튀김과 기름진 음식 특유의 텁텁함을 단박에 가시게 해 줄 얼음 가득한 콜라 한 잔. 패스트푸드의 은밀한 유혹을 뿌리치기란 우리에게 정말 쉽지 않다. 늘 같은 재료, 늘 같은 조리법, 그리고 늘 같은 맛. 패스트푸드가 제공하는 안락함에 사람들은 금세 빠져들었다. 하지만 중독이란 결핍과 앞뒷면을 함께하는 동전 같은 것이어서 패스트푸드의 말초적인 맛에 길들여지는 사이 우리의 몸도 마음도 황폐해져만 갔다.

식탁 위를 점령한 패스트푸드는 내려와 세상까지 독차지하고픈 욕망에 불탔다. 사람들의 삶과 사고방식까지 제 영역을 확대했고 미디어도 패스트푸드화 되어버렸다. 대중의 입맛에 맞는 달콤한 소스들로 버무려진 정보들이 이내 우리의 TV와 신문, 라디오 등을 휩쓸었다. 바로 미디어 패스트푸드다. 섭취 시에 짜릿한 쾌감을 맛 볼 수 있었으나 그 순간은 짧았다. 많이 팔기 위해 대중의 입맛에만 맞췄을 뿐 영양가 고려는 전혀 하지 않은 이

상품들이 곧 사람들의 몸 안에 '탈'을 일으킨 것이다.

소비자들은 생각만큼 호락호락하지 않았다. 마약 같던 미디어 패스트푸드의 품을 힘겹게 벗어난 이들이 모여 그것이 줬던 엄청난 해악에 대해 논했고 미디어 상품들은 된서리의 시대를 맞았다. 많은 상점들이 문을 닫거나 이를 피하기 위한 복안으로 웰빙(Wellbeing)을 표방하는 메뉴들을 내놨다. 하지만, 새로운 음식 하나 내놓지 않고도 온전히 생존한 가게가 있었다. 스포츠 미디어라는 간판을 단 곳들이었다.

주 소비 집단이었던 남성 고객들은 이 가게들만 들어가면 이성을 잃어버렸고 음식이 맛이 있든 없든, 영양가가 있든 없든 개의치 않았다. 스포츠 상품을 취급하는 상점이 있다는 것만으로도 그들은 충분히 만족했기 때문이다. 그 덕에 스포츠를 파는 상점들은 늘 그래왔듯 남자 점원들만을 고용한 채로 꾸려졌다. 즐겨 찾던 손님들이 점원으로 고용되기도 하면서 그곳은 남자들만의 공간으로 끊임없이 창출되었다. 근데 2002 한일 월드컵을 전후로 여자 손님들이 대폭 증가하면서 이들을 타깃으로 삼아 여자점원을 고용한 가게들이 나타났다. 이런 시도들은 거의 실패로 귀결되었지만 꿋꿋이 몇 년 동안을 운영되어온 곳도 있었다. 바로 이은하의 <아이 러브 스포츠>다.

1. 여자 점원 덕을 톡톡히 보는 가게

스포츠 미디어 가게들은 남자 직원만 고용해 왔다. "여자는 남자보다 스포츠에 대해 아는 게 없어. 스포츠 가게에서 일하다 보면 흥분할 때가 많은데 여자들이 그렇게 격정적으로 일할 수 있을까? 간혹 큰 소리로 손님들에게 이야기해야 할 때가 있는데 여자들은 목소리가 작잖아. 남자는 남자가 제일 잘 아는 거야. 여자가 한다고 별 거 있겠어? 여자가 뭘 알겠어!" 사람들은 으레 이렇게 짐작해버렸고, 그 덕에 업주들 또한 여자 직원을 고용할 필요를 느끼지 못했다. 하지만 그들도 새로운 수익 창출을 위한 창구가 필요했다. 스포츠 중계권료 상승 등 '물건' 매입에 소요되는 비용이 상승하면서 더 큰 이익을 봐야만 손해를 보지 않을 수 있었기 때문이다. 때에 맞춰 여성 고객들이 급증했고 자연스레 이들의 지갑을 열기 위한 마케팅의 일환으로 이은하라는 직원이 고용됐다.

어떤 손님은 여자 점원이 어떻게 여기서 일할 수 있겠냐며 역정을 내기도 했고 어떤 손님은 신선하다며 좋아했다. 그녀는 종전까지 일하던 남자 점원들을 앞지르기 위해 열심히 공부하고 일했으며 조금씩 고객들에게 인정받기 시작했다. 하지만 그뿐이었다. 손님들은 그 가게에 특별히 맛있는 메뉴가 있어서 찾는 것이 아니었고, 인테리어가 세련된 탓도 아니었다. 주 공략 대상이었던 여성 고객들에게도 그러했다. 단지, 그들은 점원이 여자인 스포츠 가게의 새로움을 맛보기 위해 방문했을 뿐이었고 여자 점원이 일하는 스포츠 가게에 다녀왔다고만 기억했다.

2. 흔한 재료로 만들어진 음식들

정작 스포츠 미디어 상점 창업을 위해 고민했던 이의 발목을 붙잡은 것은 오직 '미디어'라는 세 글자로 인해 그들에게 주어지는 '다양성'의 굴레였다. 다양성을 지키자니 가게가 망하겠고 돈을 맘껏 벌자니 남 보기에 쩝쩝했다. 하여 일단 구색을 맞추기로 결정했다. 여자 직원이 있는 가게라는 소문을 듣고 찾아온 사람들에게 그녀는 "제가 판매한 스포츠상품의 종류는 30가지가 넘고 제작자들은 1,000명도 넘게 만났어요"라고 말했다. 또, 실제 그런 것처럼 믿게 하기 위해 처음엔 생소하고 낯선 제품들도 많이 선보였다. 그들은 알고 있었다. 대중의 경계가 풀리는 잠깐 동안의 적자만 감수하면 그를 상쇄하고도 남을 만큼의 흑자를 볼 수 있다는 것을.

시간이 흘러 고객들이 '이은하'라는 점원 특유의 활기 가득한 목소리에

취해 이성을 잃을 즈음 잘 팔리지 않는 상품들을 하나씩 쇼윈도에서 치워 나갔다. 속도가 더뎠기에 아무도 그것을 눈치 채지 못했고 그들은 잘 팔리는 제품만 갖춘 채로 장사를 할 수 있게 됐다. 간혹 예전에 팔던 물건을 찾는 손님들이 가게를 찾곤 했지만 다음에 다시 와 보라며 다정한 눈웃음을 지어 보일 뿐 다시 그 제품들은 입고되지 않았다. 그 정도는 날이 갈수록 심해져 몇 년을 주기로 돌아오는 월드컵이나 아시안컵, 올림픽이나 스포츠 경기가 주로 개최되는 시즌에 따라 한 제품만 가득 진열해두고 구석에 하나씩 다른 종목의 상품을 비치해두기도 했고 손님들이 찾는 정도에 따라 진열 순서를 뒤바꿔버리기도 했다. 스포츠를 사랑한다고 말하면서 도리어 스포츠에 자를 들이대 이리저리 재는 작태까지 선보인 셈이다.

3. 구태의 것을 모방한 진부한 맛

여자 점원의 채용으로 모두의 시선이 쏠린 덕에 가게 자체의 차별성은 그다지 부각 되지 않았다. 그 날 있었던 경기 내용과 결과를 되짚어보고 인기 좋은 스포츠의 인기 많은 스타 선수와 인터뷰를 하며 사생활을 꼬치꼬치 캐묻는가하면 그걸로 모자라다 여겼는지 선정적인 제품들을 공급하는 타블로이드사의 직원들을 모셔다놓고 선수들의 뒷이야기며 가족이야기를 듣기도 한다. 대중의 집중도를 끝까지 유지하기 위해 상품을 걸어 시간을 버는 흔해빠진 상술도 빌어 왔다.

방송 중간에 "저는 아무개입니다. 지금 여러분은 이은하의 <아이 러브 스포츠>를 듣고 계십니다"라고 나오는 초미니 인터뷰가 좀 생소한 탓에 많은 이들의 관심을 끌었다. 하지만 자세히 들여다보면 이 인터뷰의 주인공들도 유명선수들이나 스포츠 인들로 그 대상이 한정되어있는데다 새로운 코너라고 부르기엔 너무 짧아서 코너가 바뀌는 사이의 공백과 어색함을 메우기 위한 브릿지 음악은 CM에 그 성격이 더 가깝다. 지루하게 이어지는 이야기들 속에서 지친 고객들을 달래주려는 보너스로 탁월한 선택이었지만 이 짧은 인터뷰로 프로그램 전체가 새롭게 포장되진 못했다.

남자 점원들이 해 주던 것을 여자가 답습하고 있을 뿐 <아이 러브 스포츠>라는 상점만이 가진 특이성은 도대체 찾아볼 수가 없다. 그들이 가진 차별성은 점원의 성별이 바뀌었다는 사실 하나다.

4. 게릴라 상점

이은하가 근무하는 <아이 러브 스포츠> 가게는 여러 면에서 게릴라적인 면모를 띠고 있다.

개점시간은 월~금요일에 9시 40분~10시까지 20분간, 주말엔 9시 30분부터 10시까지 30분이다. 운영시즌은 봄부터 초겨울까지인데 '편성'이라는 단속반이 돈 되는 프로스포츠들이 시즌을 맺음 할 때엔 내치고 다시 스포츠 시즌에 돌입하면 이 단속을 슬며시 풀어준다. 또, 작년엔 주말에만 열던 상점이 올해 들어선 매일 개점되고 있는데 이는 월드컵 탓이다. 가뜩이나 짧은 개점 시간의 상당량을 잘 나가는 국가대표 축구팀 이야기에 쏟아 붓는데 해야 될 이야기는 산적해 있으니 국가대표팀 이야기를 하기 위해 시간이 더 필요하고 시간을 확보할 수 있는 방법은 오직 주 중 개점뿐이기 때문이다.

프로 스포츠 경기들이 주로 주말에 개최되는 탓에 주말의 개점 시간이 10분 늘어나고 월드컵에 출전하는 국가대표선수들을 위해 평일 개점을 하면서 일정에 있어 시간적으로 쫓겨야하는 부담은 덜었다. 하지만, 종전부터 주말에만 찾던 손님들은 이런 운영을 낯설게 느낄 수밖에 없고 억지로 짜인 개점시간에서도 내용의 균형을 맞추기 위해 진열하지 않아도 될 저급한 상품들까지 끌어와 진열대를 메우는데 쓰면서 단골들과도 멀어지고 상점 자체의 수준도 저하되어버렸다.

5. 웰메이드(Well-made) 스포츠 미디어를 꿈꾸며

우린 스포츠를 매개하는 미디어도 상품을 파는 일종의 상점이며 은근하게, 하지만 철저히 상업주의에 입각해 운영되면서 다양한 스포츠를 보여줘야 할, '다양성'에 대한 책무를 져 버리는 모습을 지켜봤다. 계속 그래왔다는 것, 잘 안 팔린다는 것이 책무를 져버린 데 대한 변명은 될 수 없다.

졸속으로 단순히 고객의 입맛만 고려해 만들었던 영양학적인 측면에선 볼품없던 패스트푸드 또한 이젠 고객에게 외면 받고 있지 않는가. 그들은 이제 어울리지도 않는 웰빙을 캐치프레이즈로 내걸고 외면하는 대중들을 애써 붙잡으려 안간힘을 쓰고 있지만 쉽지 않다. 이미 그들은 한참을 늦어 버렸다.

스포츠 미디어들 또한 같다. 곧 사람들이 달콤한 맛에서 영양으로 눈길을 돌릴 테고 그들이 '돈'을 위해 발걸음을 늦추면 대중들은 멀리 가 버린 후일 것이다. 대중의 입맛에만 맞춰 보도를 진행하기 전에 한번쯤 그들이 다루고 있는 스포츠의 본질에 대해 다시 한 번 돌아보길 바란다. 스포츠가 가진 도전정신과 역동하는 뜨거운 피들의 몸짓은 프로나 아마추어의 잣대로는 잴 수 없는 것들임에 분명하다. 이런 스포츠의 본질에 대해서조차 숙지하지 못한 이들의 이야기가 진정 스포츠를 아끼고 사랑하는 이들의 가슴을 언제까지 적실 수 있을까?

대중이 원하는 것은 달콤한 소스가 곁들여진 스포츠가 아니라 그 자체만으로도 아름답고 숭고한 스포츠의 다양한 일면들이다. 프로든 아마추어든 스포츠를 향한 선수들의 가슴은 똑같이 뜨겁다. 이 뜨거운 가슴들을 되새기며 다시 이야기를 써내려간다면, 속세의 때 묻은 잣대를 그들에게 들이댔던 손을 부끄러이 여기기 시작한다면 비로소 그들은 진정 스포츠를 사랑한다 말할 수 있게 될 것이다. "I LOVE SPORTS!"라고.

소통과 배설의 경계에서, 〈야심만만〉

허광무

1. 들어가며

"문제화면 함께 보시죵~!"

도를 넘어서는 강호동의 오버가 기억에 남는 〈야심만만〉. 네티즌들의 의식을 소재로 인기를 끌어온 〈야심만만〉이 어느덧 장수오락프로그램의 대열에 끼어있다. 월요일 밤에 방송되는 〈야심만만〉은, '월요병'이란 부담을 덜어낸 시청자들이 홀가분한 마음으로 즐길 수 있는 청량제다. 우리는 그동안 쉽게 즐겨만 왔으므로, 이제 그 보상으로 〈야심만만〉에 관해 조금 깊게 성찰해보자.

〈야심만만〉은 '인터넷 여론조사' 형식을 소재로 한 '1세대 프로그램'이다. 이후 타 방송사의 많은 프로그램들이 네티즌을 활용한 유사한 프로그램을 기획했지만, 〈야심만만〉의 전통과 명성에 비하면 초라한 수준이었다. 〈야심만만〉이 장수할 수 있는 인기비결은 무엇인가? 그 인기는 현재에도 여전히 유효한 철옹성인가? 이 질문들에 답해보자.

2. 본론

1) 팔방미인, <야심만만>

<야심만만>의 겉모습에서 비롯되는 끌림부터 살펴보자.

<야심만만>의 가장 크면서도 단순한 매력은 기획이 신선했다는 점이다. 서두에서 밝힌 인터넷 여론조사 형식은 고정되지 않고 무한한 소재이다. 물론 지금에 와서 생각해 보면 특별할 것 없는 아이디어처럼 여겨진다. 그러나 그 무난한 아이디어를 가장 '먼저' 시도했다는 점이 <야심만만>이 칭송받아야 할 이유이다. 뉴미디어를 활용한 프로그램은 현대 기획·제작자의 가장 큰 관심사이다. 그 가운데에서 <야심만만>은 '인터넷 여론조사'라는 소재에 '선빵'을 날린 셈이다. 이제 이런 형식은 <야심만만>의 특허권이 됐고, 비슷한 소재를 사용한 프로그램은 '표절'내지 '차용'의 혐의에서 자유롭지 못하다.

그 밖에 <야심만만>의 매력을 열거해보자. 첫째, 박수홍과 강호동의 조합이 묘하게 어울린다. '웃음'파트를 책임진 강호동의 오버는 밉지 않고, '젠틀'의 전형을 보이다가 가끔 소심함을 내세우는 박수홍의 진행은 매끄럽다. 둘째, 국내 어느 프로그램보다 다양한 톱스타를 볼 수 있다. 주로 영화 홍보용 게스트집단이지만, 톱스타들이 네티즌(우리)의 생각을 맞추려고 애를 쓰는 모습은 흥미롭다. 그 과정에서 우리는 스타와 자신이 동일시되는 즐거운 체험을 맛보기도 한다. 셋째, 오락성에 첨가된 공공성이 프로그램의 정당성을 담보한다. 주로 스타들의 입담이 주를 이루지만, 시민들이 가지는 인식의 흐름을 그 바탕으로 삼아 어느 정도의 공익적 성향을 자랑한다. 물론 시각장애인의 눈을 띄우거나 시골 촌부의 숨겨진 병을 치료하지는 못할지라도, 시민의 의식을 소재로 삼아 괜찮은 시청률까지 얻어주는 <야심만만>은 방송사의 간판프로그램이 되기에 손색이 없다.

2) TV를 통해 소통하기: 타자의 욕망을 욕망하다

TV는 지극히 개인적인 매체다. 가족과 함께 시청하더라도, TV는 대화를 단절시킨다. 오직 스스로의 만족을 위해 시청하는 TV는, 그러므로 현대의 '왕따'들에게 유효한 매체다. 하지만 <야심만만>은 타인의 관성을 확인하는 계기를 마련한다. 방 한 구석에서 박혀 혼자서 TV를 시청하는 왕따라도, <야심만만>을 시청하는 순간만큼은 남들과 공감할 수 있는 것이다. 이는 평소 알고 싶었지만, 묻기는 귀찮고 힘들었던 타인의 욕망을 당당하게 훔쳐보는 과정이다. <야심만만>은 대중의 가벼운 관음증을 양지로 끌어내는 무대를 마련해준다. 또한 그 욕망들을 수치화시켜 순위로 정리하는 노력을 아끼지 않는다. 우리들 개개인은 날것 그대로의 욕망들이 집단화(덩어리화)되어 제시되므로, 별 거부반응 없이 그것을 수용한다. 내 치부가 조사결과의 '다수'에 속할 때, 우리는 안도감을 느낀다. 그동안 타인의 욕망을 엿보고 싶어 했던 수치감이나, 비로소 동지를 확인하고 나서야 편안함을 느끼는 한심스러움이 그 안도감에 상쇄된다. 혹시 내 생각이 네티즌의 '소수'에 속할지라도 별로 걱정할 필요는 없다. 그때는 나만의 개성에 우쭐해질 만하다. 이와 같이 <야심만만>은 타자와 자신의 욕망을 비교·대조할 수 있는 대차대조표다. 개인의 고립화를 부르는 '매스미디어'와 그보다 더 파편화된 '뉴미디어'의 결합이 빚어내는 소통의 기적이다.

3) 비밀·욕망의 배설, 불편함으로 돌아오는 솔직함이라는 부메랑

<야심만만>은 스타들의 진솔한 모습을 무기로 해온 프로그램이다. 그들의 솔직하고 과감한 고백은 시청자에게 자극이 되기에 충분했다. 스타들의 경험과 무용담은 흥미로웠고, 그것은 오로지 시청자의 공감을 전제로 하기에 우리는 더욱 집중할 수 있었다. '최초고백', '단독공개' 등의 자막은 자기자랑을 하는 것 같아 거슬렸지만, 우리는 기꺼이 그들의 이야기에 귀를 기울였다. 가끔은 포장된 표정을 벗겨내고 외로움과 눈물을 보이는 스타들

을 보면서 우리는 그들을 더욱 사랑하게 되었다.

그러나 최근의 〈야심만만〉은 한심하게 변질됐다는 비난을 피하기 어렵다. 전술했던 '인터넷 여론'을 최초로 사용했다는 자부심이 프로그램의 구조를 고착화시키는 폐해를 불러왔다. 그 매너리즘 안에서 〈야심만만〉은 딱딱한 구조를 깨려는 시도를 하지 않고, 말초적인 내용으로 그 결함을 메우려했다. 이제 스타들은 더 이상 '우리'의 이야기를 하지 않는다. 게스트들은 다섯 개의 답을 찾으려 애쓰지만, 정답이 발표된 뒤에는 '그들만의 이야기'를 시작한다. 이때 〈야심만만〉의 주인공은 네티즌의 의식이 아니라 연예인의 시시껄렁함이다. 시청자는 고등학생 신분으로 첫 키스에 성공한 스타의 비범함에 환호하는 방청객의 괴성을 들어야한다. 또한 스타가 강의하는 '키스의 기술'을 낯 뜨겁게 견뎌야한다. 그들의 잘난 척을 인정해야 하고, 과거 혹은 현재의 애인에 대해 궁금해 해야 하는 의무를 가진다. 얼마 전에는 아예 '자신의 변태스러움'을 주제로 하면서, "여자가 밤에 돌아다녀주면 고맙지" 등의 파격적 발언도 선보였다. 배설의 수준이다. 열린 사회를 넘어 '파격'이 헤게모니가 되는 시대지만, 우리는 공중파방송에서마저 잦은 파격을 맛보고 싶지 않다. 그들의 입담은 자극적이지만 '너희들과는 다른 우리 연예인'을 자랑하는 것 같아 씁쓸하다. 요즘 화제가 되고 있는 '양극화'가 스타들과 우리들의 인식사이에서도 커지고 있는 것이다. 그들의 저 잘났다는 자랑을 들으면 시청자들의 반응은 이렇지 않을까 싶다.

"그렇구나… 근데… 뭘 어쩌라고?"

3. 끝맺으며

"우리가 남이가?"

과거 한때 대선을 앞둔 시점에서 유행했던 말이다. 편가르기를 조장하는 불순한 의도가 담겼지만, 이 외침이 〈야심만만〉에서 만큼은 제대로 유효

했다. TV를 통해 '우리'를 이야기 했다는 점이 그렇고, 그 수단이 인터넷이 있었다는 점이 더욱 신선하다. <야심만만>에서 우리는 서로를 확인하고, 이해하고, 동경했다.

그러나 고인 물은 썩는다고 했던가? <야심만만>의 제작진은 이 시점에서 다시 분발하길 바란다. 빛나는 아이디어로 시작한 프로그램이라 안이하게 제작해 오지 않았는가? 사실 <야심만만>은 편리한 디지털 기술을 이용한 설문조사 결과를 수홍·호동에게 던져놓고, 시시껄렁한 말장난에 의존하지 않았는가? 제작진은 선점자의 권리를 주장할 수 있겠지만, 현대 시청자의 눈은 변화 없는 머무름에 쉽게 피로해진다.

또한 말초적인 사탕발림도 지양해야 한다. 한순간의 충동적인 자극이 흥미로울 수는 있지만, 시청자는 그 자극이 이내 불편하고 거슬린다. 제작진은 '변태'등의 주제가 나름 새로운 영역으로 주제를 확장시켰다는 변명을 하고 있지만, 프로그램의 성공은 제작진의 자화자찬이 아니라 시청자의 평가에 달렸다는 것에 명심해야 한다. 강호동의 "문제화면 함께 보시죠~"의 외침을 새겨듣고, 이제는 제작진이 <야심만만>의 문제를 직시해야 할 때다.

마지막으로 덧붙이자면, 게스트들의 이야기에 일관된 흐름을 부여하려다보니 편집과정에서 프로그램의 시간적 순서가 뒤죽박죽되는 경우를 찾을 수 있었다. 진행자의 배경에 있는 스크린에 보이는 정답항목이 수시로 바뀌는 데서 알 수 있다. 제작진이 굳이 숨기려 했던 점이 아닐지 모르지만, 어딘가 부자연스러운 것은 틀림없다. 시청자의 눈은 이처럼 예리하다. 이제 <야심만만>의 제작진이 시청자의 수준을 맞추려는 노력을 보일 차례다.

'차이'를 '차별'로 학습하는 아이들
2006 좋은 방송을 위한 시민의 비평상 수상집

ⓒ 방송문화진흥회, 2006

엮은이 | 방송문화진흥회
펴낸이 | 김종수
펴낸곳 | 도서출판 한울

편집책임 | 강문선

초판 1쇄 인쇄 | 2006년 7월 15일
초판 1쇄 발행 | 2006년 7월 25일

주소 | 413-832 파주시 교하읍 문발리 507-2(본사)
      121-801 서울시 마포구 공덕동 105-90 서울빌딩 3층(서울 사무소)
전화 | 영업 02-326-0095, 편집 02-336-6183
팩스 | 02-333-7543
홈페이지 | www.hanulbooks.co.kr (도서출판 한울)
          www.fbc.or.kr (방송문화진흥회)
등록 | 1980년 3월 13일, 제406-2003-051호

Printed in Korea.
ISBN 89-460-3559-5   03070

* 가격은 겉표지에 있습니다.